KLI

연구보고서
2024-10

근로자들의 정신건강 증진을 통한 산업안전 개선방안 연구

홍정림 · 양승엽 · 강모열 · 김수경

한국노동연구원

목 차

표 목 차

그림목차

요 약

1. 연구 결과

정신건강은 일과 밀접하게 연관되어 있으며, 정신건강이 악화하면 근로 능력 저하로 인해 생산성이 감소한다. 이뿐만 아니라 정신건강 악화는 동료들에게도 상당한 외부 효과를 유발한다. 즉, 스트레스, 우울, 불안 등의 정신건강 악화는 질병 및 사고의 위험을 증가시키는 등 근로자 개인의 신체적 건강에 치명적인 위해 요소로 작용할 뿐만 아니라 생산성 하락, 산업재해 등을 유발함으로써 사업주 및 국가적 차원에서도 큰 손실을 발생시킨다.

근로자의 정신건강을 보호하고 손상되지 않도록 예방하는 것은 우리 사회의 매우 시급한 과제이며, 실질적이고 구체적인 방안 모색이 필요한 시점이다. 이에 본 연구에서는 근로자들의 정신건강 증진을 통한 산업안전 개선방안을 모색하고자 하였다.

본 연구는 직업환경의학 · 경제학 · 법학 · 정책학 등 다학제적인 접근을 통해 근로자의 정신건강과 근로환경, 산업재해 간의 관계를 체계적으로 분석하였을 뿐만 아니라 기존 정책 및 법제의 한계를 파악하고, 이를 바탕으로 근로자의 정신건강 증진을 통한 산업안전 개선방안을 도출하였다. 주요 연구 결과를 요약하면 다음과 같다.

가. 직무 스트레스, 정신건강, 산업안전 간의 관계에 대한 의학적 배경

제2장에서는 직무 스트레스, 정신건강, 산업안전 간의 관계에 대한 의학적 배경을 정리하였다.

정신질환의 원인은 흔히 다요인적인 것으로 설명하는데, 신경생물학적 요인, 유전적 요인, 사회심리학적 요인 모두 관계가 있으며, 이들이 복잡하게 작용하는 것으로 설명되고 있다. 업무와 연관된 정신질환에 대해서도 마찬가지로 대개 직업 관련 요인과 개인적인 요인이 상호작용하여 발생한다(윤진하 외, 2016).

직무 스트레스는 직장인 정신질환의 주요 원인이며, 신경생물학적, 유전적, 사회심리학적 요인이 복합적으로 작용하여 발생한다. 이러한 직무 스트레스는 근로자의 신체적, 정신적 건강에 광범위한 영향을 미치며, 심혈관계 질환, 근골격계 질환, 소화기계 문제 등 다양한 질병을 유발할 수 있다. 또한 직무 스트레스는 업무 능률 저하 및 업무상 사고 발생의 중요한 요인으로 작용한다. 특히 직무 스트리스는 근로자의 정신건강 문제의 주요한 원인으로 작용하여 근로자의 삶의 질과 직무 수행 능력에 심각한 영향을 미친다. 우울증, 불안장애, 수면장애, 외상 후 스트레스 장애, 번아웃 증후군, 적응장애 등은 직무 스트레스와 밀접한 관련이 있는 것으로 알려져 있다. 더욱이 직무 스트레스와 그로 인한 정신건강 문제는 근로자의 작업 능력과 안전성에 직 · 간접적으로 영향을 미치며, 이는 업무상 사고의 발생 가능성을 높이는 중요한 요인으로 작용할 수 있다.

나. 근로자들의 정신건강과 근로환경, 그리고 산업재해

정신건강은 일과 밀접하게 연관되어 있으며, 정신건강이 악화하면 근로 능력 저하로 인해 생산성이 감소한다. 이뿐만 아니라 정신건강 악화는 동료들에게도 상당한 외부 효과를 유발한다. 즉, 스트레스, 우울, 불안 등의 정신건강 악화는 질병 및 사고의 위험을 증가시키는 등 근로자 개인의 신체적 건강에 치명적인 위해 요소로 작용할 뿐만 아니라 생산성 하락, 산업재해 등을 유발함으로써 사업주 및 국가적 차원에서도 큰 손실을 발생시킨다.

이에 제3장에서는 근로자들의 정신건강 추이를 살펴보고, 제2장에서 논의된 의학적 배경을 바탕으로 근로환경 측면에서 근로자들의 정신건강을 악화하는 요인들을 확인하며, 근로자들의 정신건강과 산업재해 간의 관계를 분석하였다.

우선, 질병관리청의 「지역사회건강조사」 자료를 사용하여 주관적 정신건강 지표, 객관적 정신건강 지표를 통해 성별, 연령에 따라 근로자들의 정신건강 상태가 상이한지, 그리고 시간이 흐름에 따라 정신건강이 악화하는지 그 추이를 확인한 결과, 정신건강의 주관적 지표(우울감 경험 여부)와 객관적 지표(PHQ-9 점수, PHQ-9 점수 기준 우울증 유병 여부) 모두에서 전반적으로 시간이 흐를수록 정신건강이 악화하고 있음을 보여준다. 또한 인구학적 특성별로 볼 때에는 남성보다는 여성 근로자 그룹에서, 20 · 30대 젊은 연령층에서 정신건강이 상대적으로 좋지 못한 것으로 도출되었다. 경제적 요인, 직업 특성 등 정신건강에 영향을 미칠 수 있는 기타의 요인들을 통제한 이후에도 인구학적 특성에 따른 정신건강 격차가 확인되며, 전반적으로 근로자들의 정신건강은 시간이 흐를수록 악화하는 것으로 나타났다.

근로환경을 통제한 후 인구학적 특성별 정신건강 상태를 우울 · 불안 장애 여부 및 업무 관련 우울 · 불안 장애 여부 지표로 분석한 결과, 남성이 여성에 비해 정신건강이 다소 양호하였으나 두드러진 차이를 보이진 않았고 연령별로는 20 · 30대 젊은 연령층보다는 오히려 50대 이상 장년층에서 상대적으로 정신건강이 좋지 못한 것으로 확인되었다. 즉, 근로환경을 통제하지 않은 분석에서는 20 · 30대 연령층에서 우울감을 겪을 확률이 높았으나, 근로환경을 통제한 분석에서는 반대로 50대 이상 장년층에서 상대적으로 정신건강이 좋지 않았다. 이는 20 · 30대 젊은 연령층이 상대적으로 열악한 근로환경과 근로조건에서 일하는 경향이 있는데, 열악한 근로환경이 정신건강 악화에 미치는 영향은 젊은 근로자들에게 더욱 컸을 가능성을 시사한다.

아울러 산업안전보건연구원의 「근로환경조사」 자료를 활용하여 근로환경과 근로자의 정신건강 간의 관계를 살펴본 결과, 감정노동, 작업장 위험요인, 장시간 노동, 반사회적 행동 등 근로환경의 특성을 보여주는 대부분의 변수들이 정신건강과 유의한 상관관계가 있었다. 우선 감정노동 강도가 약할수록 우울 · 불안 장애를 겪을 확률이 낮았고, 작업장이 안전할수록 우울 · 불안 장애를 겪을 확률이 낮았다. 또한 차별과 폭력 등 반사회적 행동을 경험했을 때 근로자들의 우울 · 불안 장애를 겪을 확률이 증가하였고, 장시간 노동 역시 근로자들의 정신건강을 악화하는 요인으로 작용하였다.

특히, 근로환경을 나타내는 변수 중에서도 노동의 양적 강도와 작업장 위험요인보다는 감정노동의 강도 및 반사회적 행동 경험 등의 사회 · 심리적인 요인들이 근로자들의 정신건강을 악화하는 주요 요인인 것으로 확인된다. 단, 작업장의 물리적 · 화학적 위험과 노동의 양적 강도 역시 근로자들의 신체적 건강뿐만이 아닌 정신건강과도 유의한 상관관계가 있는 것으로 나타났다.

다음으로 산업안전보건연구원의 「제10차 산업안전보건 실태조사」 자료를 사용하여 근로자의 정신건강과 산업재해 간의 관계를 분석한 결과, 산업재해율과 감정노동의 강도 간에 통계적으로 유의한 상관관계가 있음을 보여준다. 즉, 감정노동 스트레스가 '전혀 심각하지 않음'으로 응답한 기업에 비해 감정노동의 강도가 강한 기업일수록 산업재해율이 증가하는 것으로 나타났다. 또한 감정노동 근로자들이 종사하는 비중이 높은 서비스업종에서 감정노동 스트레스가 강할수록 산업재해율이 더욱 가파르게 증가하는 것으로 확인된다. 이 결과는 정책적 개입이 없다면, 근로자의 정신건강 악화 추이를 고려할 때 정신 질환으로 인한 산업재해율이 더욱 빠르게 증가할 가능성을 시사한다.

본 연구의 결과는 사업장 내의 물리적 · 화학적 위험과 노동의 양적 강도, 사회 · 심리적인 요인 등 다양한 측면에서 근로환경을 개선하는 것이 근로자의 정신건강을 증진하는 데 유용한 메커니즘이 될 수 있다는 객관적 증거를 보여주며, 더 나아가 근로자의 정신건강 증진은 산업재해를 줄일 수 있는 효과적인 방안임을 시사한다.

다. 근로자들의 정신건강 증진 정책 현황

최근 국제적으로 안전사고 및 유해물질 노출 등의 전통적인 위험요인

외에도 근로자의 정신건강 문제를 야기할 수 있는 다양한 심리 · 사회적 요인에 대한 개입 필요성과 개입의 이점에 대한 논의가 활발해지고 있으며, 국내에서도 사회적으로 정신건강 문제 해결의 시급성과 중요도가 높아지고 있어 근로자의 정신건강 증진을 위한 정책 또한 강화되는 추세이다.

이에 제4장에서는 국내외 정책 사례를 고찰함으로써 근로자 정신건강 문제에 대응하기 위한 통합적인 방안을 도출하였다.

해외의 지침과 정책 사례 고찰의 주요 결과는 다음과 같다. 첫째, 일반 근로자, 관리자 직급의 근로자, 그리고 고용주의 정신건강 리터러시 제고 방안이 필요하다. 둘째, 근로자 정신건강 증진을 위한 제도와 정책을 개발하고 시행하는 의사결정과정에서 근로자의 참여가 촉진되어야 한다. 셋째, 근로자의 정신건강 상태에 대한 정기적인 검사와 함께 검사 결과를 기반으로 한 서비스가 제공되어야 한다. 넷째, 정신건강 문제에 대한 부정적 인식, 낙인을 최소화할 수 있는 조치가 필요하다. 다섯째, 근로자 정신건강 증진 개입에 대한 평가와 환류 체계가 필요하며, 데이터를 기반으로 한 과학적 연구를 통해 근거를 축적해야 한다.

국내에서는 2023년 말 관계부처 합동으로 발표된 「정신건강정책 혁신방안」을 통해 기존에 시행되던 근로자 대상의 정신건강 증진 정책이 강화되었다. 구체적으로는 정신건강 검사의 주기 단축과 이후의 상담 · 치료 연계 활성화, 직장 내 괴롭힘을 포함한 직장 내 정신건강 위험요인에 대한 예방 활동, 특수직군 공무원에 대한 심리검사 도구 개발 및 보급, 앱을 통한 서비스 제공 확대, 콘텐츠 개발 등이 추진되었다. 정책의 상당 부분은 진일보했다고 평가할 수 있으나, 아직도 사업장 조직 수준 · 사전예방적 조치보다 근로자 개인 수준 · 사후적 조치가 우선시되고 있다는 점, 근로자 정신건강 증진에 있어 가장 중요한 역할을 할 수 있는 고용주에 대한 개입(인식 제고 등)은 부족하다는 점 등은 한계로 지적할 수 있다.

근로자의 정신건강 증진은 개인과 사업장, 국가 모두에게 중요한 과제로, 다각적인 접근을 통해 효과적인 방안을 도출할 수 있다. 이를 위해 정신건강 예방 대책은 1차, 2차, 3차 예방으로 나뉘며, 직장 내 위험요인을 줄이고, 조기 발견 및 치료, 그리고 직장 복귀를 지원하는 방식으로 통합적 접근이 권장된다(윤진하 외, 2016). 이러한 노력이 결합되었을 때 근로자의 정신건강을 효과적으로 보호하고 증진할 수 있다.

라. 국내외 정신건강 증진 우수사례

직장 내 정신건강 보호 및 증진을 위한 다양한 사례들이 존재한다. 미국, 유럽, 일본 등의 직업보건 선진국에서는 법령 및 지침을 통해 근로자 정신건강 관리의 중요성과 원칙을 천명하고 있으며, 이를 적용하고 직장 내 스트레스 요인을 체계적으로 관리하고, 근로자의 정신건강을 증진하려는 시도가 계속되고 있다. 이에 제5장에서는 미국의 구글 및 마이크로소프트, 핀란드의 노키아, 독일의 폭스바겐, 영국의 포드 및 Ernst & Young Global Limited, 프랑스의 듀폰, 네덜란드의 아지스, 일본의 도요타, 싱가포르의 싱가포르 항공, 중국의 화웨이, 인도의 인포시스 등 해외 기업의 우수사례와 국내 기업의 우수 정신건강 프로그램을 소개하였다. 이 기업들은 체계적인 정책과 프로그램을 통해 근로자의 정신건강을 증진할 수 있음을 보여준다.

마. 근로자 정신건강 보호 법제의 한계와 개선방안

제6장에서는 「근로기준법」과 「산업안전보건법」을 중심으로 근로자의 정신건강을 보호하는 규범의 내용과 한계를 지적하고, 대안을 제시하고자 하였다. 결과를 요약하면 다음과 같다.

과거 「근로기준법」과 「산업안전보건법」이 규정하고 있던 근로자의 건강과 안전은 신체적 건재함이었다. 그러나 사회의 발전에 따라 인간의 삶에 차지하는 정신건강의 중요성이 부각되며 「근로기준법」에는 ‘직장 내 괴롭힘’을 예방하고 구제하는 내용이 규정되었다(제76조의2와 제76조의3). 그리고 「산업안전보건법」에는 사업주의 의무에 정신적 스트레스 등을 줄일 수 있는 쾌적한 작업환경의 조성 및 근로조건 개선이 포함되었고(제5조), 고객응대 근로자에 대한 건강장해 예방조치와 업무 중단 또는 전환 의무가 도입되었다(제41조). 2021년 8월에는 정신적 스트레스를 해소할 수 있는 휴게시설의 설치 의무가 규정되었고(제128조의2), 조현병과 마비성 치매환자의 경우 근로가 금지 또는 제한된다(제138조 및 시행규칙 제220조).

그러나 정신건강 보호의 중요성이 갈수록 강조되고 있는 현실과 달리 이는 매우 빈약한 법 내용이 아닐 수 없다. 「근로기준법」의 경우 총칙에 인격권에 기반한 근로자의 정신건강을 포함한 가혹행위 금지 규정이 없다. 그리고 직장 내 괴롭힘에 관한 내용에서도 행위 주체가 「근로기준법」상의 임금근로자에 한정되어 있다는 점, 노무제공자에 대한 괴롭힘 방지 및 구제조치가 없다는 점, 사업주가 가해자인 경우 실질적인 구제조치가 어렵다는 점, 5인 미만의 사업장에는 해당 규정이 적용되지 않는다는 점이 한계이다.

「산업안전보건법」은 정신적 스트레스를 예방하기 위한 사업주의 조치 의무의 내용이 한정적이거나 규정되어 있는 것도 구체적이지 않다는 점(안전보건규칙 제669조), 사업주의 보건 조치로 규정하고 있는 6가지 영역(제39조)에 정신건강에 관한 내용이 없다는 점을 꼽을 수 있다. 그리고 사업주의 작업중지 의무와 근로자의 작업중지권의 요건으로 정신적인 침해가 빠져 있고(제51조와 제52조), 사업주가 의무적으로 실시해야 하는 위험성평가의 항목에 정신건강에 대한 위해 요소가 명시되어 있지 않은 점(제36조)과 안전보건교육의 내용에 정신건강이 '직무 스트레스'에 한정하여 시행규칙에 규정되어 있지만(시행규칙 제26조), 법률에는 규정되어 있지 않은 점(제29조)이 지적될 수 있다. 마지막으로 근로자를 대상으로 하는 일반건강진단의 항목에 '정신건강'이 존재하지 않는단 점(제129조 및 시행규칙 제198조)을 들 수 있다.

비교하여 국제기구의 규범과 주요 국가의 관련 법령의 내용을 살펴보면, 프랑스는 근로자대표에게 근로자의 정신건강 침해가 있을 때에는 사업주에게 해당 사항을 '경고'할 수 있는 권리를 부여하며, 독일은 위험성평가 항목에 '정신적 부담'을 규정하였고, 종업원평의회에 사업장의 산업안전보건 정책 형성에 공동결정권을 인정한다. 호주의 경우 건강의 정의에 신체 및 정신적 건강을 포함하며, 영국, 벨기에와 덴마크도 위험성평가에 정신적 위험 요소를 명시한다. 네덜란드는 사업주의 산업안전보건 정책에 '심리-사회적 압박'의 예방을 규정하였고, 일본은 상시적인 정신건강 관리 시스템으로 근로자의 '스트레스 체크 검사'를 의무화하였다.

위에서 적시한 한계점을 극복하기 위한 「근로기준법」과 「산업안전보건법」의 개선 방향은 제7장 '근로자들의 정신건강 증진 방안 제언 : 법제적 접근'에 제시하였다.

2. 근로자들의 정신건강 증진 방안 제언

본 연구는 직업환경의학 · 경제학 · 법학 · 정책학 등 다학제적인 접근을 통해 근로자의 정신건강과 근로환경, 산업재해 간의 관계를 체계적으로 분석하여 사업장 내의 물리적 · 화학적 위험과 노동의 양적 강도, 사회 · 심리적인 요인 등 다양한 측면에서 근로환경을 개선하는 것이 근로자의 정신건강을 증진하는 데 유용한 메커니즘이 될 수 있다는 객관적 증거를 확인하였고, 더 나아가 근로자의 정신건강 증진이 산업재해를 줄일 수 있는 효과적인 방안임을 보여주었다. 아울러 기존 정책 및 법제의 한계를 파악하고, 국내외 우수사례를 검토함으로써 근로자의 정신건강 증진을 통한 산업안전 개선방안을 모색하였다. 연구 결과를 바탕으로 한 근로자의 정신건강 증진 방안을 직업의학적 · 보건학적 측면, 보건정책적 측면, 법제적 측면으로 나누어 다음과 같이 제언한다.

가. 정신건강 증진 방안 : 직업의학적 · 보건학적 접근

근로자의 정신건강 증진은 개인과 사업장 모두에게 중요한 과제로, 다각적인 접근을 통해 효과적인 방안을 도출할 수 있다. 이를 위해 정신건강 예방 대책은 1차, 2차, 3차 예방으로 나뉘며, 직장 내 위험요인을 줄이고, 조기 발견 및 치료, 그리고 직장 복귀를 지원하는 방식으로 통합적 접근이 권장된다(윤진하 외, 2016). 근로자 차원에서는 정기적인 정신건강 검진, 스트레스 관리 기법 습득, 건강한 생활 습관 유지, 사회적 지지 네트워크 구축, 전문가의 도움받기가 필요하다. 사업장 차원에서는 정신건강 인식 개선, 관리자의 역할 강화, 위험성평가 기반의 정신보건관리 기능 강화, 직무 스트레스 요인 줄이기, 정신건강 증진 프로그램 도입, 고위험 근로자 관리 등이 필요하다.

나. 정신건강 증진 방안 : 보건정책적 접근

보건정책적 측면에서 근로자 정신건강 증진 방안은 다음과 같이 제시할 수 있다. 첫째, 근로자의 정신건강 보호와 관련된 사항과 이에 대한 사업주의 의무를 규정하고 있는 「산업안전보건법」, 「근로기준법」 등 법률의 실효성을 높이기 위해 법률 준수 모니터링 강화, 인센티브 제공 등의 조치가 요구된다. 둘째, 사업주의 자발적 참여와 노력을 유도하기 위한 사업주 대상 홍보 및 교육 등 프로그램이 시행되어야 한다. 셋째, 근로자 및 사업주의 정신건강 리터러시 제고를 위해 교육 · 홍보 콘텐츠를 개발하고, 활성화할 필요가 있다. 넷째, 특히 소규모 사업장 근로자의 정신건강 증진을 위해서는 근로자건강센터 확대 설치 및 비대면 서비스 활성화 등 서비스 제공 방식의 다각화가 필요하다. 마지막으로 정책 · 개입에 대한 단 · 장기 효과 평가를 통해 정책의 개발 및 이행 단계에서 개선할 점을 발견하고, 정책 · 개입이 근로자 개인의 정신건강 개선 및 사업장의 생산성 향상에 긍정적인 영향을 미쳤는지를 파악하여 근거를 확립할 수 있어야 한다.

다. 정신건강 증진 방안 : 법제적 접근

근로자의 정신건강 증진을 위한 법제의 발전 방안으로서 「근로기준법」과 「산업안전보건법」의 개선 방향으로는 다음을 제안한다. 「근로기준법」은 총칙에 신체적 · 정신적 가혹행위를 금지하는 인격권 보호 규정을 신설한다. 그리고 직장 내 괴롭힘의 가해 근로자가 원-하청 관계에서는 적용되지 않는 것을 극복하기 위해 「산업안전보건법」 제63조 도급인의 의무 내용에 「근로기준법」의 관련 내용을 준용할 것, 노무제공자가 피해자인 경우를 생각해서 '플랫폼 종사자 보호법'에 관한 별도의 보호 법률을 제정할 것, 사업주가 가해자인 경우 노동위원회에 구제 신청을 할 수 있도록 할 것과 5인 미만의 사업장에도 관련 내용을 적용할 것, 직장 내 괴롭힘으로 사실상 비자발적으로 사직한 경우에는 해고 구제 절차를 밟을 수 있도록 할 것을 제시한다.

「산업안전보건법」에서는 시행규칙인 안전보건규칙 제669조의 직무스트레스의 범위를 확장하고, 사업주의 의무 내용을 구체적으로 예시할 것을 권고한다. 사업주의 보건조치에 정신상의 건강장해 예방 내용을 신설할 것(제39조)과 사업주의 작업중지 의무와 근로자의 작업중지권 규정에 정신건강의 침해 예방을 위한 별도의 규정을 신설하여 '급박한'이라는 요건을 삭제하되 근로자의 요청 사항으로 할 것을 제안하였다(제51조와 제52조). 사업주의 위험성평가 항목에 '정신적 유해 · 위험 요인'을 추가할 것(제29조)과 근로자의 일반건강진단 내용에 정신건강을 포함할 것(시행규칙 제198조) 및 감정노동 근로자에게는 특수건강진단을 실시할 것도 생각해 볼 수 있다. 마지막으로 사업장 내 근로자대표가 참여하는 산업안전보건위원회의 심의 · 의결 사항에 정신건강이 포함될 수 있도록 세부적인 내용에 관해 고용노동부가 고시를 제정할 것을 제시한다.

참고로 제21대와 제22대 국회에서 발의된 '산업안전보건법 일부개정 법률안'을 보면 제21대에서는 위험성평가의 항목에 고객과의 응대를 규정한 것, 근로자의 건강 개념과 일반건강진단 항목에 정신건강을 포함하는 것, 사업주는 근로자가 중대재해로 인해 심리적 타격을 입은 경우 심리상담을 권고할 것이 제안되었다. 그리고 제22대에서는 고객응대 근로자에게 상습적으로 폭언 등을 하는 고객에게는 사업주가 서비스를 제한하고 고발 조치를 할 수 있을 것과 고객응대 근로자를 위한 상설적인 고충처리기구를 설치할 것을 규정하는 법안이 제출되었다.

제 1 장
서 론

제1절 연구의 배경 및 필요성

2022년 1월 「중대재해 처벌 등에 관한 법률」이 시행되었다. 이에 따라 근로자의 안전과 건강에 사회적 관심이 집중되고 있으며, 기업의 안전보건관리체계 구축 및 이행이 주요 화두가 되고 있다. 더욱이 2023년 신년사에서 윤석열 대통령은 3대 개혁 중에서 "최우선적으로 노동 개혁을 통해 우리 경제의 성장을 견인해 나가야 한다."며 노동시장의 유연성 확보와 근로 현장의 안전 개선을 강조한 바 있다.

현행 「산업안전보건법」은 '근로자의 신체적 피로와 정신적 스트레스 등을 줄일 수 있는 쾌적한 작업환경의 조성 및 근로조건 개선'을 사업주의 의무로 규정하고 있으며(제5조), 산업안전은 단순히 물리적 안전만을 의미하는 것이 아니라 근로자의 정신적 안녕과 안전을 포함한다. 그러나 여태껏 산업안전 및 산업재해와 관련한 정책적 개입은 주로 작업환경의 물리적 위험으로부터 근로자들의 신체를 보호하는 데 집중하였고, 근로자들의 정신건강 개선 측면에서의 노력은 상대적으로 부족하였다.

스트레스, 우울, 불안 등의 정신건강 악화는 질병 및 사고의 위험을 증가시키는 등 근로자 개인의 신체적 건강에 치명적인 위해 요소로 작용할 뿐만 아니라 생산성 하락, 산업재해 등을 유발함으로써 사업주 및 국가적 차원에서도 큰 손실을 발생시킨다.

WHO는 건강한 사업장을 '모든 근로자의 건강, 안전, 웰빙을 증진하고 근로자와 사업주(관리자)가 서로 협력하는 사업장'으로 정의하였는데, 이는 기존에 주로 초점을 두었던 물리적 근로환경을 넘어 심리 · 사회적, 기타 개인의 건강행동 관련 요인을 산업안전의 범위에 포괄하고 있는 흐름을 반영하는 것이라 할 수 있다(김수경 외, 2022; Burton, 2010).

최근 정신건강의 중요성에 대한 사회적 인식이 확산하고 있으며, 이에 발맞추어 2020년 정부는 「제5차 산재예방 5개년 계획」을 통해 직장 내 괴롭힘, 감정노동, 트라우마 등 근로자들의 정신건강을 위해하는 요인들을 신규 유해 요인으로 설정하고 근로자들의 정신건강 보호를 위한 세부 정책과 전략을 제시하였다(고용노동부, 2020). 또한 2021년 「제2차 정신건강복지 기본계획(2021~2025)」을 통해 전 국민의 정신건강 증진을 위해 국가의 책임과 공공성을 강화하고자 하였다. 해당 계획은 근로자들의 정신건강 증진을 위한 사업장 · 기업체의 직장인 정신건강 프로그램 등에 대한 기술지원과 산업안전보건법에 따른 근로자 대상 안전보건교육에 정신건강 교육을 강화하여 사업장 내 정신건강 문제를 조기 발견할 수 있도록 지원하는 것을 세부 추진과제로 제시하였다(관계부처 합동, 2021).

이렇듯 근로자의 정신건강에 대한 중요성이 부각함에 따라 정부는 각종 국가계획 내에 관련 정책을 포함하여 근로자들의 정신건강을 증진하고자 노력을 기울이고 있음에도 불구하고 현재까지 실효적인 제도와 장치는 미비한 실정이다.

근로자의 정신건강을 보호하고 손상되지 않도록 예방하는 것은 우리 사회의 매우 시급한 과제이며, 실질적이고 구체적인 방안 모색이 필요한 시점이다. 이에 본 연구에서는 근로자들의 정신건강 증진을 통한 산업안전 개선방안을 모색하고자 한다. 그동안 산업안전 관련 연구는 주로 물리적 작업환경과 근로자의 신체적 손상 측면에 집중하였을 뿐, 근로자의 스트레스, 우울 등 정신건강 측면에서 접근한 연구는 극히 제한적이다. 이에 본 연구는 정신건강과 산업안전 간의 관계에 대한 의학적 · 이론적 배경을 살펴보고, 이를 근거로 근로자들의 정신건강을 악화하는 요인들을 실증적으로 분석하며, 정신건강과 산업재해 간의 관련성을 체계적으로 고찰함으로써 정책 방향을 결정하는 데에 객관적인 근거를 제시하고자 한다. 또한 국내외의 근로자 대상 정신건강 증진 정책 현황을 면밀히 고찰하고 우수사례를 검토함으로써 이를 통해 통합적인 근로자 대상의 정신건강 증진 방안을 도출하고 향후 정책 방향에 대해 제언할 것이다. 아울러 「근로기준법」과 「산업안전보건법」을 중심으로 근로자의 정신건강을 보호하는 규범의 내용과 한계를 지적하고, 대안을 제시하고자 한다.

본 연구는 직업환경의학・경제학・법학・정책학 등 다학제적인 접근을 통해 근로자의 정신건강과 근로환경, 산업재해 간의 관계를 체계적으로 분석할 뿐만 아니라 기존 정책 및 법제의 한계를 파악하고, 이를 바탕으로 근로자의 정신건강 증진을 통한 산업안전 개선방안을 도출하고자 한다.

제2절 선행연구

앞서 언급하였듯이 산업안전을 주제로 한 연구는 주로 물리적 작업환경과 근로자의 신체적 손상 측면에 치중하였고, 근로자의 스트레스, 우울 등 정신건강 측면에서 접근한 연구는 충분치 않다. 기존 연구에 의하면 물리적・화학적・환경적 위해 요인은 근로자의 안전과 건강을 위협하고 업무 능력을 저하하는데, 작업장의 위해 요인은 요통의 37%, 청력 손실의 16%, 만성 폐쇄성 폐질환의 13%, 천식의 11%, 부상의 8%, 폐암의 9%, 백혈병의 2%를 차지하는 것으로 알려져 있다(Benach and Muntaner, 2007). 근로자의 정신건강에 대한 중요성이 부각함에 따라 비교적 최근의 연구들은 감정노동을 비롯한 직업적 스트레스 요인도 근로자의 건강을 악화하는 주요 요인으로 작용한다고 보고한다.

Cottini and Lucifora(2013)는 EWCS(European Working Conditions Surveys) 자료를 활용하여 유럽 내 15개국을 대상으로 직장 내 정신건강의 패턴을 조사하였다. 이들은 직무 요구와 직무 위험으로 정의되는 근로환경이 근로자의 정신건강 문제와 밀접한 상관관계가 있으며, 일자리 질은 근로자의 정신건강에 인과적인 영향을 미친다고 주장하였다. 또한 국가와 인구

집단에 따라 근로환경이 정신건강에 미친 영향은 이질적이라고 보고하였다(홍정림, 2024). 또한 Belloni et al.(2022)은 영국 근로자들을 대상으로 근로환경이 근로자들의 정신건강에 미치는 영향을 고정 효과 모형을 사용하여 분석하였는데, 여성 근로자의 경우 근무시간의 질, 업무 강도 등의 근로환경 개선은 정신건강 증진에 긍정적인 영향을 미쳤으며, 이러한 영향은 본질적으로 직무 스트레스가 높은 직종에 종사하는 근로자에게서 더 강하게 나타났음을 보였다(홍정림, 2024).

국내의 연구를 보면 서춘희 · 이경진(2017)은 근로환경 변화에 따른 직장인들의 정신건강 증진 방안을 모색하고자 근로환경조사(KWCS) 자료를 활용하여 근로시간, 업무 부담 및 강도, 감정노동, 업무 자율성, 사회적 지지, 폭력 및 따돌림, 직무 불안정, 파견근무 등 사회 · 심리적 근로환경 지표의 추이를 기초통계 산출을 통해 살펴보았고, 사업장 보건관리자를 대상으로 FGI를 진행하여 직무 스트레스의 주요 요인과 업종별 공통 스트레스 요인을 제시하였다.

김수경 외(2022)는 감정노동 근로자를 대상으로 한 정신건강 증진 방안을 모색하고자 감정노동의 개념을 정리하고, 해외에서 시행하고 있는 근로자 대상 정신건강 지침과 모형 및 정책 사례를 고찰하였으며, 국내에서 시행 중인 감정노동 근로자 대상 정신건강 서비스 및 관련 정책 현황을 검토하였다. 이를 토대로 국내의 감정노동 근로자들을 대상으로 한 통합적 · 사전예방적 정신건강 증진 방안을 제시하였다. 최은희 외(2023)는 직무 스트레스 요인, 산업재해 현황 등을 파악하여 직무 스트레스로 인한 보호 필요성이 있는 대상 범위를 제시하고, 현장 중심의 가이드를 마련하고자 하였다. 문헌조사를 통해 법규 · 규칙 · 고시, 매뉴얼 · 가이드 등의 지침 및 위험성평가 등 국내외 사례를 정리하고, 산재 DB(업무상 질병 통계), 근로환경조사 등의 자료를 활용하여 기초통계를 산출하고 관련 현황을 확인하였으며, 실무자 회의, 문헌 검토, FGI 등을 통해 직무 스트레스로 인한 건강장해 예방 가이드를 제안하였다.

송안미 외(2023)는 근로자들의 정신건강 예방과 대책을 위한 법제 방안을 모색하고자 정신건강의 개념, 범위 등을 검토하고, 근로자 정신건강 보호 관련 근거법을 분류하고 관련 정책을 조사하였으며, 직장 내 괴롭힘 · 직무 스트레스 등 관련 판례와 사례를 검토하였다.

제 2 장
직무 스트레스, 정신건강, 산업안전 간의 관계에 대한 의학적 배경

정신질환의 원인은 흔히 다요인적인 것으로 설명하는데, 신경생물학적 요인, 유전적 요인, 사회심리학적 요인 모두 관계가 있으며, 이들이 복잡하게 작용하는 것으로 설명되고 있다. 업무와 연관된 정신질환에 대해서도 마찬가지로 대개 직업 관련 요인과 개인적인 요인이 상호작용하여 발생한다(윤진하 외, 2016).

제1절 직무 스트레스의 주요 원인

직무 스트레스는 근로자가 직무 수행 과정에서 겪는 심리적, 신체적 부담을 의미한다. 미국 국립산업안전보건연구소(NIOSH : National Institute for Occupational Safety and Health)에 따르면 직무 스트레스란 '직무의 요구, 직원의 능력, 가용 자원, 고용주의 기대가 제대로 일치하지 않을 때 발생하는 스트레스'로 정의하고, 세계보건기구(WHO)는 직무 스트레스를 '사람들이 자신의 지식과 능력에 맞지 않는 업무 요구와 압박을 받았을 때, 대처 능력에 어려움을 겪을 때 나타날 수 있는 반응'으로 정의하였다. 즉, 직무 스트레스는 "질병으로 이어질 수 있는 정신적 긴장 또는 생리적 반응을 일으킬 수 있는 신체적, 심리적 자극"을 의미한다.

다양한 사회심리적 요인과 물리적 요인, 개인의 감수성 등이 직무 스트레스에 영향을 미치는데, 직장에서의 주요 원인은 다음과 같이 정리할 수 있다.

1. 업무 과부하

지나치게 많은 업무는 근로자의 신체적, 정신적 피로를 가중시킨다. 과도한 업무는 주로 한정된 시간 내에 많은 일을 처리해야 하는 상황에서 발생하며, 이는 근로자의 체력뿐만 아니라 정신적 부담을 크게 증가시킨다. 반복적이고 단조로운 작업은 스트레스 수준을 높이며, 창의적이고 복잡한 업무도 지속적인 과부하로 인해 피로를 초래할 수 있다. 업무량이 지속적으로 많으면, 근로자는 일과 삶의 균형이 깨지며, 이는 스트레스와 함께 불안감, 무력감을 초래할 수 있다. 특히, 우리나라에서는 오랜 기간 만연했던 장시간 노동 관행이 직무 스트레스의 주요한 원인으로 작용하였는데, 이로 인한 건강장해 위험은 매우 다양하고 명백하다(Bannai and Tamakoshi, 2014; Kapo et al., 2019; Adovich et al., 2020).

2. 낮은 직무 자율성

근로자가 자신의 업무에 대한 통제권이 부족할 때, 직무 스트레스가 증가한다. 이는 특히 단순 반복 작업에서 두드러진다. 근로자는 자신의 업무를 스스로 조절하고 통제할 수 있을 때 동기부여가 되며, 업무에 대한 만족도가 높아진다. 그러나 통제력이 결여된 상태에서는 업무에 대한 자부심이나 책임감이 낮아지고, 스트레스와 불안감이 증가할 수 있다. 이는 관리자나 상사의 지시에 따라 일방적으로 업무를 수행해야 하는 경우에도 발생할 수 있으며, 근로자는 자신의 의견이 반영되지 않는 상황에서 무력감을 느끼게 된다.

3. 직장 내 인간관계 갈등 및 낮은 사회적 지지

직장 내 인간관계의 갈등은 직무 스트레스의 주요 원인이다. 예를 들어,

관리자와 사원 사이의 갈등이나 세대 간 갈등은 스트레스를 유발할 수 있다. 인간관계 갈등은 의사소통의 문제에서 비롯되기도 하며, 서르 다른 업무 스타일이나 가치관의 차이에서 기인할 수 있다. 이러한 갈등은 팀워크를 저해하고, 협력적인 업무 수행을 어렵게 만든다. 또한 직장 내 따돌림이나 괴롭힘은 심각한 정신적 스트레스를 초래하며, 이는 근로자의 자존감을 낮추고 우울증이나 불안장애를 유발할 수 있다.

반면에 사회적 지지는 직무 스트레스를 완화하는 데 큰 역할을 할 수 있다. 근로자에게 사회적 지지가 뒷받침될 경우, 비록 다른 스트레스 요인이 있더라도 근로자의 심리적 안녕감에 긍정적으로 기여할 수 있다. 그러나 근로자의 사회적 지지의 수준이 낮으면 정신의학적 증상의 발생률을 높이며, 정신건강에 부정적인 영향을 미치게 된다.

4. 불규칙한 근무시간과 교대근무

교대근무나 야간근무는 근로자의 생체 리듬을 방해하여 스트레스를 유발한다. 이는 특히 서비스업과 일부 제조업에서 자주 나타나는 문제이다. 교대근무는 근로자의 수면 패턴을 불규칙하게 만들며 피로와 집중력 저하를 초래한다. 야간근무는 자연스러운 수면 주기에 반하는 근무 형태로, 인체의 일주기 리듬을 교란하여 신체적 피로와 함께 정신적 피로를 가중시킨다. 이러한 근무 형태는 가족 및 사회생활에도 부정적인 영향을 미치며, 근로자는 일과 생활의 균형을 맞추기 어려워진다. 특히, 장기간 교대근무를 하는 근로자는 만성적인 수면 부족과 스트레스를 경험할 가능성이 높다.

5. 불만족스러운 보상 및 복지 시스템

근로자가 업무에 대한 보상이 적절하지 않다고 느낄 때, 스트레스를 받을 수 있다. Siegrist의 모델(Siegrist, 2002)에 따르면, 노력이 많고 보상이 적으며 개인으로 하여금 탈진을 유발하는 대처 방식이 있는 경우 건강에 악영향을 미칠 수 있으며, 이는 근무에서 상호 보상과 적절한 교환에 대한 핵심적인 기대를 위반하기 때문인 것으로 나타났다. 이 모델은 특히 심혈관 질환을 예측하는 능력이 상당한 것으로 밝혀졌다(Kivimäki and Kawachi, 2015). 보상은 급여뿐만 아니라 승진, 성과 인정, 복리후생 등 다·양한 형태로 나타날 수 있다. 적절한 보상이 이루어지지 않을 때, 근로자는 자신의 노력이 인정받지 못한다고 느끼게 되며, 이는 동기부여를 저하한다. 보상체계가 불투명하거나 불공정하다고 느낄 때도 스트레스가 발생할 수 있다. 한편, 직장에서의 복지 혜택이 부족한 경우에도, 근로자는 보상에 대한 불만을 느껴 지속적인 스트레스를 경험할 가능성이 높다.

6. 고용의 불안정성

직무가 불안정하거나 해고에 대한 두려움이 있는 경우, 근로자는 높은 스트레스를 경험할 수 있다. 이는 특히 경제적 불확실성이 높은 시기에 두드러지며, 근로자는 직장을 잃을 것이라는 두려움에 시달리게 된다. 고용 불안정성은 근로자의 자존감과 자아 효능감을 저하할 수 있으며, 이는 우울증과 불안장애의 주요 원인이 될 수 있다. 또한 고용 불안정성은 근로자가 장기적인 경력(career) 계획을 세우기 어렵게 만들어, 직무 만족도를 낮추고 스트레스를 가중한다.

7. 감정노동

감정노동은 근로자가 업무 중 자신의 감정을 관리하고 통제해야 하는 상황을 의미하며, 근로자가 실제로 느끼는 감정과 직무에서 요구되는 감정 사이의 괴리감이 큰 상황에서 높은 직무 스트레스 요인으로 작용한다. 감정노동이 불가피하게 강요되거나 장기간 지속될 경우, 실제 감정과 표현 사이의 불일치로 인한 정서적 고갈, 자아존중감 저하 등의 문제가 발생하게 되며, 이러한 역할 갈등은 심리적 긴장을 유발하고 직무 만족도를 낮추며 직무 스트레스를 증가시키는 주요 요인으로 작용한다. 따라서 이를 효과적으로 관리하지 못하면 근로자의 정신적, 신체적 건강에 부정적인 영향을 미칠 수 있다.

8. 고객과의 갈등 및 폭력

서비스업에서 고객과의 갈등, 폭력 노출 가능성 등은 직무 스트레스의 주요 원인이다. 고객의 무리한 요구나 불만 처리 과정에서 근로자는 높은 스트레스를 경험할 수 있다. 특히 피크타임이나 할인 판매 기간 등 특정 시기에는 업무 부담이 크게 증가한다. 고객과의 상호작용에서 발생하는 스트레스는 근로자의 직무 만족도와 업무 성과에 부정적인 영향을 미칠 수 있다. 또한 폭력적인 고객과의 대면 상황은 근로자의 신체적 안전뿐만 아니라 정신적 안전에도 큰 위협이 되고, 심리적 외상(trauma)으로 작용할 수도 있다.

9. 열악한 업무 환경

고온, 한랭 작업, 소음, 폐쇄 공간 등 열악한 작업 환경은 근로자의 신체적 피로와 정신적 긴장을 가중한다. 열악한 작업 환경은 인지적 과긴장으로 인해 근로자의 신체적 건강을 해칠 뿐만 아니라, 지속적인 스트레스를 초래할 수 있다. 예를 들어, 소음이 심한 작업 환경에서는 청력 손상과 함께 집중력이 저하되고 피로가 증가할 수 있다. 그리고 폐쇄 공간에서는 작업 중 사고 발생 시 탈출이 어려워 근로자가 높은 두려움을 느낄 수 있다.

10. 업무의 높은 책임과 낮은 권한

근로자가 자신의 업무에 대한 결정을 내릴 수 없는 상황에서 높은 책임을 부담하게 되면 스트레스가 가중된다. 이는 특히 관리직이나 중간 관리자에게 흔히 발생하는 문제로, 이들은 조직 내에서 상사의 지시를 수행하면서도 부하 직원의 업무를 감독해야 하는 이중적 역할을 수행해야 한다. 이와 같은 상황에서 근로자는 본인 스스로 업무에 대한 통제권을 상실했다고 느끼게 되며, 이러한 역할 갈등은 스트레스를 증가시키는 주요 요인이 된다.

11. 과도한 정보 처리 요구

정보 과부하는 근로자의 스트레스를 유발한다. 현대의 직무 환경에서는 컴퓨터와 스마트폰 등의 디지털 기기를 통해 많은 정보를 처리해야 한다. 이러한 과도한 정보는 근로자의 집중력을 저하할 수 있으며, 정보의 양이 많을수록 처리 속도와 정확도에 대한 압박이 증가한다. 특히, 정보 과부하는 창의적이고 복잡한 문제 해결이 필요한 직무에서 큰 스트레스를 유발하고 업무 효율을 저하할 수 있다.

12. 역할 모호성

직무 기술서가 불명확하거나 역할과 책임이 명확하지 않을 때, 근로자는 스트레스를 받기 쉽다. 역할 모호성은 업무 수행 중 의사결정 과정에서 혼란을 초래하며, 명확한 지침 없이 업무를 수행해야 할 때 스트레스가 발생한다. 이는 팀 작업 시 다른 동료와의 협력 과정에서도 문제가 될 수 있으며, 명확한 역할 분담이 이루어지지 않으면 갈등이 발생할 가능성이 높아진다. 역할 모호성은 특히 신입사원이나 새로운 프로젝트에 배정된 직원들에게 큰 스트레스로 작용할 수 있다.

제2절 직무 스트레스가 신체 건강에 미치는 영향

직무 스트레스는 근로자의 건강에 다방면으로 부정적인 영향을 미친다. 이는 심혈관계 질환, 소화기 문제, 근골격계 질환, 면역력 저하, 만성 피로, 체중 변화, 호흡기 문제, 피부 문제 등 다양한 형태로 나타난다. 이러한 신체적 문제는 근로자의 삶의 질을 저하할 뿐만 아니라 직무 수행 능력에도 큰 영향을 미치며, 장기적으로는 직업 안정성과 조직의 생산성에도 부정적인 영향을 미칠 수 있다.

1. 뇌심혈관계 질환

직무 스트레스는 심혈관계 질환의 주요 원인 중 하나로 인정된다. 스트레스가 지속되면 교감신경계가 활성화되어 심박수와 혈압이 상승하고, 이는 혈관을 수축시켜 심혈관계에 과부하를 초래하게 되는데, 이런 상태가 장기간 지속되면 고혈압, 심장질환, 뇌졸중 등의 위험이 증가한다. 스트레스를 받게 되면 스트레스 호르몬인 코르티솔이 분비되는데, 코르티솔은 신체의 여러 시스템에 영향을 미치며, 장기간 높은 수준의 코르티솔은 동맥 경화와 같은 심혈관계 질환을 촉진할 수 있다. 또한 스트레스는 혈액 내 염증 반응을 증가시켜 뇌심혈관계 질환의 위험을 높인다.

2. 비만 및 대사질환(metabolic disease)

스트레스는 체중 변화에도 영향을 미친다. 일부 사람들은 스트레스로 인해 식욕이 감소하여 체중이 줄어들 수 있지만, 반대로 과식을 통해 스트레스를 해소하려는 사람들도 많다. 스트레스로 인한 과식은 비만을 유발할 수 있으며, 이는 당뇨병, 고혈압, 심혈관계 질환 등 다양한 건강 문제로 이어질 수 있다. 스트레스는 또한 신체의 대사율에 영향을 미쳐 체중 변화를 초래할 수 있다. 스트레스 호르몬인 코르티솔의 증가로 인해 신체가 지방을 저장하려는 경향이 강해지며, 이는 복부 비만을 초래할 수 있다. 복부 비만은 심혈관계 질환의 주요 위험 요소 중 하나로, 건강에 심각한 영향을 미칠 수 있다. 그 외에도 직무 스트레스로 인해 당뇨와 이상지질혈증과 같은 대사질환의 위험이 높아지는 것으로 알려져 있다.

3. 소화기 문제

스트레스는 소화기 시스템에도 큰 영향을 미친다. 직무 스트레스가 높을 때 위산 분비가 증가하여 위염, 위궤양 등의 소화기 질환이 발생할 수 있다. 스트레스는 또한 장의 운동을 방해하여 과민성대장증후군(IBS : Irritable Bowel Syndrome)이나 변비, 설사 등의 증상을 유발할 수 있다. 이러한 증상은 특히 스트레스 상황에서 악화하며, 지속적인 소화기 문제는 영양 흡수에 영향을 미쳐 전반적인 건강 상태를 저하할 수 있다.

4. 근골격계 질환

직무 스트레스는 근골격계 질환을 악화시키거나, 질병으로부터의 회복을 막는 요인으로 작용하기도 한다. 만성적인 스트레스는 근육 긴장을 유발하여 목, 어깨, 허리 등의 근육통을 초래함과 동시에 신체의 자세에도 영향을 미쳐 근골격계 문제를 악화시킨다. 특히, 컴퓨터를 사용하는 직무나 반복적인 작업을 수행하는 직무에서는 이러한 문제가 더욱 두드러진다. 장시간의 컴퓨터 작업이나 반복적인 작업은 근로자로 하여금 무의식적으로 긴장된 자세를 유지하게 하여 특정 근육군에 지속적인 긴장을 유발하며, 이는 만성적인 근육통으로 발전할 수 있다. 이와 같이 근골격계 질환이 만성화되면, 직무 수행 능력이 크게 저하할 수 있다. 근골격계 질환이 발생한 많은 경우에 직무 스트레스 요인이 해소되지 않으면 증상이 호전되지 않는 경향을 보인다.

5. 만성 피로

지속적인 직무 스트레스는 흔히 만성적인 피로를 유발한다. 특히 스트레스에 의한 수면의 질 저하로 인해 충분한 휴식을 취하지 못하게 되어 피로가 누적된다. 만성 피로는 단순한 피로감 외에도 두통, 어지러움, 집중력 저하 등의 증상을 동반할 수 있다. 또한 근로자의 업무 능력을 크게 저하할 뿐만 아니라 일상생활에서도 큰 불편을 초래하는 등 악순환을 일으켜 근로자가 스트레스와 피로에서 벗어나기 어렵게 만든다. 만성 피로는 장기적으로 심리적, 신체적 건강을 모두 악화시킬 수 있으며, 이로 인해 근로자의 삶의 질에 큰 영향을 미친다. 만성 피로는 또한 노동생산성 손실과도 밀접히 연관되어 있어, 가장 흔한 건강 관련 노동생산성 손실 요인으로 보고되고 있다(Lee et al., 2021).

6. 호흡기 문제

스트레스는 호흡기에도 영향을 미쳐 천식, 기관지염 등의 호흡기 질환을 악화하는 것으로 알려져 있다. 스트레스를 받으면 호흡이 빨라지고 얕아지는 경향이 있어 폐의 기능을 저하할 수 있다. 또한 스트레스는 호흡기 감염에 대한 저항력을 떨어뜨려 감기나 폐렴 등의 호흡기 질환에 걸릴 확률을 높인다. 호흡기 문제는 특히 천식을 앓고 있는 근로자들에게 큰 영향을 미칠 수 있다. 스트레스가 심해지면 천식 발작의 빈도와 강도가 증가할 수 있으며, 이는 근로자의 일상생활과 직무 수행 능력에 큰 지장을 초래할 수 있다. 또한 호흡기 문제는 신체 활동을 제한하여 전반적인 건강 상태를 악화할 수 있다.

7. 피부 문제

스트레스는 피부에도 영향을 미쳐 여드름, 아토피 피부염, 건선 등의 피부질환을 유발하거나 악화시킬 수 있다. 스트레스가 심해지면 피부의 재생 능력이 저하되고, 이는 피부 장벽 기능을 약화하여 외부 자극에 대한 민감성을 높인다. 피부 문제는 또한 스트레스와 관련된 행동 변화와도 연관이 있다. 스트레스를 받을 때 피부를 긁거나 뜯는 등의 행동이 증가할 수 있으며, 이로 인한 피부 손상을 유발할 수 있다. 그리고 스트레스로 인해 피부 관리에 소홀해지면 피부 문제는 더욱 악화할 수 있다.

8. 면역력 저하

스트레스는 면역 체계를 약화하여 감염에 대한 저항력을 떨어뜨린다. 직무 스트레스가 지속되면 면역 세포의 기능이 저하되고, 감기, 독감 등의 감염성 질환에 걸릴 위험이 높아진다. 스트레스는 면역 체계의 중요한 부분인 백혈구의 기능을 억제하여 신체의 방어 능력을 약화한다. 면역력 저하로 인해 상처 치유가 지연되거나 알레르기 반응이 심화하는 등 면역 체계의 전반적인 기능이 약화할 수 있다. 이로 인해 일상생활에서 자주 발생하는 작은 상처나 감염에도 신속하게 대응하지 못하게 만들며, 결과적으로 건강을 전반적으로 저하할 수 있다.

제3절 직무 스트레스가 정신건강에 미치는 영향

직무 스트레스는 신체적 건강뿐만 아니라 특히 정신건강 문제의 주요한 원인으로 작용하여 근로자의 삶의 질과 직무 수행 능력에 심각한 영향을 미친다. 특히 우울증, 불안장애, 수면장애, 외상 후 스트레스 장애, 번아웃 증후군, 적응장애 등은 직무 스트레스와 밀접한 관련이 있는 것으로 알려져 있다.

1. 번아웃(소진) 증후군

번아웃 증후군은 관리되지 않은 만성적인 직무 스트레스로 인해 신체적, 정신적 에너지가 고갈된 상태를 말한다. 이는 주로 업무 과부하, 높은 직무 요구도, 낮은 직무 자율성에서 비롯된다. 또한 역할 모호성이나 역할 갈등도 근로자에게 심리적 부담을 가중하여 번아웃을 유발할 수 있으며, 앞서 언급했듯이 직장에서의 인정 부족, 불공정한 대우 등도 번아웃의 원인이 된다. 번아웃 증후군의 주요 증상으로는 극심한 피로, 냉소적 태도, 직무 효능감 저하 등이 있다. 번아웃을 겪는 근로자는 업무에 대한 의욕을 상실하며, 이는 생산성 저하로 이어지는데, 이를 회복하기 위해서는 약 2년 정도의 시간이 필요한 것으로 알려져 있다.

2. 적응장애

적응장애는 직장 내 환경 변화에 적응하지 못해 발생하는 정신건강 문제로 직무 변경, 조직 구조 개편, 승진 또는 강등 등의 변화에 의해 유발될 수 있다. 적응장애를 겪는 근로자는 변화에 대한 불안감으로 인해 스트레스를 많이 받으며, 이는 직무 만족도 저하로 이어질 수 있다. 적응장애는 불안, 우울, 행동 문제 등 다양한 형태로 나타나며, 이로 인해 근로자의 일상생활과 직무 수행에 부정적인 영향을 미친다.

3. 우울장애

우울증은 직무 스트레스와 밀접하게 관련된 정신건강 문제 중 하나이다. 높은 직무 요구도와 낮은 직무 자율성은 우울증의 주요 원인으로 작용한다. 우울증은 주로 지속적인 슬픔, 흥미나 즐거움의 상실, 에너지 감소 등의 증상으로 나타난다. 직장에서의 우울증은 근로자의 생산성을 저하할 뿐만 아니라 장기 결근의 원인이 될 수 있다. 특히, 직무 스트레스가 해소되지 않고 지속될 경우, 우울증이 만성화될 위험이 높다.

4. 불안장애

불안장애는 직무 스트레스와 긴밀하게 연결된 또 다른 주요 정신건강 문제이다. 직장에서의 지속적인 스트레스는 불안 수준을 증가시키며, 이는 만성 불안장애로 발전할 수 있다. 불안장애는 과도한 걱정, 긴장, 두려움 등의 증상으로 나타나며, 업무 수행 능력에 부정적인 영향을 미친다. 불안장애를 겪는 근로자는 업무 집중력이 저하되고, 업무 수행 시 실수를 저지르기 쉬워진다.

5. 외상 후 스트레스 장애(PTSD : Post-Traumatic Stress Disorder)

외상 후 스트레스 장애는 경찰관, 소방관, 의료진 등 재난 상황을 자주 접하는 직업군에서 흔히 발생하며, 직무 수행 중 겪는 극심한 스트레스 사건과 관련이 깊다. PTSD는 트라우마, 즉 심리적 외상 사건을 경험한 후 지속적인 외상 사건의 재경험, 외상과 연관된 자극에 대한 지속적인 회피 및 과민 반응 등의 증상으로 나타나, 직무 수행에도 심각한 지장을 초래한다. PTSD를 겪는 근로자는 업무 중 집중력이 떨어지고, 갑작스러운 소음이나 자극에 과민하게 반응할 수 있다. 많은 PTSD 환자들이 분노, 불안, 소외감, 죄책감, 불신 등과 같은 부정적 감정들로 인해 힘겨운 시간을 보내게 되며 다른 정신질환을 앓을 확률 또한 높은 편이다. 우울증이나 불안장애 환자들의 약 29%가 자살 행동을 보이는 데 비해 PTSD 환자들은 이 수치보다도 더 높은 약 57%가 자살 행동을 보인다.

6. 알코올 및 물질 남용

직무 스트레스는 알코올 및 물질 남용으로 이어질 수 있다. 과도한 업무 요구, 역할 모호성, 직장 내 갈등 등으로 인한 직무 스트레스는 불안과 우울증을 유발할 수 있으며, 이를 완화하기 위해 근로자들은 알코올, 약물 등 물질에 의존할 가능성이 높아진다. 물질 남용은 일시적으로 스트레스를 줄이는 듯하지만 장기적으로는 건강 악화, 직무 수행 능력 저하, 대인 관계 문제 등 더 큰 문제를 야기한다.

7. 수면장애

수면장애는 교대근무로 인한 불규칙한 근무 패턴뿐만 아니라 직무 스트레스로 인한 과각성에 의해서도 유발될 수 있다. 수면의 질이 저하되면 피로와 스트레스를 더욱 가중시켜 악순환을 일으킨다. 수면 부족은 집중력 저하, 기억력 감퇴, 판단력 저하 등을 초래하여 업무 중 사고 발생 가능성을 높인다. 또한 앞서 언급한 여러 가지 정신질환의 2차적인 영향으로도 수면장애가 생길 수 있다.

윤진하 외(2016)에서는 불안장애, 외상 후 스트레스 장애, 우울증 및 물질 남용, 수면장애와 관련된 문헌들을 주요한 키워드를 중심으로 'PubMed'에서 검색하여 해당 논문들을 조사하였다. 그 결과, 각 질병별로 아래와 같이 밀접하게 연관되어 있는 것으로 정리된 바 있다. 그 결과는 다음과 같다(윤진하 외, 2016).

[그림 2-1] 정신질환 관련 위험요인

		우울증	불안 장애	PTSD	물질 남용	수면 장애
사회심리적 요인	높은 직무요구도	■				
	낮은 직무 재량	■			■	
	동료지지 부족	■		■	■	
	저임금	■	■			
	고용불안정	■			■	
물리적 요인	직업성 손상 및 폭력	■		■		
	교대근무		■		■	■
	장시간 노동	■	■			■
	업무의 급격한 변화		■	■		
	유해요인 노출	■	■			■
개인 감수성	남성				■	
	여성	■	■	■		
	낮은 연령	■			■	
	낮은 교육수준		■			
	낮은 회복탄력성	■	■	■	■	

자료 : 윤진하 외(2016).

제4절 정신건강이 업무상 사고에 미치는 영향

직무 스트레스와 그로 인한 정신건강 문제는 근로자의 신체적 건강뿐만 아니라 근로자의 작업 능력과 안전성에 직 · 간접적으로 영향을 미친다. 이는 업무상 사고의 발생 가능성을 높이는 중요한 요인으로 작용할 수 있다. 주요 정신건강 문제로 인한 업무상 사고 위험을 구체적으로 살펴보면 다음과 같다.

1. 우울증으로 인한 업무상 사고

우울증은 근로자의 주의력, 집중력, 판단력 등을 저하하여 산업재해 발생 위험을 높이는 대표적인 정신건강 문제이다. 우울증을 겪는 근로자는 업무 수행 중 피로감을 쉽게 느끼고, 동기부여가 저하되며, 의사결정 능력이 떨어질 수 있다. 우울증으로 인한 주의력 저하는 집중력을 떨어뜨려 작업 중 실수나 사고의 가능성을 증가시킨다. 예를 들어, 기계 조작 중 주의력을 잃으면 기계에 의해 부상을 입을 위험이 높아진다. 또한 우울증에서 비롯된 신체적 피로로 인해 근로자는 신속하고 정확하게 반응하지 못하게 되는데, 이는 특히 높은 신체적 요구가 있는 작업 환경에서 산업재해를 유발할 수 있다. 우울증으로 인해 판단력이 흐려지게 되면 위급 상황 발생 시 적절한 대응을 하지 못하게 되어 화학 물질 취급, 고소 작업 등과 같은 위험한 작업에서 치명적인 결과를 초래할 수 있다.

2. 불안장애로 인한 업무상 사고

불안장애는 과도한 걱정과 불안으로 인해 근로자의 작업 효율성과 안전성을 저하한다. 또한 근로자가 작업 중에도 계속 걱정을 하게 만들어 작업 집중도를 저하하는데 작업 집중도가 떨어지면 작업의 정확도가 감소하고, 이로 인해 사고의 발생 위험 또한 높아진다. 불안장애는 근육 긴장을 유발하며, 이는 작업 중 피로와 통증을 초래할 수 있다. 근육 긴장은 특히 반복적이거나 고정된 자세로 일하는 작업에서 근골격계 질환과 관련된 산업재해를 유발할 수 있다. 또한 불안장애로 인해 근로자의 반응 시간이 지연될 수 있으며, 이로 인해 신속한 대응이 필요한 작업 환경이나 비상 상황에서 근로자가 적절한 대응을 하지 못해 사고를 초래할 수 있다.

3. 외상 후 스트레스 장애(PTSD)로 인한 업무상 사고

외상 후 스트레스 장애(PTSD)는 심각한 외상 사건을 경험한 후 발생하는 정신건강 문제로, 근로자의 안전과 직무 수행 능력에 심각한 영향을 미칠 수 있다. PTSD는 과거의 외상 사건을 반복적으로 떠올리게 하는 플래시백을 유발하며, 이는 근로자의 현재 작업 집중도를 크게 떨어뜨린다. 플래시백이 발생하는 순간 근로자는 작업 환경에서 위험에 처할 수 있다. 또한 PTSD를 겪는 일부 근로자는 주변 반응에 대해 더 민감하고 과도하게 반응하는 과각성 상태에 놓이게 되어 기계 소음이나 갑작스러운 움직임에도 과도하게 반응하여 사고를 초래할 수 있다. PTSD로 인한 회피 행동 역시 산업재해의 위험 요소로 작용하는데, 근로자가 특정 상황이나 장소에 대해 회피하는 행동을 보일 경우, 이에 필요한 안전 절차를 따르지 않게 만들거나 위험한 작업을 기피하게 하여 산업재해로 이어질 수 있다.

4. 번아웃 증후군으로 인한 업무상 사고

번아웃 증후군도 근로자의 전반적인 직무 수행 능력을 저하하여 업무상 사고 발생 가능성을 높인다. 번아웃 증후군으로 인한 극심한 신체적, 정신적 피로는 근로자의 집중력을 저하하여 작업 중 실수와 사고의 가능성을 크게 높인다. 번아웃의 주요 증상 중의 하나인 냉소적 태도는 근로자의 직무에 대한 흥미와 열정을 잃게 하여 안전 절차를 소홀히 하게 만들 수 있다. 이는 특히 안전이 중요한 작업 환경에서 치명적인 결과를 초래할 수 있다. 성취감 감소 역시 근로자가 자신의 업무 성과에 대한 성취감을 느끼지 못하게 하여 전반적인 업무 몰입도를 떨어뜨린다. 이는 작업의 질을 낮추고, 안전 관리에 소홀하게 하여 업무상 사고로 이어질 수 있다.

5. 수면장애로 인한 업무상 사고

수면장애는 근로자의 건강과 직무 수행 능력에 큰 영향을 미친다. 불면증, 수면 무호흡증, 주기적인 수면 리듬의 교란 등 다양한 형태의 수면장애는 산업재해 발생 위험을 증가시킨다. 특히, 야간근무나 교대근무를 하는 근로자에게 수면장애가 흔히 나타나며, 이는 근로자의 신체적, 정신적 피로를 가중하여 안전사고를 초래할 수 있다. 수면장애는 근로자의 주의력과 반응 속도를 저하하여 작업 중 실수를 증가시키고, 이는 중장비를 다루거나 위험한 기계를 조작하는 작업에서 심각한 사고로 이어질 수 있다. 또한 수면 부족은 인지 기능을 저하하고, 판단력과 의사결정 능력을 떨어뜨려 복잡한 문제 해결이나 긴급 상황에서의 적절한 대응을 어렵게 만든다. 신체적 피로도 역시 증가하여 작업 능력을 저하하는데, 특히 육체적 노동이 요구되는 작업 환경에서 더 큰 문제가 된다. 지속적인 수면장애는 근로자의 정서적 안정성을 해치며 스트레스와 불안을 증가시켜 작업 중 충동적인 행동을 유발하고 업무상 사고로 이어질 수 있다.

제 3 장
근로자들의 정신건강과 근로환경, 그리고 산업재해

제1절 머리말

정신건강은 개인이 일상적인 삶의 스트레스에 대처하고 효과적으로 일하며 사회에 기여할 수 있는 자신의 능력을 인식하는 웰빙 상태로 폭넓게 정의된다(WHO, 2001; Khalid and Syed, 2024). 정신건강은 일과 밀접하게 연관되어 있으며, 정신건강이 악화하면 근로 능력 저하로 인해 생산성이 감소한다. 이뿐만 아니라 정신건강 악화는 동료들에게도 상당한 외부 효과를 유발한다. 즉, 스트레스, 우울, 불안 등의 정신건강 악화는 질병 및 사고의 위험을 증가시키는 등 근로자 개인의 신체적 건강에 치명적인 위해 요소로 작용할 뿐만 아니라 생산성 하락, 산업재해 등을 유발함으로써 사업주 및 국가적 차원에서도 큰 손실을 발생시킨다.

WHO(2022a)는 생산가능인구의 약 15%가 특정 시점에서 정신장애(mental disorder)를 겪고 있으며, 정신건강 관련 질환으로 인해 매년 1조 달러의 비용이 발생하는 것으로 추정하였다. 정신 질환의 경제적 비용에는 의료 비용(직접 비용)과 가족, 간병인, 지역사회에 부과되는 비용(간접 비용), 그리고 생산성 손실에 따른 기회비용이 포함되는데, WHO(2022a)는 정신건강 관련 경제적 비용 중 대부분이 생산성 손실에 의한 것이었음을 밝혔다. 또한 WHO(2017)는 2030년까지 정신건강 문제가 전 세계적으로 사망률과 이환

율의 주요 원인이 될 것으로 예상하였다(Belloni et al., 2022).

최근 정신건강의 중요성에 대한 사회적 인식이 확산하고 있으며, 이에 발맞추어 2020년 정부는 「제5차 산재예방 5개년 계획」을 통해 직장 내 괴롭힘, 감정노동, 트라우마 등 근로자들의 정신건강을 위해하는 요인들을 신규 유해 요인으로 설정하고 근로자들의 정신건강 보호를 위한 세부 정책과 전략을 제시하였다(고용노동부, 2020). 또한 2021년 「제2차 정신건강복지 기본계획(2021~2025)」을 통해 전 국민의 정신건강 증진을 위해 국가의 책임과 공공성을 강화하고자 하였다. 해당 계획은 근로자들의 정신건강 증진을 위한 사업장 · 기업체의 직장인 정신건강 프로그램 등에 대한 기술지원과 「산업안전보건법」에 따른 근로자 대상 안전보건교육에 정신건강 교육을 강화하여 사업장 내 정신건강 문제를 조기 발견할 수 있도록 지원하는 것을 세부 추진과제로 제시하였다(관계부처 합동, 2021).

이렇듯 근로자의 정신건강에 대한 중요성이 부각함에 따라 정부는 각종 국가계획 내에 관련 정책을 포함하여 근로자들의 정신건강을 증진하고자 노력을 기울이고 있음에도 불구하고 현재까지 실효적인 제도와 장치는 미비한 실정이다.

근로자의 정신건강을 보호하고 손상되지 않도록 예방하는 것은 우리 사회의 매우 시급한 과제이며, 실질적이고 구체적인 방안 모색이 필요한 시점이다. 이에 본 연구에서는 근로자들의 정신건강 증진을 통한 산업안전 개선 방안을 모색하고자 한다. 그동안 산업안전 관련 연구는 주로 물리적 작업환경과 근로자의 신체적 손상 측면에 집중하였을 뿐, 근로자의 스트레스, 우울 등 정신건강 측면에서 실증적으로 접근한 연구는 극히 제한적이다. 본 연구는 근로자들의 정신건강 추이를 살펴보고, 근로환경 측면에서 근로자들의 정신건강을 악화하는 요인들을 실증적으로 분석하며, 정신건강과 산업재해 간의 관련성을 체계적으로 고찰함으로써 정책 방향을 결정하는 데에 객관적인 근거를 제시하고자 한다.

제2절 근로자들의 정신건강 추이

1. 근로자들의 정신건강 현황

근로자들의 정신건강 추이를 확인하기 앞서 국민건강보험공단의 「건강보험통계연보」를 통해 우리나라의 전반적인 정신건강 현황을 살펴보았다.[1)]

[그림 3-1]은 「건강보험통계연보」를 사용하여 전체 환자 중 기분(정동성) 장애로 진료를 받은 환자(진료실 인원[2)])의 비중을 연령별로 나타낸 것이다.

2004년에서 2022년까지의 자료를 활용하여 장기적인 추이뿐만 아니라 연령별 비중도 함께 확인하였고, 진료 형태를 입원 진료와 외래 진료로 구분하여 정신건강의 중증도 추이도 간접적으로 유추해 보았다.

전체 환자 중 기분(정동성) 장애로 진료를 받은 환자는 2004년 1.21%에서 꾸준히 증가하여 2022년 2.47%로 두 배가량 증가하였다. 전반적으로 시간이 흐름에 따라 50대 이상 연령 그룹에서 기분(정동성) 장애 환자 비중이 감소한 것과 달리 40대 이하 그룹에서는 환자 비중이 증가하였으며, 특히 20·30대에서 정신건강이 크게 악화한 것으로 확인된다. 2004년에는 연령이 높을수록 기분(정동성) 장애 환자 비중도 높았으나, 최근으로 올수록 20·30대 젊은 연령층에서 가파르게 상승하였다. 특히, 20대의 경우 2004년 0.73%에서 2022년 3.58%로 전체 환자 중 기분(정동성) 장애 환자 비중이 무려 4.91배 증가한 것으로 나타났다.

진료 형태를 외래와 입원으로 구분하여 확인하였을 때에도 연령별 추이는 확연히 눈에 띈다. 중증 환자들이 주로 이용하는 입원 진료에 대한 20대 기분(정동성) 장애 환자의 비중은 지속적으로 증가하였고, 20대를 제외한

1) 우리나라는 「국민건강보험법」 제5조에 의하여 '국내에 거주하는 국민'을 대상으로 전 국민 건강보험제도를 운영하고 있기 때문에 모든 국민이 건강보험 및 의료급여제도에 편입되어 있으며, 「건강보험통계연보」는 건강보험제도를 운영하며 수집·관리하고 있는 행정 자료를 바탕으로 한다.

2) 건강보험 가입자 중 실제 진료받은 환자 수.

그 외 연령층에서는 2004년 이후 큰 변동이 없거나 오히려 소폭 감소하였다. 외래 진료의 경우 전반적으로 전 연령층에서 기분(정동성) 장애 환자 비중이 증가하였지만, 그중에서도 20대 연령층에서는 2017년 전후로 가장 가파르게 상승하는 추이를 보인다.

[그림 3-1] 기분(정동성) 장애 비중 추이 : 진료실 인원

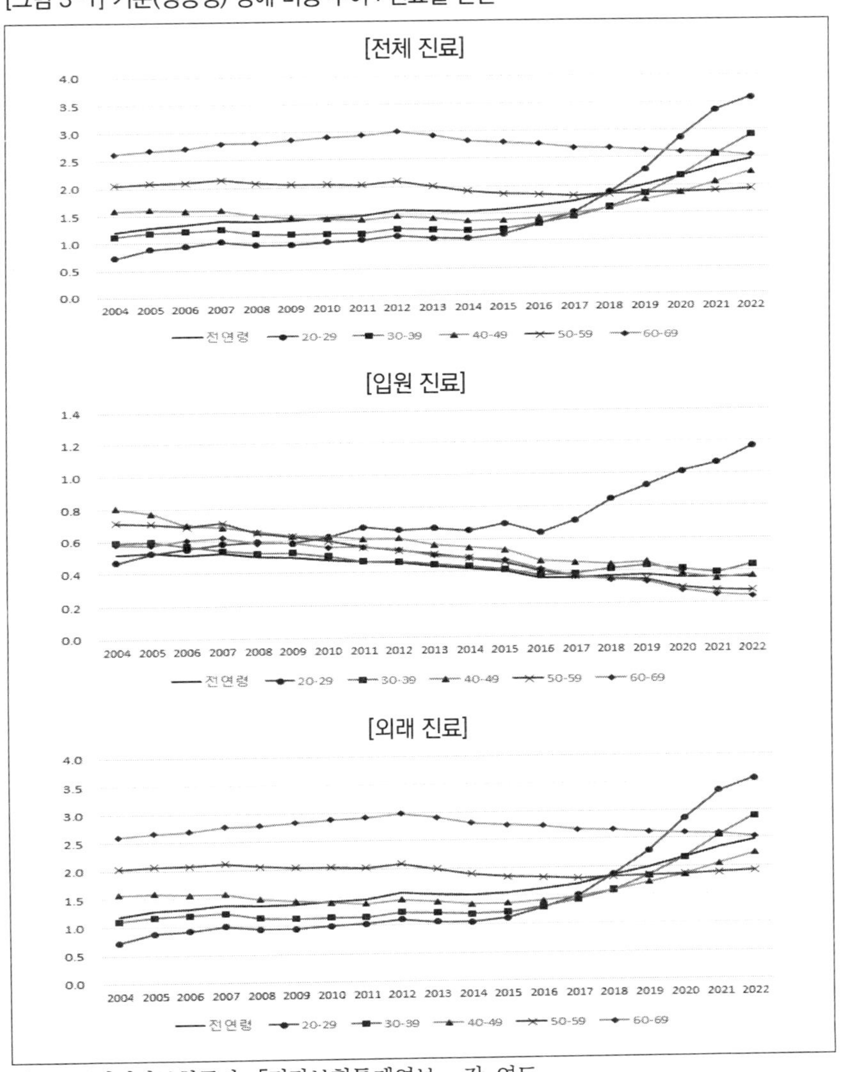

자료 : 국민건강보험공단, 「건강보험통계연보」, 각 연도.

보건복지부(2021)의 『2021년 정신건강실태조사 보고서』에 의하면 우리나라 전체 인구의 우울장애(주요우울장애, 기분부전장애) 1년 유병률은 1.7%, 우울장애와 불안장애(강박장애, 외상 후 스트레스장애, 공황장애, 광장공포증, 사회공포증, 범불안장애, 특정공포증)를 합한 유병률은 4.4% 정도이다. 사용한 자료에 따라 우울증 유병률은 1~3%가량으로 보고되는데, 일반적인 서베이 조사를 사용하여 우울증 유병률의 추이를 확인하면 표본의 크기가 충분치 않기 때문에 각 조사 연도에 따른 수치의 변동성(fluctuation)이 너무 커서 추정 결과의 신뢰성과 타당성을 확보하기 어렵다. 즉, 신뢰할 수 있는 안정적인 정신건강(우울증) 관련 추이를 확인하기 위해서는 표본의 크기가 충분히 커야 하는데, 현재 정신건강 관련 변수와 경제활동 관련 변수가 포함되어 있으면서 표본의 크기가 충분한 자료는 질병관리청의 「지역사회건강조사」 자료 정도이다.

이에 본 연구는 근로자들의 정신건강 현황을 살펴보기 위하여 질병관리청의 「지역사회건강조사」 자료를 활용한다.

「지역사회건강조사」 자료를 통해 정신건강 현황을 확인하기 위해서 우울감 비율, PHQ-9(우울증 선별검사, 이하 PHQ-9) 점수, PHQ-9 기준 우울증 유병률 등 세 가지 지표를 사용하였고, 분석 대상의 연령은 근로자들의 정신건강을 주제로 한 본 연구의 취지에 맞게 20~64세로 한정하였다.

우울감 비율은 주관적으로 평가한 우울 여부로서 "최근 1년 동안 연속적으로 2주 이상 일상생활에 지장이 있을 정도로 슬프거나 절망감 등을 느낀 적이 있습니까?"라는 질문에 "예"라고 응답한 표본의 비율을 의미한다. PHQ-9는 우울증 진단에 널리 활용되는 도구로서 9가지 문항으로 이루어져 있다. 피검사자로 하여금 각 항목당 0점에서 3점까지 증상의 정도("전혀 아니다", "여러 날 동안", "일주일 이상", "거의 매일")에 따라 선택하게 한 후, 그 합을 구하여 총 27점 중 10점 이상일 경우 우울증으로 판별한다(박승진 외, 2010). 본 연구에서는 PHQ-9 점수와 PHQ-9 기준 우울증 지표를 모두 활용하였다.

[그림 3-2]와 [그림 3-3]은 각각 자영업자를 포함한 전체 근로자와 임금근로자를 대상으로 앞서 설명한 3개의 지표를 통해 정신건강 현황 및 추이를 도식화한 것이다.

[그림 3-2] 정신건강 추이 : 전체 근로자

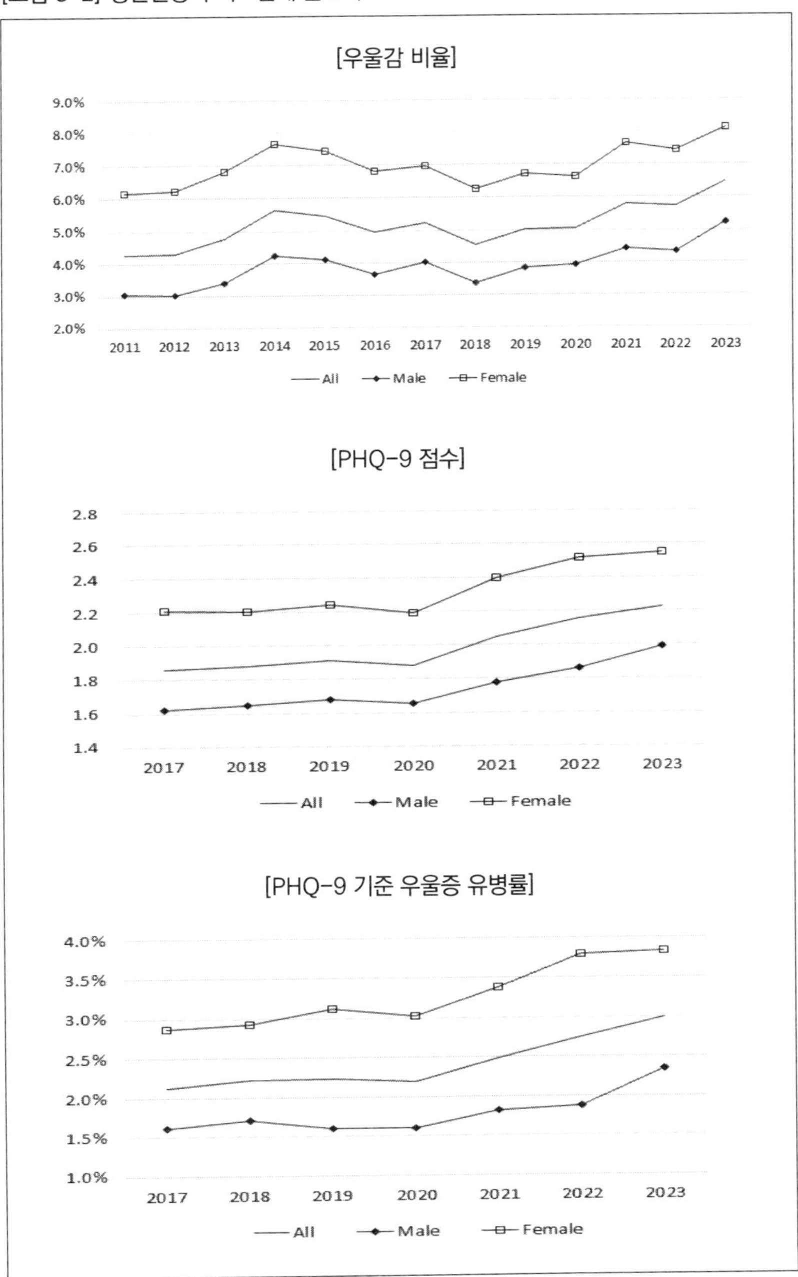

자료 : 질병관리청, 「지역사회건강조사」, 각 연도.

[그림 3-3] 정신건강 추이 : 임금근로자

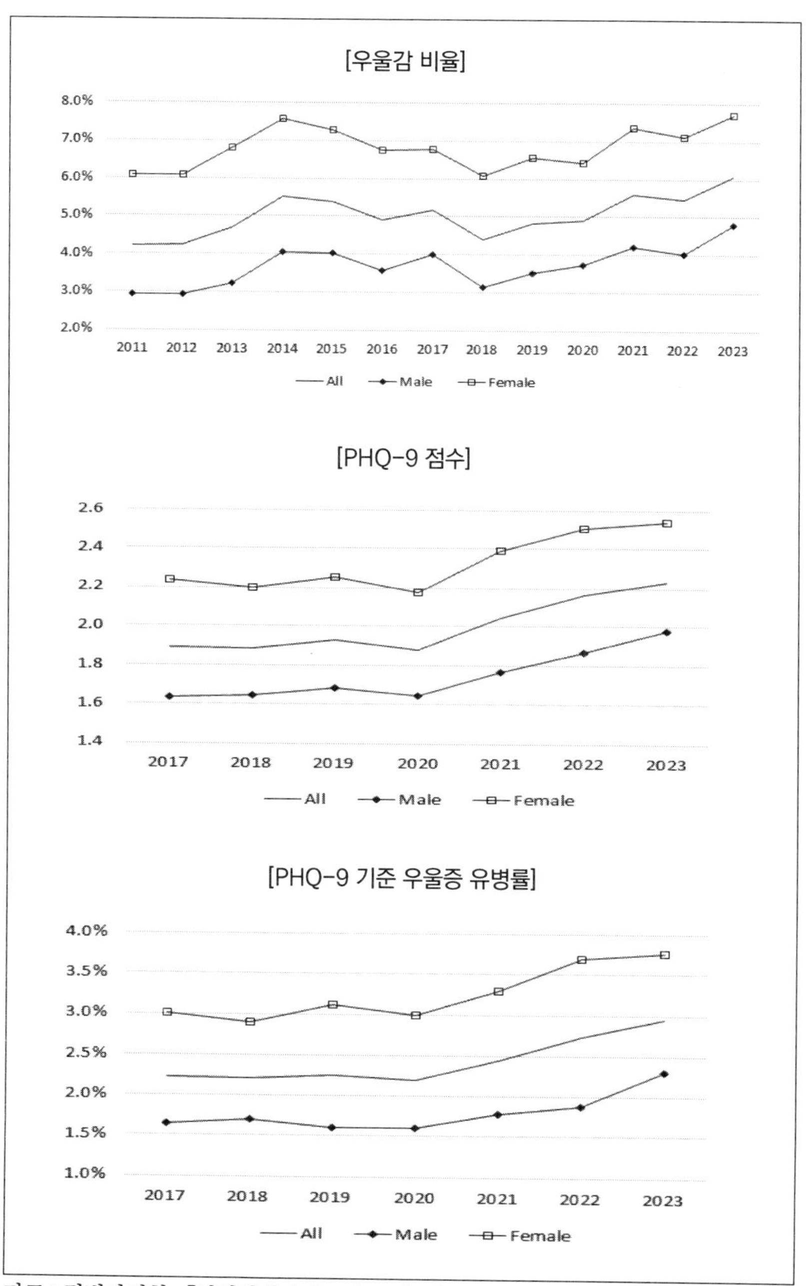

자료 : 질병관리청, 「지역사회건강조사」, 각 연도.

전체 근로자를 대상으로 한 정신건강 현황[3])을 살펴보면(그림 3-2), 우울감 비율은 2011년 4.27%에서 2014년 5.62%까지 지속적으로 증가하다가 2018년 4.56%까지 하락하는 추세를 보인다. 그러나 그 이후 다시 상승세를 보이며 2023년 6.48%로 최고 수치를 기록하였다. 성별을 나누어 확인하면, 우울감을 경험한 여성 비율이 남성에 비해 훨씬 높았으나, 성별 격차는 시간이 흐름에 따라 줄어들었다. 즉, 2011년 우울감을 겪은 여성 비율은 남성의 2배가 넘었으나, 최근으로 올수록 성별 격차의 폭이 감소하여 2023년 기준 1.55배 정도였다.

PHQ-9 점수는 최저 0점에서 최고 27점까지 분포하고 있는데, 2017년 전체 근로자 평균 점수는 1.86점이었고, 2023년 평균은 2.23점으로 최근으로 올수록 근로자들의 정신건강이 전반적으로 악화한 것으로 확인된다. PHQ-9 점수를 정신건강의 지표로 했을 때에도 남성보다는 여성들의 정신건강이 상대적으로 좋지 않았다.

PHQ-9 기준 우울증 유병률도 앞선 지표들과 크게 다르지 않았다. 2017년 2.13%에서 2023년 2.99%로 다소의 등락이 있지만 전반적으로 우울증 유병률은 시간이 흐를수록 증가하였고, 남성보다는 여성의 유병률이 더 높았다. 다만, 주관적으로 평가한 우울감 비율보다는 우울증 선별검사를 통한 우울증 유병률이 절반 이하로 확연히 낮았다.

임금근로자들로 대상을 한정하였을 때(그림 3-3)에도 정신건강 추이는 매우 흡사하다. 우울감 비율은 2011년 4.21%에서 2014년 5.52%까지 증가하다가 2018년 4.40%까지 감소하였으며, 이후 다시 상승하여 2023년 6.09%로 가장 높았다. 임금근로자들의 PHQ-9 점수 및 우울증 유병률도 지속적으로 상승하였고, 전반적으로 남성에 비해 여성의 정신건강이 상대적으로 좋지 않았다.

---

3) 「지역사회건강조사」는 2008년부터 2023년까지 자료가 이용 가능하지만, 우울감 여부는 2009년과 2010년에는 조사항목에서 제외되었으므로 우울감 비율에 대한 분석 자료는 2011년부터 2023년까지 웨이브를 사용하였다. 또한 PHQ-9 지표는 2017년 이후 조사 항목에 포함되었으므로 관련 지표 분석은 2017년에서 2023년까지 웨이브를 활용하였다. 또한 모든 통계치는 가중치를 적용한 결과이다.

2. 근로자들의 정신건강 추이 분석

[그림 3-1]~[그림 3-3]을 통해 최근으로 올수록 전반적으로 정신건강이 악화하고 있으며, 젊은 연령층의 정신건강이 상대적으로 더욱 크게 악화하고 있음을 확인하였다. 이뿐만 아니라 여성 근로자들의 정신건강이 상대적으로 남성 근로자에 비해 좋지 않았고, 정신건강이 악화한 환자의 비중뿐만 아니라 정신건강 이상으로 진료받은 환자 중에서 중증도가 높은 환자의 비중도 최근 들어 더욱 빠른 속도로 증가하였을 가능성을 확인하였다.

본 절에서는 회귀분석을 통해 직종, 학력, 가구 소득 등 정신건강에 영향을 미칠 수 있는 여타의 변수들을 통제한 이후에도 성별, 연령 등 인구학적 특성에 따라 근로자들의 정신건강 상태에 차이가 존재하는지, 그리고 시간이 흐름에 따라 정신건강이 악화하고 있는지 그 추이를 확인하였다.

분석에 이용한 자료는 「지역사회건강조사」이며, 분석 대상은 20~64세 임금근로자로 한정한다. 분석에 사용한 회귀분석 모형은 식 (3-1), (3-2)와 같다.

$$Y_{it}^{*} = \alpha + C_{it}\beta + \gamma T_t + X_{it}\delta + \mu_r + \epsilon_{it}$$
$$Y_{it} = \begin{cases} 1 & \text{if } \; Y^{*} > 0 \\ 0 & \text{if } \; otherwise \end{cases} \tag{3-1}$$

$$Y_{it} = \alpha + C_{it}\beta + \gamma T_t + X_{it}\delta + \mu_r + \epsilon_{it} \tag{3-2}$$

종속변수인 Y_{it}는 앞서 그림을 통해 확인하였던 정신건강 지표인 '우울감 경험 여부', 'PHQ-9 점수', 'PHQ-9 기준 우울증 여부' 등 세 개이다. 종속변수 중 '우울감 경험 여부'와 'PHQ-9 기준 우울증 여부'는 0과 1, 두 개의 값을 갖는 이항 변수이며, 회귀식 (3-1)과 로짓 모형을 통해 분석하였다. 종속변수 중 PHQ-9 점수는 0부터 27점까지의 값을 갖는 연속변수이며, 회귀식 (3-2)와 OLS 모형을 통해 추정하였다.

C_{it}는 성별, 연령 더미의 벡터이며 연령 더미는 20~39세, 40~49세, 50~64세 등 3개로 구분하였고, T_t는 연도 고정효과를 의미한다. 그 외 통제변수로서 학력 변수, 혼인 상태, 직종 더미, 가구 소득과 지역 더미를 포함하였다. 학력은 중학교 졸업 이하, 고등학교, 대학 재학 이상으로 구분하였고, 직

종은 5개(관리자+전문가+준전문가, 사무직, 서비스+판매 근로자, 기능원+조립원, 단순노무직)로 분류하였으며, 1차 산업종사자와 군인 등 특수 직군은 분석 대상에서 제외하였다. 가구 소득은 200만 원 미만, 200만 원~400만 원, 400만 원~600만 원, 600만 원 이상 등 4개의 더미로 구성하였다. ϵ_{it}는 오차항으로 회귀식 (3-1)에서는 로지스틱(logistic) 분포를, 회귀식 (3-2)에서는 정규분포를 따른다. 모든 분석은 강건표준오차(robust standard error)를 적용하였다.

〈표 3-1〉에는 정신건강과 연령, 성별과의 관계, 연도별 추이를 확인하기 위한 분석의 기초통계량이 제시되어 있다.

〈표 3-1〉 기초통계량 : 정신건강 추이 분석

	N	Mean	SD
종속 변수			
우울감 경험 여부(예 1, 아니오 0)	982,725	0.049	0.215
PHQ-9 점수(최소 0점, 최대 27점)	520,059	1.895	2.681
PHQ-9 기준 우울증 유병 여부(예 1, 아니오 0)	520,059	0.022	0.147
독립 변수			
성별(남성 1, 여성 0)	982,838	0.525	0.499
평균 연령	982,838	42.919	11.435
학력 : 중학교 졸업 이하	981,899	0.111	0.314
학력 : 고등학교	981,899	0.332	0.471
학력 : 대학 재학 이상	981,899	0.558	0.497
혼인 상태(배우자 있음 : 1, 배우자 없음 : 0)	982,106	0.676	0.468
직종 : 관리자+전문가+준전문가	982,838	0.235	0.424
직종 : 사무직	982,838	0.244	0.429
직종 : 서비스+판매 근로자	982,838	0.188	0.391
직종 : 기능원+조립원	982,838	0.182	0.386
직종 : 단순노무직	982,838	0.152	0.359
가구 소득 : 200만 원 미만	965,390	0.133	0.339
가구 소득 : 200만 원~400만 원	965,390	0.362	0.481
가구 소득 : 400만 원~600만 원	965,390	0.297	0.457
가구 소득 : 600만 원 이상	965,390	0.209	0.407

〈표 3-1〉의 계속

	N	Mean	SD
2011년	982,838	0.077	0.266
2012년	982,838	0.078	0.269
2013년	982,838	0.077	0.267
2014년	982,838	0.080	0.271
2015년	982,838	0.078	0.269
2016년	982,838	0.080	0.271
2017년	982,838	0.079	0.270
2018년	982,838	0.076	0.265
2019년	982,838	0.076	0.266
2020년	982,838	0.077	0.267
2021년	982,838	0.079	0.270
2022년	982,838	0.061	0.239
2023년	982,838	0.080	0.272

자료 : 질병관리청, 「지역사회건강조사」, 각 연도.

우울감 경험 여부를 종속변수로 한 분석은 2011년부터 2023년까지 총 982,725개의 표본이 포함되었고, 그중 약 4.9%가 우울감을 경험하였다고 응답하였다. PHQ-9 점수와 PHQ-9 기준 우울증 유병 여부는 2017년부터 2023년까지 총 520,059개의 표본이 포함되었고, 이들의 평균 점수는 약 1.9점이며 응답한 전체 표본의 약 2.2%가 우울증으로 진단되었다. 앞서 그림을 통해서 확인했듯이 주관적으로 평가한 우울감 비율보다는 우울증 선별검사를 통한 우울증 유병률이 절반 이하로 낮았다.

전체 표본의 52.5%가 남성이었고 이들의 평균 연령은 42.9세였으며, 학력 비중은 대학 재학 이상의 학력 그룹이 55.8%로 가장 높았고, 중학교 졸업 이하 그룹이 11.1%로 가장 낮았다. 그 밖에 배우자가 있는 표본이 67.6%로 절반이 넘었으며, 직종별로 보았을 때에는 사무직 비중이 24.4%로 가장 많았고, 관리자+전문가+준전문가, 서비스+판매 근로자, 기능원+조립원, 단순노무직 순이었다. 가구 소득은 200만 원~400만 원 그룹이 36.2%로 가장 큰 비중을 차지했고 200만 원 미만 그룹이 13.3%로 가장 작은 비중을 보였다.

〈표 3-2〉 정신건강 추이 분석

	(1) 우울감 경험 여부	(2) PHQ-9 점수	(3) PHQ-9 기준 우울증 유병 여부
성별 : 남성	-0.027*** (0.001)	-0.549*** (0.010)	-0.013*** (0.001)
연령 : 40~49세	-0.001 (0.001)	-0.303*** (0.013)	-0.012*** (0.001)
연령 : 50~64세	-0.006*** (0.001)	-0.589*** (0.013)	-0.021*** (0.001)
2012년	0.002 (0.001)		
2013년	0.007*** (0.001)		
2014년	0.013*** (0.001)		
2015년	0.012*** (0.001)		
2016년	0.009*** (0.001)		
2017년	0.012*** (0.001)		
2018년	0.007*** (0.001)	0.036** (0.017)	0.001 (0.001)
2019년	0.011*** (0.001)	0.093*** (0.017)	0.002* (0.001)
2020년	0.011*** (0.001)	0.035** (0.017)	0.001 (0.001)
2021년	0.020*** (0.001)	0.218*** (0.017)	0.004*** (0.001)
2022년	0.020*** (0.002)	0.356*** (0.019)	0.008*** (0.001)
2023년	0.026*** (0.001)	0.435*** (0.018)	0.011*** (0.001)
학력 : 고등학교 졸업	-0.008*** (0.001)	-0.141*** (0.022)	-0.007*** (0.002)
학력 : 대학 재학 이상	-0.013*** (0.001)	-0.253*** (0.024)	-0.013*** (0.002)
혼인 상태 : 유배우	-0.012*** (0.001)	-0.222*** (0.012)	-0.009*** (0.001)

〈표 3-2〉의 계속

	(1) 우울감 경험 여부	(2) PHQ-9 점수	(3) PHQ-9 기준 우울증 유병 여부
직종 : 관리자+전문가+준전문가	0.006*** (0.001)	-0.001 (0.013)	0.000 (0.001)
직종 : 서비스+판매 근로자	0.009*** (0.001)	0.089*** (0.016)	0.005*** (0.001)
직종 : 기능원+조립원	0.002** (0.001)	0.065*** (0.016)	0.001 (0.001)
직종 : 단순노무직	0.010*** (0.001)	0.091*** (0.019)	0.005*** (0.001)
가구 소득 : 200만 원~400만 원	-0.026*** (0.001)	-0.418*** (0.023)	-0.016*** (0.001)
가구 소득 : 400만 원~600만 원	-0.036*** (0.001)	-0.634*** (0.023)	-0.022*** (0.001)
가구 소득 : 600만 원 이상	-0.039*** (0.001)	-0.731*** (0.024)	-0.024*** (0.001)
N	964,047	514,931	514,931
지역 고정 효과	Yes		

주 : 1) *** p〈0.01, ** p〈0.05, * p〈0.1.
2) 괄호 안은 강건표준오차(robust standard error).
3) 지역 더미를 모두 포함하여 분석한 결과임.
자료 : 질병관리청, 「지역사회건강조사」, 각 연도.

〈표 3-2〉는 우울감 경험 여부(모형 (1)), PHQ-9 점수(모형 (2)), PHQ-9 기준 우울증 유병 여부(모형 (3))를 종속변수로 하여 성별, 연령에 따라 근로자들의 정신건강 상태에 차이가 있는지, 그리고 시간이 흐를수록 정신건강이 악화하는지 그 추이를 분석한 결과를 보여준다. 표에 제시된 모든 수치는 한계효과이다.

우울감 경험 여부를 종속변수로 분석한 결과(모형 (1)), 남성이 여성에 비해 우울감 경험 확률이 낮았으며, 연령별로 봤을 때 20·30대 연령층과 비교하여 50~64세 장년층에서 우울감 경험 확률이 낮은 것으로 확인된다. 연도별 추이를 보면 2011년에 비해 시간이 흐를수록 전반적으로 우울감 경험 확률이 증가하는 것으로 나타났고, 특히 2020년대에 들어서 우울감 경험 확률이 큰 폭으로 증가하는 결과가 도출되었다. 2011년과 비교할 때 2023년 우울감 경험 확률은 약 2.6%p 증가하는 것으로 나타났는데, 이는 우울감 경험 비율이 4.9%임을 감안한다면 2011년에 비해 2023년 우울감을 경험한 표본이 무려 53% 증가했음을 의미한다.

그 밖에 학력 수준이 높을수록 우울감 경험 확률이 낮았고, 배우자가 있을 때 정신건강 상태가 양호하였다. 직종별로는 사무직에 비해 다른 모든 직종의 우울감 경험 확률이 통계적으로 유의하게 높은 것으로 나타났고, 단순노무직, 서비스+판매 근로자 직군의 정신건강이 상대적으로 좋지 않은 것으로 확인되었다. 또한 가구 소득이 높을수록 우울감 경험 확률이 낮았다.

PHQ-9 점수를 종속변수로 정신건강 추이를 분석한 결과도 우울감 경험 여부 분석 결과와 매우 흡사했다. 남성이 여성에 비해 PHQ 점수가 낮아 정신건강 상태가 양호하였으며, 연도별 추이를 볼 때에도 2017년에 비해 최근으로 올수록 정신건강이 통계적으로 유의하게 악화하는 것으로 나타났다. 단, 우울감 경험 여부 분석에서 20 · 30대 연령층과 비교하여 40대 연령층의 추정치가 통계적 유의성이 없었던 것과 달리, PHQ-9 점수를 종속변수로 분석한 결과에서는 연령이 증가함에 따라 PHQ-9 점수가 낮아지는 것으로 나타나 20 · 30대 젊은 연령층에서 가장 정신건강이 열악한 것으로 확인되었다. 그 밖에 학력 수준이 높을수록, 가구 소득이 높을수록, 유배우일 때 정신건강 상태가 양호하였으며, 단순노무직군에서 PHQ-9 점수가 가장 높은 것으로 나타났다.

PHQ-9 점수 기준 우울증 유병 여부를 종속변수로 정신건강 추이를 분석한 결과도 앞선 결과들과 크게 다르지 않았다. 남성이 여성에 비해 우울증 유병 확률이 낮았고, 시간이 흐를수록 우울증 유병 확률이 점차 증가하는 것으로 확인된다. 2017년과 비교할 때 2023년 우울증 유병 확률은 약 1.1%p 증가하는 것으로 나타났는데, 이는 우울감 유병 비율이 2.2%임을 감안한다면 2017년에 비해 2023년 우울증에 이환된 표본이 약 50% 증가했음을 의미한다. PHQ-9 점수를 종속변수로 분석한 결과와 마찬가지로 연령이 증가함에 따라 우울증 유병 확률이 선형적으로 감소하고 있는 것으로 확인되었다. 또한 학력 수준이 높을수록, 가구 소득이 높을수록, 유배우일 때 정신건강이 양호하였으며 단순노무직군, 서비스+판매 근로자 직군에서 정신건강이 상대적으로 열악한 것으로 나타났다.

요컨대, 주관적 정신건강 지표, 객관적 정신건강 지표를 통해 성별, 연령에 따라 근로자들의 정신건강 상태가 상이한지, 그리고 시간이 흐름에 따라 정신건강이 악화하는지 그 추이를 확인한 결과는 정신건강의 주관적 지표(우울감 경험 여부)와 객관적 지표(PHQ-9 점수, PHQ-9 점수 기준 우울증 유병 여부) 모두에서 최근으로 올수록 근로자들의 정신건강이 악화하고 있음을 보여주며, 인구학적 특성별로 볼 때에는 남성보다는 여성 근로자 그룹에서, 20·30대 젊은 연령층에서 정신건강이 상대적으로 좋지 못한 것으로 도출되었다. 경제적 요인, 직업 특성 등 정신건강에 영향을 미칠 수 있는 기타의 요인들을 통제한 이후에도 인구학적 특성에 따른 정신건강 격차가 확인되며, 전반적으로 근로자들의 정신건강은 시간이 흐를수록 악화하는 것으로 나타났다.

제3절 근로자들의 정신건강과 근로환경 간의 관계

이 절에서는 근로자들의 정신건강과 근로환경 간의 관계를 확인하고자 한다.

1. 분석 자료 및 방법

분석에 이용한 자료는 산업안전보건연구원의 「근로환경조사」 자료이다. 「근로환경조사」는 우리나라 만 15세 이상 근로자 5만 명을 대상으로 실시하는 3년 주기의 횡단조사이다. 본 연구는 분석에 필요한 변수들을 고려하여 3~6차 자료를 활용하였다. 로짓 모형을 통해 근로자들의 정신건강과 근로환경 간의 관계를 분석하였으며, 분석에 사용한 회귀식은 (3-3)과 같다.

$$Y_{it}^{*} = \alpha + E_{it}\beta + X_{it}\delta + \tau_t + \mu_r + \epsilon_{it}$$

$$Y_{it} = \begin{cases} 1 & \text{if} \;\; Y^{*} > 0 \\ 0 & \text{if} \;\; otherwise \end{cases} \qquad (3\text{-}3)$$

분석 대상은 20~64세 임금근로자이며, 종속변수인 Y_{it}는 '우울 · 불안 장애 여부', '업무 관련 우울 · 불안 장애 여부' 등 정신건강을 나타내는 변수이고, 두 개의 정신건강 지표 모두 0과 1, 두 개의 값을 갖는 이항 변수이다.

E_{it}는 근로자들의 정신건강에 영향을 미칠 수 있는 근로환경 변수들의 벡터로서 감정노동, 작업장 위해 요인, 장시간 노동 및 비정형 근무, 반사회적 행동 등을 파악할 수 있는 변수들을 종합적으로 고려하였다. 이를 위해 감정노동의 강도 점수4), 작업장 위험요인 점수5), 52시간 이상 장시간 노동 여부 및 교대근무 여부, 그리고 반사회적 행동 변수인 차별 경험 여부, 폭력 경험 여부 등을 근로환경 변수로 포함하였다. 작업장 위험요인 점수와 감정노동의 강도는 정규화하여 분석에 활용하였으며, 「근로환경조사」 결과보고서의 정의에 따라 점수가 높을수록 근로자 친화적인 근로환경을 의미한다.

X_{it}는 통제변수로서 연령, 성별, 학력, 소득분위 등 인구 · 사회 · 경제적 변수와 고용 형태, 산업, 직종 등 직업특성 변수들의 벡터이다. 연령은 20~39세, 40~49세, 50~64세 등 3개로 구분하였고, 학력은 중학교 졸업 이하, 고등학교, 대학 재학 이상으로 분류하였으며, 소득은 5분위로 구분하였다. 고용 형태는 상용직과 임시 · 일용직으로 나뉘며, 직종은 5개(관리자+전문가+준전문가, 사무직, 서비스+판매 근로자, 기능원+조립원, 단순노무직)로 분류하였고, 1차 산업종사자는 분석 대상에서 제외하였다. 산업은 제조업, 건설업, 생산자 서비스, 유통 서비스, 개인 서비스, 사회 서비스로 구분하였

---

4) 감정노동의 강도 점수는 「근로환경조사」의 결과보고서의 정의에 따라 감정노동 관련 3가지 조사 항목("나는 감정을 숨기고 일해야 한다", "화가 난 고객이나 환자, 학생을 다룸", "정서적으로 불안해지는 상황에 놓임")에 대한 응답 점수를 모두 합산한 후 0점에서 100점을 기준으로 환산한 수치이다.

5) 작업장 위험요인 점수는 「근로환경조사」의 결과보고서의 정의에 따라 위험요인 노출빈도 13가지 조사 항목("수공구, 기계 등에서 발생하는 진동", "다른 사람에게 말할 때 목청을 높여야 할 정도의 심한 소음", "일하지 않을 때조차 땀을 흘릴 정도로 높은 온도", "실내/실외에 관계없이 낮은 온도", "연기, 흄(용접 흄 또는 배기가스), 가루나 먼지(목 분진, 광물 분진 등) 등의 흡입", "시너와 같은 유기 용제에서 발생한 증기 흡입", "화학 제품/물질을 취급하거나 피부와 접촉함", "다른 사람이 피우는 담배 연기", "폐기물, 체액, 실험 물질같이 감염을 일으키는 물질을 취급하거나 직접 접촉함", "피로하거나 통증을 주는 자세", "사람을 들어 올리거나 옮김", "무거운 물건을 끌거나, 밀거나, 옮김", "반복적인 손동작이나 팔 동작")에 대한 응답 점수를 모두 합산한 후 0점에서 100점을 기준으로 환산한 수치이다.

고, 1차 산업은 제외하였다.

연도 및 지역 고정효과를 포함하였고, ϵ_{it}는 오차항으로 로지스틱(logistic) 분포를 따르며 강건표준오차(robust standard error)를 적용하였다. 각 표에 제시된 모든 분석 결과는 한계효과를 의미한다.

〈표 3-3〉에는 근로자들의 정신건강과 근로환경 간의 관계를 분석하기 위한 표본의 기초통계량이 제시되어 있다.

분석에 포함된 표본은 총 93,900개이며, 우울 · 불안 장애를 겪었던 표본은 전체의 약 2.6%였고, 이 중에서도 업무와 관련하여 우울 · 불안 장애를 겪었던 표본은 그보다 조금 낮은 약 2%였다.

근로환경 변수로서 감정노동 강도의 평균 점수는 약 58.3점이었고, 작업장 위험요인 점수는 약 83.5점이었으며, 차별과 폭력을 경험한 표본의 비율은 각각 9.3%, 6.4%가량이었다. 주 52시간 이상 장시간 노동을 경험한 표본의 비율은 약 19.8%, 교대근무 경험이 있는 근로자는 약 9.9%였다.

전체 표본의 약 42.9%가 20 · 30대 근로자였고, 50세 이상 근로자의 비율은 27.1%로 가장 낮았다. 남성 비율은 절반이 넘는 54.5%였고, 임시 · 일용직이 13.5%였으며, 대학 재학 이상의 학력 그룹이 58.5%로 절반을 넘게 차지했다. 소득분위로 볼 때 3분위의 비중이 가장 컸고, 대부분의 근로자들이 서비스업종에 종사하고 있었고, 사무직 근로자 비율이 가장 높았다.

〈표 3-3〉 기초통계량 : 정신건강과 근로환경 간의 관계 분석

(N=93,900)	Mean	SD
종속 변수		
우울 · 불안 장애 여부	0.026	0.159
업무 관련 우울 · 불안 장애 여부	0.020	0.139
독립 변수		
감정노동 강도 점수 : 0~100, 높을수록 약함	58.292	13.673
차별 경험 여부	0.093	0.291
폭력 경험 여부	0.064	0.245
작업장 위험요인 점수 : 0~100, 높을수록 안전	83.549	13.116
52시간 이상 장시간 노동 여부	0.198	0.398

〈표 3-3〉의 계속

(N=93,900)	Mean	SD
교대근무 여부	0.099	0.299
연령 : 20~39세	0.429	0.495
연령 : 40~49세	0.299	0.458
연령 : 50~64세	0.271	0.445
성별(남성 1, 여성 0)	0.545	0.498
학력 : 중학교 졸업 이하	0.056	0.231
학력 : 고등학교	0.359	0.480
학력 : 대학 재학 이상	0.585	0.493
고용 형태(임시 · 일용직 1, 상용직 0)	0.135	0.342
소득 : 1분위	0.026	0.159
소득 : 2분위	0.312	0.463
소득 : 3분위	0.342	0.474
소득 : 4분위	0.193	0.395
소득 : 5분위	0.127	0.333
산업 : 제조업	0.225	0.418
산업 : 건설업	0.069	0.253
산업 : 생산자 서비스	0.161	0.367
산업 : 유통 서비스	0.229	0.420
산업 : 개인 서비스	0.077	0.267
산업 : 사회 서비스	0.239	0.427
직종 : 관리자+전문가+준전문가	0.216	0.412
직종 : 사무직	0.261	0.439
직종 : 서비스+판매 근로자	0.225	0.418
직종 : 농림어업 숙련 종사자+기능원+조립원	0.208	0.406
직종 : 단순노무직	0.090	0.286

자료 : 산업안전보건연구원, 「근로환경조사」 3~6차.

2. 분석 결과

〈표 3-4〉는 우울 · 불안 장애를 종속변수로 하여 정신건강과 근로환경 간의 관계를 회귀식 (3-3)과 로짓모형을 통해 추정한 결과를 보여준다. 모형 (1)은 전체, 모형 (2)와 모형 (3)은 남성과 여성에 대해 각각 분석한 결과이

다. 산업 및 직종 등 직업특성 변수와 지역 및 연도 고정효과를 모두 포함하여 분석한 결과이며, 주요 관심 변수만을 보고한다.

분석 결과, 감정노동, 작업장 위험요인, 장시간 노동, 반사회적 행동 등 근로환경의 특성을 보여주는 대부분의 변수들이 정신건강과 유의한 상관관계가 있었다. 우선 감정노동의 강도 점수가 높을수록, 즉 감정노동 강도가 약할수록 우울 · 불안 장애를 겪을 확률이 낮았고, 작업장 위험요인 점수가 높을수록, 즉 작업장이 안전할수록 우울 · 불안 장애를 겪을 확률이 낮았다. 또한 차별과 폭력 등 반사회적 행동을 경험했을 때 근로자들의 우울 · 불안 장애를 겪을 확률이 증가하였고, 장시간 노동 역시 근로자들의 정신건강을 악화하는 요인으로 작용하였다.

특히, 근로환경을 나타내는 변수 중에서도 노동의 양적 강도와 작업장 위험요인보다는 감정노동의 강도 및 반사회적 행동 경험 등의 사회 · 심리적인 요인들이 근로자들의 정신건강을 악화하는 주요 요인인 것으로 확인된다.

그 밖에 남성이 여성에 비해 우울 · 불안 장애를 경험할 확률이 다소 낮았고, 저소득층에 비해 고소득층에서 정신건강이 양호한 것으로 나타났다. 이는 앞선 제2절 정신건강 추이 분석과 유사한 결과이지만, 연령별 효과는 다소 차이가 있었다. 근로환경을 통제하지 않은 결과에서는 20 · 30대 근로자들이 우울감을 겪을 확률이 높았으나, 근로환경을 통제한 본 분석에서는 반대로 50대 이상 장년층이 상대적으로 정신건강이 열악한 것으로 나타났다. 이는 20 · 30대 젊은 연령층이 상대적으로 열악한 근로환경과 근로조건에서 일하는 경향이 있는데, 열악한 근로환경이 젊은 근로자들의 정신건강 악화에 미치는 영향이 더욱 컸을 가능성을 시사한다.

성별을 구분하여 분석한 결과를 보면, 추정치의 크기, 방향 및 유의성 모두에서 전체를 대상으로 한 분석과 대체적으로 유사하였다. 즉, 감정노동의 강도가 약할수록, 반사회적 행동을 경험하지 않을 때, 작업장이 안전할수록, 노동의 양적 강도가 약할수록 근로자들의 정신건강이 개선될 확률이 높았다.

〈표 3-4〉 정신건강과 근로환경 간의 관계 : 우울 · 불안 장애

	(1) All	(2) Male	(3) Female
감정노동의 강도 점수	-0.010*** (0.001)	-0.010*** (0.001)	-0.011*** (0.001)
차별 경험	0.025*** (0.002)	0.026*** (0.002)	0.022*** (0.002)
폭력 경험	0.023*** (0.002)	0.022*** (0.003)	0.024*** (0.003)
작업장 위험요인 점수	-0.008*** (0.001)	-0.008*** (0.001)	-0.011*** (0.001)
장시간 노동	0.007*** (0.002)	0.008*** (0.002)	0.005* (0.003)
교대 근무	-0.000 (0.002)	0.003 (0.003)	-0.005 (0.004)
연령 : 40~49세	0.004** (0.002)	0.005** (0.002)	0.003 (0.002)
연령 : 50~64세	0.005*** (0.002)	0.004* (0.002)	0.007*** (0.003)
성별 : 남성	-0.003* (0.002)		
학력 : 고등학교 졸업	0.001 (0.003)	0.008* (0.004)	-0.004 (0.004)
학력 : 대학 재학 이상	0.000 (0.003)	0.006 (0.005)	-0.001 (0.005)
고용 형태 : 임시 · 일용직	-0.001 (0.002)	0.001 (0.003)	-0.001 (0.003)
소득 : 2분위	-0.017*** (0.004)	-0.010 (0.008)	-0.017*** (0.006)
소득 : 3분위	-0.020*** (0.004)	-0.010 (0.008)	-0.023*** (0.006)
소득 : 4분위	-0.018*** (0.005)	-0.010 (0.008)	-0.018*** (0.006)
소득 : 5분위	-0.013*** (0.005)	-0.005 (0.008)	-0.015** (0.007)
N	93,900	51,142	42,758

주 : 1) *** p〈0.01, ** p〈0.05, * p〈0.1.

2) 괄호 안은 강건표준오차(robust standard error).

3) 산업, 직업, 연도, 지역 더미를 모두 포함하여 분석한 결과이며, 주요 관심 변수의 결과만을 보고함.

자료 : 산업안전보건연구원, 「근로환경조사」 3~6차.

〈표 3-5〉는 우울 · 불안 장애 중에서도 업무와 관련한 우울 · 불안 장애 여부를 종속변수로 하여 근로자들의 정신건강과 근로환경 간의 관계를 추정한 결과이다.

〈표 3-5〉 정신건강과 근로환경 간의 관계 : 업무 관련 우울 · 불안 장애

	(1) All	(2) Male	(3) Female
감정노동의 강도 점수	-0.009*** (0.001)	-0.009*** (0.001)	-0.010*** (0.001)
차별 경험	0.020*** (0.002)	0.022*** (0.002)	0.016*** (0.002)
폭력 경험	0.018*** (0.002)	0.017*** (0.002)	0.020*** (0.002)
작업장 위험요인 점수	-0.007*** (0.001)	-0.006*** (0.001)	-0.008*** (0.001)
장시간 노동	0.006*** (0.002)	0.007*** (0.002)	0.003 (0.003)
교대 근무	-0.000 (0.002)	0.002 (0.002)	-0.005 (0.003)
연령 : 40~49세	0.001 (0.001)	0.002 (0.002)	-0.000 (0.002)
연령 : 50~64세	0.002 (0.002)	0.001 (0.002)	0.003 (0.002)
성별 : 남성	-0.002 (0.001)		
학력 : 고등학교 졸업	-0.001 (0.003)	0.005 (0.004)	-0.006 (0.004)
학력 : 대학 재학 이상	-0.001 (0.003)	0.003 (0.004)	-0.003 (0.004)
고용 형태 : 임시 · 일용직	-0.001 (0.002)	0.001 (0.003)	-0.001 (0.003)
소득 : 2분위	-0.007 (0.004)	-0.005 (0.009)	-0.005 (0.005)
소득 : 3분위	-0.008* (0.004)	-0.001 (0.009)	-0.009 (0.006)
소득 : 4분위	-0.006 (0.005)	-0.001 (0.009)	-0.006 (0.006)
소득 : 5분위	-0.003 (0.005)	0.003 (0.009)	-0.005 (0.006)
N	94,056	51,219	42,837

주 : 1) *** p〈0.01, ** p〈0.05, * p〈0.1.
2) 괄호 안은 강건표준오차(robust standard error).
3) 산업, 직업, 연도, 지역 더미를 모두 포함하여 분석한 결과이며, 주요 관심변수의 결과만을 보고함.

자료 : 산업안전보건연구원, 「근로환경조사」 3~6차.

분석 결과는 앞선 결과와 동일하였다. 즉, 감정노동의 강도가 강할 때, 차별·폭력을 경험했을 때, 작업장이 위험한 환경일 때, 노동시간이 길수록 근로자들의 정신건강이 악화하는 것으로 나타났다. 무엇보다도 근로환경을 설명하는 변수 중에서도 감정노동의 강도 및 반사회적 행동 경험(차별 경험, 폭력 경험) 등의 사회·심리적인 요인들은 근로자들의 정신건강에 상대적으로 더욱 강한 영향을 미치는 주요 요인인 것으로 확인된다.

아울러 Fletcher et al.(2011) 등 기존 연구에 의하면 작업장의 물리적·화학적 위험과 노동의 양적 강도는 근로자들의 신체적 건강을 악화하는 요인으로 보고되는데, 이 요인들은 신체적 건강뿐만이 아닌 정신건강 악화와도 유의한 상관관계가 있는 것으로 나타났다.

제4절 근로자들의 정신건강과 산업재해 간의 관계

1. 산업재해 현황 : 작업 관련성 질환 중 정신 질환

근로자들의 정신건강과 산업재해 간의 관계를 확인하기에 앞서 산업재해로 인정받은 정신 질환 건수의 추이를 산업별로 살펴보았다.

업무상 질병자는 근로복지공단에서 요양이 승인된 자이며, 업무상 질병은 '직업병'과 '작업 관련성 질병'으로 구분된다. 직업병은 진폐, 난청, 금속 및 중금속 중독, 유기화합물 중독, 기타 화학물질 중독 등 작업 환경 중 유해인자와 관련성이 뚜렷한 질병이며, 작업 관련성 질병은 뇌·심혈관질환, 신체부담 작업, 요통, 간질환, 정신 질환 등 업무적 요인과 개인 질병 등 업무외적 요인이 복합적으로 작용하여 발생하는 질병이다(고용노동부, 2022b, 산업재해 현황 분석).

〈표 3-6〉은 업무상 질병 중 작업 관련성 질병으로 인정받은 산업재해 건수를 보여주며, 〈표 3-7〉은 작업 관련성 질병 중 정신 질환으로 인정받은 산업재해 건수를 보여준다.

〈표 3-6〉 업무상 질병 발생 현황 : 작업 관련성 질병

(단위 : 명)

	전 체	광업	제조업	전기·가스·증기 및 수도 사업	건설업	운수·창고 및 통신업	농업·임업·어업	금융 및 보험업	기타의 사업
2001	4,110	5	1,828	16	286	441	33	101	1,400
2002	4,066	9	2,062	19	282	359	36	88	1,211
2003	7,224	13	4,499	20	396	476	24	105	1,691
2004	6,689	14	4,074	17	349	472	32	106	1,625
2005	4,966	6	2,971	17	258	305	19	69	1,321
2006	8,051	19	3,943	20	681	569	70	98	2,651
2007	9,364	11	4,205	12	898	578	87	86	3,487
2008	8,074	21	3,672	11	697	426	61	76	3,110
2009	6,972	13	2,847	15	624	351	89	57	2,976
2010	6,222	17	2,748	9	543	312	53	56	2,484
2011	5,651	24	2,481	6	502	287	58	45	2,248
2012	5,960	18	2,745	11	572	296	59	31	2,228
2013	6,197	26	2,764	6	618	342	55	43	2,343
2014	5,933	57	2,631	6	630	315	38	45	2,211
2015	5,940	129	2,559	10	721	310	53	32	2,126
2016	5,632	91	2,340	9	717	331	58	21	2,065
2017	6,122	217	2,485	12	756	325	33	49	2,245
2018	8,096	296	3,213	11	965	494	62	45	3,010
2019	11,146	259	4,273	11	1,539	675	65	48	4,276
2020	11,201	172	4,306	16	1,680	692	66	59	4,210
2021	13,573	193	5,331	18	2,224	793	54	57	4,903
2022	13,361	191	5,016	16	2,630	723	65	54	4,666

자료 : KOSIS, 「산업재해현황」(고용노동부).

〈표 3-7〉 업무상 질병 발생 현황 : 작업 관련성 질병 중 정신 질환

(단위 : 명)

	전 체	광업	제조업	전기 · 가스 · 증기 및 수도 사업	건설업	운수 · 창고 및 통신업	농업 · 임업 · 어업	금융 및 보험업	기타의 사업
2001	0	0	0	0	0	0	0	0	0
2002	0	0	0	0	0	0	0	0	0
2003	0	0	0	0	0	0	0	0	0
2004	0	0	0	0	0	0	0	0	0
2005	27	0	11	0	0	6	0	2	8
2006	31	0	9	0	1	7	1	1	12
2007	30	0	7	0	2	4	0	4	13
2008	24	0	6	0	2	2	1	0	13
2009	22	0	8	0	2	4	0	1	7
2010	21	0	5	0	2	3	0	0	11
2011	26	0	8	0	1	2	0	2	13
2012	47	0	9	1	4	4	3	3	23
2013	51	3	16	0	13	3	0	4	12
2014	47	0	13	0	8	5	0	4	17
2015	62	0	15	1	2	4	5	5	30
2016	85	0	18	3	4	14	1	4	41
2017	126	2	26	0	13	9	0	13	63
2018	199	0	45	3	20	16	3	11	101
2019	231	0	52	3	10	16	0	11	139
2020	393	0	89	3	14	36	1	24	226
2021	513	2	108	2	22	36	3	22	318
2022	441	0	74	1	18	41	1	20	286

자료 : KOSIS, 「산업재해현황」(고용노동부).

뇌 · 심혈관질환, 신체부담 작업, 요통, 간질환, 정신 질환 등 작업 관련성 질병으로 인정받은 근로자 수는 2001년 4,110명에서 2022년 13,361명으로 3.25배가량 증가하였다. 산업별로는 제조업, 기타의 사업순으로 많았고, 건설업이 2001년 286건에서 2022년 2,630건으로 약 9.2배 증가하여 상승세가 가장 컸다.

작업 관련성 질병 중 정신 질환으로 인정받은 근로자 수는 2005년 27명에서 2022년 441명으로, 정신 질환의 사유로 요양이 최초로 승인된 2005년 이래로 18년 동안 무려 16.33배가량 가파르게 증가하였다. 산업별로는 제조업과 기타의 사업에서 대부분을 차지하였다. 작업 관련성 질병 전체 요양자 수 대비 정신 질환 요양자 수는 2005년 0.54%였으나 2022년 3.30%로 정신 질환 요양자가 차지하는 비중이 점차 확대되고 있으며, 앞서 확인한 근로자의 정신건강 악화 추이를 고려할 때 산업재해 중 정신 질환 요양자 비중은 더욱 확대할 가능성이 있다.

2. 분석 자료 및 방법

여기서는 근로자들의 정신건강과 산업재해 간의 관계를 확인하고자 한다. 분석에 이용한 자료는 산업안전보건연구원의「제10차 산업안전보건 실태조사」이다. OLS 모형을 통해 둘 간의 관계를 분석하였으며, 사용한 회귀식은 (3-4)와 같다.

$$Y_i = \alpha + S_i\beta + X_i\delta + \epsilon_i \tag{3-4}$$

종속변수인 Y_i는 i기업의 산업재해율(‰)이며, 본 연구의 주요 관심 변수인 S_i는 근로자들의 정신건강을 나타내는 대리변수로서 i기업의 근로자들이 느끼는 고객 대상 감정노동 스트레스 심각도이다. X_i는 산업재해에 영향을 미치는 통제변수로서 물리적 · 화학적 근로환경 위험도, 산업 더미, 기업 규모(근로자 수 더미), 원청 회사 존재 여부, 만 55세 이상 근로자 비율, 외국인 근로자 비율, 여성 근로자 비율, 교대근무 근로자 비율, 산업안전보건 교육 및 훈련 여부, ISO 인증 여부, 노동조합 유무 등을 포함하였다. ϵ_i는 오차항으로 정규분포를 따르며, 모든 분석은 가중치와 강건표준오차(robust standard error)를 적용하여 추정하였다.

종속변수인 산업재해율은 본 자료에서 4일 이상의 요양을 필요로 하는 업무상 사고 건수를 전체 근로자 수로 나누어 천인율(‰)로 환산한 수치이다. 감정노동 스트레스 심각도는 ‘전혀 심각하지 않음’, ‘별로 심각하지 않음', '보통임', '약간 심각함', '매우 심각함' 등 5점의 리커트 척도로 구분된다. 물리적 · 화학적 근로환경 위험도는 '작업 환경 관련 위험요인', '신체적 부담 관련 위험요인', '생/화학 물질 관련 위험요인', '기계, 전기, 기타 위험요인'을 모두 더해서 표준화하였다. 본 연구에서 사용한 자료인 「제10차 산업안전보건 실태조사」는 제조업, 서비스업, 건설업종을 조사 대상으로 하지만, 본 연구는 산업재해 정신 질환 건수를 고려하여 제조업과 서비스업을 분석 대상으로 하였다. 기업 규모는 근로자 수를 기준으로 20~29인, 30~49인, 50~99인, 100~299인, 300인 이상 등 5개의 더미로 구분하여 분석에 이용하였다.

3. 분석 결과

〈표 3-8〉에는 감정노동 스트레스와 산업재해율 간의 관계를 분석하기 위한 표본의 기초통계량이 제시되어 있다.

분석에 이용된 표본은 총 5,478개이며, 종속변수인 산업재해율은 평균 3.4‰이다. 2021년 기준 우리나라 전체 사업장에 대한 요양재해율이 6.3‰인 것에 비하면 낮은 수치이지만 「제10차 산업안전보건 실태조사」 자료의 조사 대상이 20인 이상 사업장임을 감안한다면 산업재해율이 적절하게 추정되었다고 판단한다. 감정노동 스트레스 심각도는 5점의 리커트 척도로 구분되는데, '전혀 심각하지 않음'으로 응답한 표본이 30.9%로 가장 큰 비중을 차지하였으며, '별로 심각하지 않음'이 그다음으로 31.2%였다. 스트레스 심각도가 높을수록 그 비중이 작았고 '매우 심각함'이라고 응답한 표본은 2.4%에 불과하였다.

산업은 제조업이 56.4%였고, 서비스업이 43.6%를 차지하였으며, 근로자 수 20~29인 소규모 기업체의 비율이 38.4%로 가장 높았고, 근로자 수 300인 이상 기업의 비율이 3.4%로 가장 낮았다.

전체 표본 중 원청 회사가 존재하는 기업이 약 20%였고, 만 55세 이상 근로자 비율의 평균은 27.2%, 외국인 근로자 비율과 여성 근로자 비율, 교대근무 근로자 비율의 평균은 각각 5.4%, 25.1%, 13.7%가량이었다. 산업안전보건 교육 및 훈련을 시행하는 기업은 전체의 95.6%로 법정의무교육인 만큼 대부분의 기업에서 시행하고 있었으며, ISO 인증을 받은 기업과 노동조합이 있는 기업의 비중은 각각 17.9%, 21.0%였다.

〈표 3-8〉 기초통계량 : 감정노동 스트레스와 산업재해율 간의 관계

(N=5,478)	Mean	SD
산업재해율(‰)	3.406	15.264
감정노동 스트레스 심각도		
전혀 심각하지 않음	0.309	0.462
별로 심각하지 않음	0.312	0.463
보통임	0.253	0.435
약간 심각함	0.103	0.304
매우 심각함	0.024	0.152
물리적·화학적 직업 환경 위험도	-0.013	0.998
산업		
제조업	0.564	0.496
서비스업	0.436	0.496
기업 규모(근로자 수)		
20~29인	0.384	0.486
30~49인	0.274	0.446
50~99인	0.192	0.394
100~299인	0.116	0.321
300인 이상	0.034	0.181
원청 회사 존재 여부	0.200	0.400
만 55세 이상 근로자 비율(%)	27.171	25.494
외국인 근로자 비율(%)	5.430	11.953
여성 근로자 비율(%)	25.137	24.066
교대근무 근로자 비율(%)	13.690	25.986
산업안전보건 교육 및 훈련 여부	0.956	0.206
ISO 인증 여부	0.179	0.384
노동조합 유무	0.210	0.408

자료 : 산업안전보건연구원, 「제10차 산업안전보건 실태조사」.

〈표 3-9〉는 고객 대상 감정노동 스트레스 심각도와 산업재해율 간의 관계를 OLS모형과 회귀식 (3-4)를 통해 추정한 결과이다. 본 연구는 고객 대상 감정노동 스트레스 심각도만을 포함한 모형(모형 (1)), 모형 (1)에 물리적·화학적 근로환경 위험도를 추가로 포함한 모형(모형 (2)), 모형 (2)에 기업의 모든 특성 변수들을 추가하여 앞서 설명한 전체 통제변수를 포함한 모형(모형 (3))의 추정치를 모두 제시하며, 분석의 결과는 모형 (3)을 기준으로 설명한다.

〈표 3-9〉 감정노동 스트레스와 산업재해율 간의 관계

(N=5,478)	(1)	(2)	(3)
감정노동 스트레스 : 별로 심각하지 않음	0.825 (0.532)	0.370 (0.504)	0.599 (0.483)
감정노동 스트레스 : 보통임	-0.013 (0.366)	-0.627* (0.373)	-0.393 (0.436)
감정노동 스트레스 : 약간 심각함	2.114** (0.897)	1.513* (0.872)	0.775 (0.809)
감정노동 스트레스 : 매우 심각함	5.616** (2.466)	4.870** (2.409)	4.361* (2.384)
물리적·화학적 직업 환경 위험도		1.326*** (0.211)	1.182*** (0.241)
산업 더미 : 서비스업			0.016 (0.552)
기업 규모 : 근로자 수 30~49인			-0.018 (0.544)
기업 규모 : 근로자 수 50~99인			-0.311 (0.565)
기업 규모 : 근로자 수 100~299인			-1.352*** (0.490)
기업 규모 : 근로자 수 300인 이상			-1.374* (0.746)
원청 회사 존재 여부			1.332** (0.564)
만 55세 이상 근로자 비율			0.020*** (0.007)
외국인 근로자 비율			0.031** (0.015)
여성 근로자 비율			-0.013 (0.008)

〈표 3-9〉의 계속

(N=5,478)	(1)	(2)	(3)
교대근무 근로자 비율			-0.012 (0.007)
산업안전보건 교육 및 훈련 여부			0.269 (1.079)
ISO 인증 여부			0.040 (0.666)
노동조합 유무			0.772 (0.567)

주 : 1) *** p〈0.01, ** p〈0.05, * p〈0.1.
2) 괄호 안은 강건표준오차(robust standard error).
자료 : 산업안전보건연구원, 「제10차 산업안전보건 실태조사」.

분석 결과, 산업재해율과 감정노동의 강도 간에 통계적으로 유의한 상관관계가 확인되었다. 즉, 감정노동 스트레스가 '전혀 심각하지 않음'으로 응답한 기업에 비해 감정노동의 강도가 강한 기업일수록 산업재해율이 증가하는 것으로 나타났다. 특히, 감정노동 스트레스가 '전혀 심각하지 않음'으로 응답한 기업에 비해 최고 수준인 '매우 심각함'으로 응답한 기업의 경우 통계적으로 유의하게 산업재해율이 높았다. 통제변수를 순차적으로 통제할수록 추정치의 크기가 작아지긴 하지만 모든 모형에서 둘 간의 정(+)의 상관관계가 확인되었고 통계적으로도 유의하였다.

그 밖에 통제변수를 살펴보면, 기업의 규모가 클수록 산업재해율이 낮았고, 원청 회사가 존재할 때, 고령 근로자 비율과 외국인 근로자 비율이 높을 때 산업재해율이 높은 것으로 나타났는데, 이는 산업재해와 기업의 특성 간의 관계를 분석한 기존 연구와 부합되는 결과이다(홍정림 · 김영아, 2023).

〈표 3-10〉 감정노동 스트레스와 산업재해율 간의 관계 : 산업별

	(1)	(2)	(3)
Panel A : 제조업(N=3,089)			
감정노동 스트레스 : 별로 심각하지 않음	0.166 (0.551)	-0.268 (0.524)	0.202 (0.512)
감정노동 스트레스 : 보통임	0.351 (0.547)	-0.553 (0.567)	0.200 (0.628)

〈표 3-10〉의 계속

	(1)	(2)	(3)
감정노동 스트레스 : 약간 심각함	4.069 (3.190)	2.863 (3.094)	2.304 (2.402)
감정노동 스트레스 : 매우 심각함	6.595 (4.620)	4.749 (4.571)	2.376 (3.774)
물리적 · 화학적 근로환경 위험도	No	Yes	Yes
기업 특성 변수	No	No	Yes
Panel B : 서비스업(N=2,389)			
감정노동 스트레스 : 별로 심각하지 않음	2.315** (1.160)	1.854* (1.098)	1.902* (1.121)
감정노동 스트레스 : 보통임	0.045 (0.481)	-0.416 (0.495)	-0.260 (0.501)
감정노동 스트레스 : 약간 심각함	2.127** (0.886)	1.484* (0.884)	0.956 (0.752)
감정노동 스트레스 : 매우 심각함	5.957** (2.673)	5.108** (2.572)	5.259** (2.650)
물리적 · 화학적 근로환경 위험도	No	Yes	Yes
기업 특성 변수	No	No	Yes

주 : 1) *** p〈0.01, ** p〈0.05, * p〈0.1.
2) 괄호 안은 강건표준오차(robust standard error).
자료 : 산업안전보건연구원, 「제10차 산업안전보건 실태조사」.

〈표 3-10〉은 제조업과 서비스업 각각에 대해 고객 대상 감정노동 스트레스 심각도와 산업재해율 간의 관계를 OLS모형과 회귀식 (3-4)를 통해 추정한 결과이다. Panel A에는 제조업을 대상으로 한 분석 결과가, Panel B에는 서비스업을 대상으로 한 분석 결과가 제시되어 있다.

제조업을 대상으로 분석한 결과, 대체적으로 감정노동 스트레스 심각도와 산업재해율 간에 정(+)의 상관관계가 나타났지만 통계적 유의성은 확인되지 않았다. 반면 서비스업을 대상으로 분석한 결과는 둘 간에 통계적으로 유의한 정(+)의 상관관계가 도출되었고, 감정노동 스트레스가 강한 기업일수록 산업재해율이 더욱 가파르게 증가하는 것으로 나타났다. 물리적 · 화학적 근로환경 위험도와 기업 특성 변수 등 통제변수를 추가할수록 추정치의 크기가 다소 감소하였지만 통계적 유의성에는 변함이 없었다. 즉, 감정노동에 종사하는 근로자의 비중이 높은 서비스업종에서 감정노동 스트레스와 산업재해율 간 정(+)의 상관관계가 확인되었다.

제5절 소 결

일은 근로자의 신체적 · 정신적 건강의 주요 사회적 결정 요인이다(Marmot et al., 2008; Belloni et al., 2022). 일은 소득과 기타 물질적 혜택을 얻는 주요한 수단이자 사회적 통합, 명성, 의미의 원천으로서 긍정적인 방식으로 건강을 개선하는 반면에 근로자들의 건강에 부정적인 영향을 미치는 신체적 · 사회심리적 환경에 노출함으로써 건강을 악화하기도 한다(Burgard and Lin, 2013).

정신건강은 일과 밀접하게 연관되어 있으며, 정신건강이 악화하면 근로능력 저하로 인해 생산성이 감소한다. 이뿐만 아니라 정신건강 악화는 동료들에게도 상당한 외부 효과를 유발한다. 즉, 스트레스, 우울, 불안 등의 정신건강 악화는 질병 및 사고의 위험을 증가시키는 등 근로자 개인의 신체적 건강에 치명적인 위해 요소로 작용할 뿐만 아니라 생산성 하락, 산업재해 등을 유발함으로써 사업주 및 국가적 차원에서도 큰 손실을 발생시킨다.

이에 이 장에서는 근로자들의 정신건강 추이를 살펴보고, 근로환경 측면에서 근로자들의 정신건강을 악화하는 요인들을 확인하며, 근로자들의 정신건강과 산업재해 간의 관계를 분석함으로써 근로자들의 정신건강 증진을 통한 산업안전 개선방안을 모색하고자 하였다.

우선, 주관적 정신건강 지표, 객관적 정신건강 지표를 통해 성별, 연령에 따라 근로자들의 정신건강 상태가 상이한지, 그리고 시간이 흐름에 따라 정신건강이 악화하는지 그 추이를 확인한 결과, 정신건강의 주관적 지표(우울감 경험 여부)와 객관적 지표(PHQ-9 점수, PHQ-9 점수 기준 우울증 유병 여부) 모두에서 전반적으로 시간이 흐를수록 정신건강이 악화하고 있음을 보여준다. 또한 인구학적 특성별로 볼 때에는 남성보다는 여성 근로자 그룹에서, 20 · 30대 젊은 연령층에서 정신건강이 상대적으로 좋지 못한 것으로 도출되었다. 경제적 요인, 직업 특성 등 정신건강에 영향을 미칠 수 있는 기타의 요인들을 통제한 이후에도 인구학적 특성에 따른 정신건강 격차가 확인되며, 전반적으로 근로자들의 정신건강은 시간이 흐를수록 악화하는 것으로 나타났다.

근로환경을 통제한 후 인구학적 특성별 정신건강 상태를 우울 · 불안 장애 여부 및 업무 관련 우울 · 불안 장애 여부 지표로 분석한 결과, 남성이 여성에 비해 정신건강이 다소 양호하였으나 두드러진 차이를 보이진 않았고, 연령별로는 20 · 30대 젊은 연령층보다는 오히려 50대 이상 장년층에서 상대적으로 정신건강이 좋지 못한 것으로 확인되었다. 즉, 근로환경을 통제하지 않은 분석에서는 20 · 30대 연령층에서 우울감을 겪을 확률이 높았으나, 근로환경을 통제한 분석에서는 반대로 50대 이상 장년층에서 상대적으로 정신건강이 좋지 않았다. 이는 20 · 30대 젊은 연령층이 상대적으로 열악한 근로환경과 근로조건에서 일하는 경향이 있는데, 열악한 근로환경이 정신건강 악화에 미치는 영향은 젊은 근로자들에게 더욱 컸을 가능성을 시사한다.

아울러 근로환경과 근로자의 정신건강 간의 관계를 살펴본 결과, 감정노동, 작업장 위험요인, 장시간 노동, 반사회적 행동 등 근로환경의 특성을 보여주는 대부분의 변수들이 정신건강과 유의한 상관관계가 있었다. 우선 감정노동 강도가 약할수록 우울 · 불안 장애를 겪을 확률이 낮았고, 작업장이 안전할수록 우울 · 불안 장애를 겪을 확률이 낮았다. 또한 차별과 폭력 등 반사회적 행동을 경험했을 때 근로자들의 우울 · 불안 장애를 겪을 확률이 증가하였고, 장시간 노동 역시 근로자들의 정신건강을 악화하는 요인으로 작용하였다.

특히, 근로환경을 나타내는 변수 중에서도 노동의 양적 강도와 작업장 위험요인보다는 감정노동의 강도 및 반사회적 행동 경험 등의 사회 · 심리적인 요인들이 근로자들의 정신건강을 악화하는 주요 요인인 것으로 확인된다. 단, 작업장의 물리적 · 화학적 위험과 노동의 양적 강도 역시 근로자들의 신체적 건강뿐만이 아닌 정신건강과도 유의한 상관관계가 있는 것으로 나타났다.

다음으로 근로자의 정신건강과 산업재해 간의 관계를 분석한 결과, 산업재해율과 감정노동의 강도 간에 통계적으로 유의한 상관관계가 있음을 보여준다. 즉, 감정노동 스트레스가 '전혀 심각하지 않음'으로 응답한 기업에 비해 감정노동의 강도가 강한 기업일수록 산업재해율이 증가하는 것으로 나타났다. 또한 감정노동 근로자들이 종사하는 비중이 높은 서비스업종에서 감정노동 스트레스가 강할수록 산업재해율이 더욱 가파르게 증가하는 것으로 확인된다. 이 결과는 정책적 개입이 없다면 근로자의 정신건강 악화 추이를 고려할 때 정신 질환으로 인한 산업재해율이 더욱 빠르게 증가할 가능성을 시사한다.

근로자들은 하루 중 대부분의 시간을 사업장에서 보낸다(WHO, 2022a). 급변하는 노동환경의 변화에 따라 과도한 업무량, 대인관계 갈등, 감정노동의 증가 등 근로자들의 정신건강을 위협하는 요인들이 점점 증가하고 있으며, 이러한 만성적이고 지속적인 위해 요인들은 근로자의 정신건강을 악화한다(하영미 · 한상미, 2020). WHO(2015)에서도 근로자의 정신건강과 근로환경 간 관계의 중요성을 인식하고, 직장 내 홍보, 예방 및 개입의 중요성과 전 생애에 걸친 정신건강 개선에 대한 '사업장'의 역할을 강조하고 있다(Belloni et al., 2022).

본 연구의 결과도 사업장 내의 물리적 · 화학적 위험과 노동의 양적 강도, 사회 · 심리적인 요인 등 다양한 측면에서 근로환경을 개선하는 것이 근로자의 정신건강을 증진하는 데 유용한 메커니즘이 될 수 있다는 객관적 증거를 보여주며, 더 나아가 근로자의 정신건강 증진은 산업재해를 줄일 수 있는 효과적인 방안임을 시사한다. 본 연구는 환경적 · 물리적 · 화학적 · 사회심리적 요인 등 다양한 근로환경 요인들을 고려하여 각각의 요인들이 근로자의 정신건강과 어떠한 관계가 있는지 실증분석을 통해 확인하였을 뿐만 아니라 정신건강과 산업재해율 간의 상관관계를 확인한 첫 시도라는 점에 의의가 있으며, 연구 결과는 근로자의 정신건강 증진을 위한 제도 개선방안을 도출하는 데 주요 참고자료로 활용되기를 기대한다.

제 4 장
근로자들의 정신건강 증진 정책 현황

제1절 머리말

전 세계적으로 만 15세 이상 인구 중 경제활동에 참여하는 인구의 비율은 61%에 달하며(ILO : International Labour Organization, 2024), 이들이 가정 다음으로 가장 많은 시간을 보내는 곳은 직장이다. 사람들은 직장에서 보내는 시간 동안 직장 내 다양한 건강 위험요인에 지속적 · 장기적으로 노출되며, 이로 인해 다양한 질병이 발생할 수 있다. 전 세계 질병 부담의 상당 부분은 직업적 위험요인에 기인하는데, 세계보건기구(WHO : World Health Organization)가 분석한 결과에 따르면 전 세계 사망자 중 최소 2.1%가, 그리고 질병보정장애년수(The Disability-Adjusted Life-Year, DALY[6]))의 2.7%가 직업환경적 건강 위험요인으로 인한 것임이 나타났다(Wolf et al., 2018). 이를 바꾸어 말하면 직업환경적 건강 위험요인에 대한 노출을 줄인다면 전 세계 질병 부담을 줄일 수 있다는 의미가 된다. WHO는 이러한 직업환경적 건강 위험요인은 대부분 예방 가능하며, 비록 비용 효율적인 개입이 가능하지 않다고 할지라도 이러한 요인들이 건강에 미치는 악영향을 줄이기 위해 모두가 노력해야 함을 강조하였다. 이에 2007년 제60차 세계보건총회는 근

6) DALY란 질병에 대한 부담을 측정하기 위해 WHO에서 개발한 개념으로, 조기사망으로 인해 상실되는 시간과 장애를 안고 살아가는 시간을 연수로 측정한 것이다.

로자 건강에 대한 글로벌 행동 계획 2008~2017(The global plan of action on workers' health 2008~2017)을 승인함으로써 근로자 건강에 대한 개입을 시행할 것, 그리고 근로자들이 기본적인 산업안전보건 서비스를 제공받을 수 있도록 보장할 것을 WHO 회원국에 촉구한 바 있다. 최근 들어서는 기존의 전통적인 직업환경적 건강 위험요인(예 : 건설업, 광업, 농업 등에 종사자가 노동 중 경험하는 안전 사고 및 유해물질 노출)만큼 직무 스트레스가 건강에 미치는 부정적 영향에 대한 보고도 늘어나고 있다. 이에 WHO는 향후 해결하여야 할 과제로서 비공식/노령 일자리에 대한 산업안전보건서비스 개선, 새롭게 등장하는 다양한 화학물질의 건강 영향 파악에 더불어 '업무 관련 정신건강 문제에 대한 이해도 개선'을 제시하였다(Wolf et al., 2018).

정신건강 위험요인을 포함한 직장 내 건강 위험요인을 제거하거나 해당 요인의 부정적 영향을 감소시키려는 사업장 건강증진 개입은 근로자 개개인의 건강 개선에 도움이 될 뿐만 아니라 병가 등 결근 감소, 프리젠티즘(presenteeism)[7] 감소로 이어지고(Cancelliere et al., 2001; Kuoppala et al., 2008), 나아가 사업장의 생산성 향상과 사회 전체의 경제적 이익 증대에도 도움이 될 수 있음이 다수 연구를 통해 알려져 있다.

국내에서도 근로자의 건강증진에 대한 사회적 관심도와 요구는 증가하는 추세이며, 그 일례로 보건복지부가 2021년 시범사업으로 시작하여 2022년부터 본격 시행하기 시작한 건강친화기업 인증제도가 있다. 건강친화기업 인증제도란 직장 내 문화와 환경을 건강 친화적으로 조성하며, 직원이 건강관리를 수행할 수 있도록 적극적으로 지원을 제공하는 모범 사업장에 보건복지부 장관이 인증을 부여하는 제도이다. 사업장은 사업장 홍보물에 인증마크를 자유롭게 사용할 수 있다(보건복지부 · 한국건강증진개발원, 2024). 더불어 산업보건이 일부 근로자뿐만 아니라 다양한 분야에 종사하는 모든 근로자를 대상으로 해야 하며(조기홍, 2020), 목적은 단순 직업병 예방이 아닌 건강증진으로서 변모해야 할 필요성이 국내 다수 연구자에 의해 제기되고 있다(오승연 · 안소영, 2018).

우리나라는 경제협력개발기구(OECD) 회원국 중 자살률 1위, 코로나19

7) 근로자가 건강상 문제가 있음에도 출근하여, 업무의 성과가 떨어지는 현상.

장기화로 인한 일상생활 제약으로 우울 및 불안 장애가 사회적 문제로 대두되자(관계부처 합동, 2023a), 정부는 2023년 말 관계부처 합동으로 「정신건강정책 혁신방안」을 발표하여 시행하고 있다. 이는 기존의 중증 정신질환자의 치료와 요양에 치중되었던 사후적 · 수동적 정신건강정책을 사전예방-조기 발견 및 치료-일상복귀 지원이라는 전(全) 주기 서비스로 확대하여 모든 국민이 언제 어디서나 정책의 혜택을 누릴 수 있도록 하자는 취지로 추진되고 있다(관계부처 합동, 2023a). 4대 전략 중 하나인 '일상적 마음 돌봄 체계 구축'에는 직장인에 대한 마음건강 관리를 강화하겠다는 내용이 포함되어 향후 관련 서비스와 관련 기관에 대한 지원이 활성화될 예정이다.

이같이 근로자의 건강증진, 그중에서도 특히 정신건강 증진에 대한 사회적 관심도가 증대하는 상황을 고려했을 때 체계적 대책 마련이 필요한바, 본 장에서는 국내외의 근로자 대상 정신건강 증진 정책 현황을 면밀히 살펴보고자 한다. 우선 WHO, ILO, OECD, 미국 질병통제예방센터(CDC : Centers for Disease Control and Prevention) 등에서 제시하는 근로자 대상 정신건강 증진에 대한 가이드라인을 검토함으로써 이들 가이드라인에서 공통적으로 제시하고 있는 사항을 정리하였다. 다음으로는 근로자 대상의 정신건강 증진을 모범적으로 시행하고 있는 국가들의 사례를 고찰하고, 국내에서 근로자 대상으로 시행되고 있는 정신건강 정책들을 살펴보았다.

제2절 해외 정책 현황

1. 해외의 근로자(사업장) 정신건강 가이드라인

가. WHO와 ILO의 사업장 정신건강 정책 개요

WHO, EU 등 여러 국제기구에서는 25년 이상 전부터 직장 내 정신건강 관리에 대한 원칙에 대하여 규정하였다(WHO, 2005; EU, 2008). 특히, WHO는 직장에서의 정신건강 가이드라인(Guidelines on mental health at work,

[그림 4-1] 일터에서의 정신건강에 대하여 WHO 가이드라인에서 다루고 있는 개입

	범주	내용	목적
정신건강 증진	고용	(심각한) 정신질환을 가진 노동자들에게 제공될 수 있음 (Q12)	정서적 스트레스 또는 정신질환을 가진 노동자들을 지원
	업무 복귀	정신질환과 관련하여 휴직 중인 노동자들에게 제공될 수 있음 (Q11)	
	명시적 개입	정서적 스트레스를 가진 노동자들에게 제공될 수 있음 조직적 개입(Q3), 개인적 개입(Q10)	
	선별적 개입	위험이 있는 노동자들에게 제공될 수 있음 (명시적 또는 보편적 개입) 조직적 개입(Q2), 관리자 훈련(Q5), 노동자 교육(Q7), 개인적 개입(Q9)	정신질환의 예방
	보편적 개입	모든 노동자들에게 제공될 수 있음 조직적 개입(Q1), 관리자 훈련(Q4), 노동자 교육(Q6), 개인적 개입(Q8)	

자료 : WHO(2022a).

2022a), 정신건강 리포트(World mental health report : Transforming mental health for all, 2022b), 정신건강 행동 계획(Comprehensive mental health action plan 2013~2030, 2021) 등을 제시하였다. 이러한 가이드라인에 따르면 직장 정신건강 증진 프레임워크는 고용, 업무 복귀, 명시적 개입, 선별적 개입, 보편적 개입의 다섯 가지 범주로 나뉜다.

고용과 업무 복귀 개입은 정신건강 상태와 관련된 근로자의 고용과 복직을 지원하며, 명시적 개입은 정서적 고통을 겪는 근로자에게 조직적 및 개인적 치료를 제공한다. 선별적 개입은 위험에 처한 근로자를 대상으로 하며, 보편적 개입은 전체 근로자를 대상으로 한다. 이러한 프레임워크는 정서적 고통 및 정신건강 문제를 예방하고, 근로자가 건강하고 생산적인 직장 생활을 유지할 수 있도록 돕는 것을 목표로 한다.

조직의 개입을 통해 근로자의 정신건강을 보호하고 증진하기 위한 다양한 권장 사항이 있다. 보편적인 조직 개입은 모든 근로자를 대상으로 하여 정서적 스트레스를 줄이고 업무 관련 상해를 개선하는 데 초점을 맞추며, 구체적인 조치로는 위험요인의 해결과 참여적 접근 방식이 있다. 건강, 인도주의, 응급근로자를 대상으로 한 조직적 개입은 업무량 감소, 업무 환경 개선, 커뮤니티 케어와 같은 심리·사회적 위험요인에 대한 해결을 포함한다. 또

한 정신건강 문제를 가진 근로자를 위해서는 국제 인권 실천에 따라 합리적인 업무 편의(Reasonable accommodation)를 제공해야 한다.

ILO에서도 "직무 스트레스에 대한 산업안전보건 대책(The SOLVE training package : Integrating health promotion into workplace OSH policies : 2012)"을 제안하였는데, '직무 스트레스(Work-related stress)'와 관련하여 직장에서의 건강권 보장을 위해서는 다단계적 개입이 필요함을 제시하였다. 그 내용은 다음과 같다(송안미 외, 2023).

① (현실 진단) 우선 근로자의 직무 스트레스 수준 등에 대한 진단이 선행되어야 한다.
② (위험성평가) 현장 진단이 이루어지면 진단에서 드러난 사업장 내 다양한 스트레스 원인(직무 특성, 일의 양, 근로 시간, 참여와 통제 가능 여부, 자기계발 가능 여부, 직무 불안정 등)에 대한 위험성평가를 시행하고, 이에 대한 조치를 권고하게 된다.
③ (대응 조치) 위험성평가에 따른 사업주의 대응 조치로는 다음과 같은 것들이 제시될 수 있다.
  · 심리 · 사회적 위험요인에 대한 종합적 위험성평가 시행
  · 개인 및 조직 수준의 스트레스 예방, 관리 조치 시행
  · 근로자의 직무 통제력 강화를 통한 스트레스 대처 능력 향상
  · 조직 내 의사소통 개선
  · 의사결정에 근로자 참여 유도
  · 근로자를 위한 사회적 지원 시스템 구축
  · 일과 삶의 균형을 고려
  · 조직(사업장) 내 건강과 안전에 대한 인식 제고

이뿐만 아니라 세계보건기구(WHO)와 국제노동기구(ILO)는 2022년 "Mental Health at Work : Policy brief"라는 정책 개요를 공동으로 개발, 발간하여 사업장 내 정신건강 증진을 위한 글로벌 행동을 촉구하였다. 이 출판물에 따르면 전 세계 인구의 60%가 일을 하고 있으며, 노동은 정신건강에 대한 긍정적 영향을 미치는 기회(보호요인)이자 동시에 위험요인이라고 설명하였다. 구체적으로는 실업이나 불안전 고용, 직장 내 차별, 열악한 작업환경과

같은 정신건강 위험요인은 심할 경우 근로자의 자살까지 연결될 수 있다. 나아가 근로자의 정신건강 문제는 의료비 발생 및 생산성 저하 등으로 인해 전 세계적으로 최대 1조 달러의 비용을 야기할 수 있는 문제라고 경고하였다.

이 정책 개요는 WHO가 같은 해 발표하였던 가이드라인인 “WHO Guidelines on mental health at work”의 이행을 위한 실용적인 프레임워크를 제시하고 있다. 참고로 WHO의 가이드라인은 근로자의 정신건강 문제가 근로자 개인에게뿐만 아니라 프리젠티즘, 결근, 이직 등으로 인해 사업장에도, 나아가 사회 전체적으로도 상당한 생산성 손실과 비용 증가를 가져올 수 있는 해결이 시급한 공중보건 문제라고 하였다(WHO, 2022a). 가이드라인은 사업장에서의 근로자 정신건강 증진을 위한 조직 수준 개입, 관리자 및 근로자에 대한 교육적 개입, 근로자 개개인에 대해 개입에 대한 근거 기반의 전략들을 제시하고 있다. 가이드라인의 내용이 방대하기에 상세 내용은 〈부표 4-1〉에 정리하였다.

WHO와 ILO의 정책 개요는 근로자 정신건강 정책 영역을 크게 ① 예방, ② 보호 및 증진, ③ 지원 세 가지로 나누어 제시하였는데, 세 가지 영역이 잘 실현될 수 있도록 하는 기반인 ④ 환경 조성도 네 번째 영역으로 함께 제시하였다. 각 영역에 해당하는 구체적인 내용을 정리하면 〈표 4-1〉과 같다.

〈표 4-1〉 WHO와 ILO의 ‘사업장 정신건강 정책 개요’에 따른 정책 영역과 그 내용

	예방	보호 및 증진	지원
대상	전체 근로자	전체 근로자	정신건강 문제를 겪는 근로자
설명	근로자의 정신건강 문제 예방을 목적으로 직장 내 심리·사회적 위험을 관리, 최소화하는 것	근로자의 정신건강을 보호·증진하며, 정신건강 문제를 조기에 인식·대응하기 위해 정신건강에 대한 인식, 기술 등을 향상시키는 것	정신건강 문제를 경험하는 근로자가 다른 근로자와의 차별 없이, 직장 내에서 지속적으로 근무하고 성공할 수 있도록 지원하는 것
주요 개입	조직 수준의 개입으로서 작업 환경(근로조건, 사내 문화, 사내 관계 등)을 재구성하는 활동	정신건강 리터러시[8] 및 인식도 제고를 위한 관리자 및 근로자 대상 교육·훈련, 그 외 근로자 개개인 대상의 개입	직장 복귀 프로그램 제공, 고용 지원 이니셔티브 운영
위의 실현을 가능케 하는 **환경 조성**: 리더십, 투자, 참여, 규정 준수 등을 아우르는 범분야(cross-cutting) 조치 시행			

자료: WHO and ILO(2022).

또한 정책 개요는 앞서 언급한 네 가지 영역과 관련하여, 정부와 고용주 각각이 어떤 역할을 담당해야 하는지도 상세히 기술하고 있었다. 그 내용은 다음과 같다.

1) 예 방

가) 정부의 역할

- 고용주, 근로자 조직과의 협력을 통해 기존의 고용 및 산업안전보건(OSH : Occupational Safety and Health) 법률, 정책 등을 검토, 개정, 새로 제정한다. 구체적으로는 다음과 같은 활동을 수행한다.
  - ✓ 업무가 근로자의 신체적 · 정신적 역량에 맞게 재조정될 수 있도록 보장하며, 이때 급여 감소 등의 불이익이 없도록 한다.
  - ✓ 보상 등의 사후적 조치보다 예방조치의 필요성을 강조한다.
  - ✓ 직장 내 괴롭힘, 폭력, 차별 등의 심리 · 사회적 위험 평가 및 관리 지침을 제공한다.
  - ✓ 정신건강 문제의 영향을 받는 근로자의 고용상태와 소득을 보호한다.
  - ✓ 심리 · 사회적 위험 관리 활동에 근로자 및 근로자대표가 함께 참여, 그들과의 협의를 보장한다.
- 사업장의 심리 · 사회적 위험요인에 대한 모니터링, 시정 조치 등을 제안하며, 특히 자원이 부족한 중소 규모 사업장이 이를 잘 이행할 수 있도록 지원한다.

나) 고용주의 역할

- '정신건강 관리'를 산업안전보건관리 시스템의 필수 요소로 포함하여 각종 심리 · 사회적 위험을 완화하며, 조직 관리 시스템의 모든 영역으로 이를 확장한다.

8) 정신건강 관련하여 적절한 대응을 하기 위해 요구되는 지식 · 정보, 지식 · 정보 검색 능력, 지식 · 정보 활용 능력 등을 포괄하는 총체적인 개념으로서, 구체적으로는 정신 질환, 증상 및 정신건강 위험요인에 대한 식별 능력, 정신건강 관련 대처 방안에 대한 지식, 지식의 활용 능력 등이 이에 해당한다(박지혜 · 이선혜, 2020; Jung et al., 2017; Cheng et al., 2018; Kim et al., 2020).

· 개인 수준 조치보다 조직 수준 조치를 우선시한다.
· 근로자의 의미 있는 참여를 기반으로 직장 내 심리 · 사회적 위험요인을 관리하며, 근로자 대상의 정신건강 증진 정보 및 교육을 제공한다.
· 구조조정, 인력 변경, 작업 방법의 변경 등은 근로자의 심리 · 사회적 위험을 예방 및 최소화할 수 있는 방식으로 시행한다.
· 사규 등 직장 내 문서 및 제도를 제정할 뿐만 아니라, 이의 준수를 보장할 수 있는 메커니즘을 구축 및 이행한다.

2) 보호 및 증진

가) 정부의 역할

· 사업장이 근로자 정신건강을 보호 및 증진하는 개입을 시행하도록 유도, 장려하는 법적 · 정책적 틀을 개발한다.
· 직장 내 심리 · 사회적 개입을 위한 가이드라인 및 표준을 제공한다.

나) 고용주의 역할

· 근로자의 정신건강을 보호 및 증진할 수 있는 구체적인 개입(정책이나 계획)을 마련하여 이를 직장 내 산업안전보건관리 시스템에 통합한다. 구체적으로 다음과 같은 활동을 시행할 수 있다.
  ✓ 다음을 주제로 관리자 교육을 시행한다 : 의사소통 및 대인관계 기술, 심리 · 사회적 위험의 정신건강 영향, 직장 내 정신건강 문제의 예방 및 관리 방법 등
  ✓ 정서적 어려움을 겪는 관리자 직급을 발견하여 적절한 지원을 제공한다.
  ✓ Top-down 방식으로 직장 내 정신건강 조치를 옹호한다.
  ✓ 다음을 주제로 근로자 교육을 시행한다 : 정신건강 리터러시 및 인지도 제고, 정신건강 문제에 대한 낙인 예방 등
  ✓ 개별 근로자에게 스트레스 관리 프로그램(심리상담, 신체활동 프로그램, 자조그룹 조성 및 운영 등)을 제공한다.

3) 지 원

가) 정부의 역할

· 고용 관련 법률이 국제 인권 관련 문서에 부합하도록 보장하며, 정신건강 문제를 겪는 근로자에 대한 차별 없는 조치(기밀유지, 사회적 보호 등)를 제공한다.

· 보건, 사회 및 고용 서비스 간 정책 연결점을 만들어 지원이 필요한 근로자들이 고용 이니셔티브와 직장 복귀 프로그램을 이용할 수 있도록 촉진하고, 고용주가 이를 적절히 이행할 수 있도록 지원한다.

나) 고용주의 역할

· 비차별적 고용 정책 이행 시 근로자 및 근로자대표와 협의하며, 근로자의 정신건강 관련 요구를 해결하기 위해 다양한 이해관계자와 협력한다.

· 근로자가 자신에게 필요한 정신건강 서비스들을 알고 있는지 확인한다. 또한 관리자 직급이 일반 근로자의 정신건강 문제 해결을 도와줄 수 있도록 관리자 대상의 교육 및 훈련을 제공한다.

· 정신건강 관련 도움을 요청하는 근로자의 비밀을 보장하며, 낙인 예방 조치를 시행한다. 이를 통해 정신건강 문제를 겪는 근로자들이 보복이나 두려움 없이 지원받을 수 있도록 한다.

4) 환경 조성

가) 리더십

(1) 정부의 역할

· 직장 내 정신건강 관련 인식 제공, 행동 옹호, 정책 개발을 주도할 수 있는 고위담당자를 지정한다.

· 직장 내 정신건강 문제를 그 외 부문(고용, 보건, 사회복지) 국가 정책 및 장기 계획 등에 통합한다. 또한 전문 협회, 산업안전보건 관련 제3의 기구에 역할을 부여하는 등 다부문 조정을 위한 메커니즘을 확립한다.

(2) 고용주의 역할

· 직장 내 정신건강 문제 해결을 위한 구체적 정책과 계획을 개발한다.
· 고위 담당자를 지정하는 등 직장 내 정신건강 증진을 위한 명확한 역할, 책임, 책무를 지정한다.
· 구체적인 정책, 계획을 이행하며, 진행 상황을 정기적으로 직원들에게 공유한다.

나) 투 자

(1) 정부의 역할

· 근로자 정신건강 서비스 제공을 위해 보건, 사회서비스, 노동 부문 전반에 대해 관련 예산을 편성한다.
· 자원이 부족한 중소규모 사업장에 정신건강 서비스를 지원하여 이들 사업장도 부담 없이 권고 사항을 이행할 수 있도록 한다.
· 사업장이 정신건강 관련 기준들을 이행할 수 있도록 자원을 확보한다.
· 비정규직 근로자도 정신건강 서비스를 받을 수 있도록 서비스를 구축한다.

(2) 고용주의 역할

· 직장 내 정신건강 증진을 위한 충분한 자원을 확보하며, 구체적인 개입들에 대한 재정적, 인적 자원을 할당한다.
· 근로자가 충분한 정신건강 관리를 받을 수 있도록 근로 혜택 패키지 안에 정신건강 서비스를 포함한다.

다) 권 리

(1) 정부의 역할

· 정신건강 문제를 겪는 근로자에 대한 차별을 금지하도록 고용 관련 법률을 수정한다.
· 정신건강 문제를 겪는 근로자가 적절한 서비스를 제공받을 수 있도록 보건, 사회복지 전반에 걸친 서비스 제공 경로를 마련한다.
· 근거 기반의 낙인 방지 시스템을 구축한다.

(2) 고용주의 역할

- 정신건강 문제를 겪는 근로자에 대한 차별 금지 정책을 개발, 시행하여 이들이 보호받을 수 있도록 보장한다.
- 근로자 대상으로 정신건강 문제에 대한 낙인 방지 교육 등을 시행한다.
- 정신건강 문제에 대한 자발적 공개를 장려하고 문제 해결을 위한 지원 접근성을 높인다.

라) 통 합

(1) 정부의 역할

- 국가 수준의 산업안전보건 전략 등에서 신체건강만큼 정신건강을 중요시한다.
- 국가 단위 정신건강 계획에 지역사회 환경 중 하나로 사업장을 추가한다.
- 정신건강 전문가와의 협력을 통해 근로자의 정신건강 요구에 대응할 수 있는 산업안전보건 및 일차 의료 역량을 구축한다.
- 고용, 일차 의료, 정신건강 분야의 인력 훈련·교육 시, 사업장 정신건강 증진을 내용으로 포함한다.

(2) 고용주의 역할

- 기존 산업안전보건관리 시스템에 정신건강 영역을 통합한다.
- 근거 기반의 조직, 관리자, 근로자 대상 개입 프로그램을 시행한다.
- 관련 지역 의료서비스 제공자와 소통하여 지역사회의 관련 프로그램에 어떤 것이 있는지 확인한다.

마) 참 여

(1) 정부의 역할

- 정신건강 문제를 겪은 근로자와 정신건강 관련 정책, 법률, 서비스를 공동으로 개발한다.
- 정신건강을 주제로 정부-고용주-근로자 삼자 간 논의를 촉진한다.

(2) 고용주의 역할

· 직장 내 정신건강 증진과 관련한 모든 의사결정과정에 근로자 및 관련 경험이 있는 근로자를 참여시킨다. 구체적으로는 근로자와 협의하여 정책 및 프로그램과 비밀보장 메커니즘을 개발하며, 작업환경 변경 시 근로자 의견을 반영할 수 있도록 한다.

바) 근 거

(1) 정부의 역할

· 관련 법률, 실천강령, 지침이 직장 내 심리·사회적 위험을 해결하는 데 충분하며 적절한지 지속 검토하여 반영한다.
· 위기 상황으로부터 얻은 경험을 바탕으로 사업장 정신건강 관련 국가 정책 및 계획을 수립한다.
· 산업 부문별 심리·사회적 위험요인에 대한 이해와 대응 방안을 파악하기 위한 연구 과제를 발주한다.
· 산업계, 인구사회학적 특성에 걸친 다양한 정신건강 개입의 효과에 대한 근거를 수집한다.

(2) 고용주의 역할

· 직장 내 정신건강 관련 프로그램들이 최신의 근거에 기반할 수 있도록 한다.
· 학계와의 협력을 통해 직장 내 정신건강 증진 프로그램이 어떤 효과가 있었는지에 대한 근거를 구축한다.
· 근로자 또는 근로자대표 참여형의 연구를 수행하여 근거를 구축한다.
· 질병 관련 기록, 휴가 기록, 건강관리 서비스 이용기록, 만족도 조사 자료 등을 정기적으로 검토 및 분석하여, 잠재적인 정신건강 문제 예방의 우선순위를 파악한다.

사) 준 수

(1) 정부의 역할

· 각각의 고용주가 정신건강 개입을 구현할 수 있도록 구체적인 프로세

스를 확인한다.

· 직장 내 정신건강 관련 법률, 규정, 정책의 영향을 지속 모니터링 및 평가한다.
· 고용주가 관련 규정을 준수하지 못한 경우 책임을 질 수 있도록 한다.
· 직장 내 정신건강 개입의 표준, 가이드라인을 마련 및 제공한다.

(2) 고용주의 역할

· 정신건강 서비스를 제공하는 외부기관과 계약 시, 인증된 기관/서비스인지 확인한다.
· 직장 내 정신건강 증진 프로그램의 명확한 목표 지표를 설정하고, 이를 적절히 달성하고 있는지 지속적으로 확인한다.

나. OECD 권고안

OECD 이사회(Council)는 2015년, 정신건강 문제에 대해 향후 해결해야 할 문제 중에서 가장 높은 우선순위를 지닌 문제 중 하나라고 선언하며 "The OECD Recommendation on Integrated Mental Health, Skills and Work Policy"라는 권고안을 발표하였다. 권고안은 OECD 회원국 및 비회원국 모두가 ① 보건, ② 청소년 지원 및 교육, ③ 노동, ④ 복지 네 가지 정책 영역에 걸쳐 정신건강 문제를 예방하고, 시의적절한 정신건강 서비스를 제공하며, 이를 위해 전반적 정신건강 관리 시스템을 개선할 필요성을 언급하였다. 이에 발맞춰 정신건강 문제 해결을 위한 범정부적 접근법 적용을 강조한 'Fit Mind, Fit Job'이라는 간행물이 같은 해 발간되었는데, 2021년에는 지난 5년여간 각국의 진전과 미비점에 대한 내용을 보완한 'Fitter Mind, Fitter Job'이 개정 발간되기도 하였다. 이에 따르면 국가 정신건강 정책은 [그림 4-2]와 같은 3W(Who : 누가, When : 언제, What : 무엇을) 틀 안에서 전달되어야 한다(OECD, 2021; 김수경 외, 2022).

앞서 언급한 권고안 내 정책 영역 중 ③ 노동영역에서 가장 중요한 원칙은, 사업장은 모든 근로자의 정신건강 증진을 위해(근로자의 임상적 정신건강 문제 유무와 무관하게) 일선에서 주도적이며 중심적 역할을 담당해야 한다는 것이다. 구체적으로 사업장은 직장 내 심리 · 사회적 위험성평가 촉진, 직장 내 관리자 직급의 정신건강 문제에 대한 인식도 제고, 정신건강 문제와 관련한 낙인 예방, 정신건강 문제를 경험한 근로자의 업무 복귀 지원 방안 마련을 위해 노력해야 한다. 이 때문에, '고용주'의 인식 변화 필요성과 고용주의 주도적인 노력 필요성이 강조되고 있었다. 그러나 여전히 많은 국가에서 고용주의 근로자 정신건강에 대한 리터러시와 인식(예 : 근로자의 정신건강 악화가 생산성 손실을 발생시킬 수 있음)은 저조한 수준이라는 점이 문제점으로 지적되고 있었다. 따라서 고용주, 관리자 및 근로자 대상의 정신건강 인식 제고 홍보와 교육을 시행하여야 하며, 이는 정신건강 관리의 중요성에 대한 인식 제고뿐만 아니라 정신건강 문제에 대한 낙인, 차별 감소에도 도움이 된다는 점이 강조되었다. 더불어 근로자의 정신건강에는 다양한 직장 내 요인들이(예 : 고용 형태, 나쁜 리더십 등) 영향을 미친다는 점을 인식해야 하고, 이러한 인식을 기반으로 하여 다양한 조치를 적용해야 할 필요성이 언급되었다.

주의 깊게 살펴볼 점은, 문서에 따르면 우리나라는 OECD 회원국 중 정신건강 문제에 대한 인식이 다소 부정적인 편에 속하는 국가라는 점이었다. 구체적으로는 '정신건강 문제를 겪은 적 있는 사람은 공공 업무에서 배제되어야 한다.'라는 문항에서는 2위를 차지하였고, '정신건강 문제 해결을 위해 전문가를 만나는 것은 강인함의 표시이다.'라는 문항에서는 맨 끝에서 2위

[그림 4-2] 국가 정신건강 정책의 3W 틀

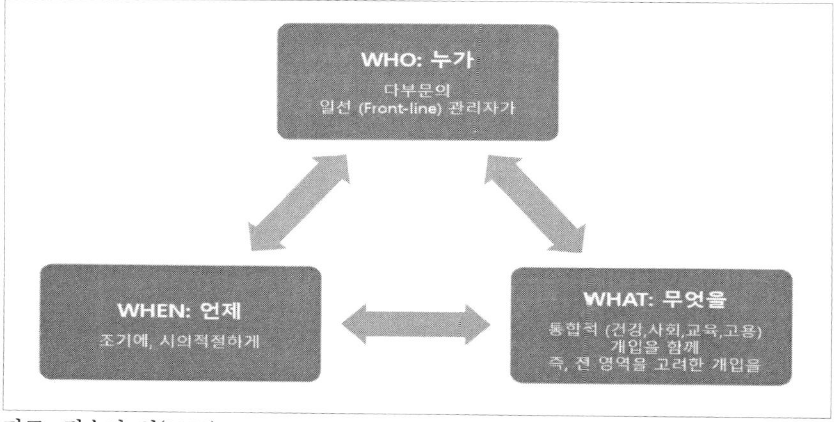

WHO: 누가
다부문의
일선 (Front-line) 관리자가

WHEN: 언제
조기에, 시의적절하게

WHAT: 무엇을
통합적 (건강,사회,교육,고용)
개입을 함께
즉, 전 영역을 고려한 개입을

자료 : 김수경 외(2022).

를 차지하는 등의 설문 결과가 제시되어 있었다. 따라서 정신건강 문제에 대한 부정적인 사회적 인식을 변화시키기 위한 노력이 우리나라에서 특히 필요해 보인다.

다. 미국 CDC 사업장에서의 정신건강 지침

미국 CDC는 사업장 기반 건강증진 개입의 가치를 높게 인식하여 근로자에게 통합적이며 근거 기반의 프로그램들이 시행될 수 있도록 Workplace Health Model을 개발하여 보급하였다(CDC, 2016; 김수경 외, 2022). 또한 여러 가지 건강 주제별로 어떤 전략을 적용하면 좋은지, 각종 도구와 자원을 제공하고 있는데, 그중 하나가 'Mental Health in the Workplace'라는 지침이다. CDC에 따르면 미국 국민의 60%에 해당하는 근로자의 정신건강을 증진하는 데 있어 사업장은 유용한 생활터이다. CDC의 권고안은 직원들의 스트레스 관리 등 정신건강 증진을 위한 노력은 사업장 운영비용을 줄일 수 있는 전략이기에 고용주에게도 이득이 된다는 점을 강조했다. 권고안은 정신건강 문제 및 스트레스는 업무 성과 및 생산성 저하, 동료와의 의사소통 능력 감소, 일상적 기능 저하를 일으킬 수 있음에도 불구하고 심각한 정신건강 문제 중 하나인 우울증이 있는 근로자 중 절반 정도만이 적절한 치료를 받고 있다는 점을 지적하였다.

CDC는 우선 근로자 대상 정신건강 증진 조치의 중요성을 고용주가 인식해야 하며, 나아가 근로자 자신들도 그 중요성을 인식할 수 있도록 고용주가 노력해야 한다는 점을 언급하였다. 이를 위해 고용주가 취할 수 있는 구체적인 조치는 다음과 같다.

- 모든 직원이 정신건강에 대한 자가 평가를 할 수 있도록 한다.
- 정신건강 전문가에 의한 우울증 임상 검사를 제공한 후 적절한 피드백과 임상 의뢰가 이루어질 수 있도록 한다.
- 우울증 약과 정신건강 상담에 대한 본인부담금이 없거나 낮은 건강 보험을 제공한다.
- 생활 양식(Lifestyle) 코칭, 상담 또는 자기 관리 프로그램을 제공한다.

· 열악한 정신건강의 징후 및 증상과 치료 기회에 관한 안내서, 전단, 비디오 등의 자료를 모든 직원에게 배포한다.
· 마음챙김, 호흡 운동, 명상 등 우울증 및 스트레스 관리 세미나, 워크숍을 개최한다.
· 직장 내 조용한 휴식 공간을 조성한다.
· 관리자에게 팀원의 스트레스와 우울증의 징후와 증상을 인식하는 데 도움이 되는 교육을 제공하고 전문가에게 도움을 구하도록 권장한다.
· 직원들이 직무 스트레스에 영향을 미치는 문제에 관한 의사결정과정에 참여할 수 있는 기회를 제공한다.

그 외에도 여러 이해관계자(의료 서비스 제공자, 연구자, 지역사회 지도자 및 사업장, 정부, 근로자) 각각이 취할 수 있는 조치를 구체적으로 명시하고 있는데, 주요 내용은 다음과 같다. CDC 권고안의 특징은 바로 정신건강과 신체 건강을 결합한 프로그램을 제공하는 것이 개입 성공을 위한 핵심임을 강조하고 있다는 점이다.

1) 의료 서비스 제공자의 역할

· 환자에게 우울증이나 불안에 대한 적절한 검사, 치료 및 서비스를 권장한다.
· 종합적 치료 제공을 위해 임상심리사, 사회복지사, 물리 및 작업 치료사, 기타 관련 의료 전문가를 치료 팀의 일원으로 포함한다.

2) 연구자의 역할

· 정신건강 및 스트레스 문제를 다루는 사업장 건강 프로그램 설계, 구현 및 평가에 도움이 되는 가이드를 개발한다.
· 고용주가 사업장 환경을 평가하고 개입 영역을 식별하는 데 사용할 수 있는 정신건강 점수표를 개발한다.
· 정신건강 · 웰빙 지표와 측정 가능한 비즈니스 결과에 있어 근거 기반 개선을 입증한 고용주에게 보상하는 표창 프로그램을 개발한다.
· 리더들에게 정신적으로 건강한 인력을 구축하고 유지하는 방법을 가르

치기 위해 경영 학계와 협력하여 훈련 프로그램을 개발한다.

3) 지역사회 지도자와 사업장의 역할

- 정신건강 및 스트레스 관리 교육 프로그램을 홍보한다.
- 저렴한 주택, 신체활동 장소, 재정적 복지 증진 도구, 안전하고 담배 없는 동네에 대한 접근성을 높이는 등 위험을 간접적으로 줄이는 지역사회 프로그램을 지원한다.
- 근로자, 고용주 및 의료 서비스 제공자가 정신건강 및 스트레스 관리를 다루는 지역사회 기반 프로그램을 찾을 수 있는 시스템을 구축한다.

4) 연방 및 주 정부의 역할

- 교육 제공 기관 및 고용주에게 정신건강 및 스트레스 관리 자료를 제공한다.
- 정신건강 · 웰빙 관리를 위한 지침 및 의사결정 도구를 제공한다.
- 근로자의 웰빙에 대한 데이터를 수집, 관련 연구를 수행한다.
- 지역사회 단체(교회, 지역사회 센터 등)에서 환자가 정신건강 및 약물 남용 예방 서비스를 이용할 수 있도록 소외된 사람들에 대한 접근성 제고를 위해 노력한다.

5) 근로자의 역할

- 고용주의 필요와 관심에 맞는 정신건강 및 스트레스 관리 교육과 프로그램을 제공하도록 권장한다.
- 고용주가 제공하는 프로그램 및 활동에 참여하여 정신건강 관리 기술을 배우고 필요한 지원을 받는다.
- 낙인을 예방하는 수준에서 개인적 경험을 다른 사람들과 공유한다.
- 동료의 경험과 감정에 대해 열린 마음을 갖는다. 공감으로 반응하고, 동료 지원을 제공하고, 다른 사람들이 도움을 구하도록 격려한다.
- 스트레스 관리와 정신건강을 증진하는 행동을 수행한다.
- 건강하고 균형 잡힌 식사, 규칙적 운동, 7~8시간 이상 숙면을 실천한다.
- 요가, 명상, 마음챙김, 태극권 등 스트레스 관리 활동에 참여한다.

· 사람들과 대면하는 사회적 활동을 한다.
· 긍정적 경험을 되돌아보고 행복과 감사를 표현하는 시간을 갖는다.
· 개인 · 건강 · 업무 관련 목표를 설정하고, 목표 달성을 위해 노력하며, 필요시 도움을 요청한다.

2. 해외의 근로자 대상 정신건강 정책

가. 미 국

미국의 산업안전보건 주관기관인 OSHA는 근로자의 정신건강을 보호하기 위해 다양한 규정과 지침을 제공하고 있다. 이를 통해 근로자는 직장에서의 정신적 건강을 보호받을 수 있으며, 사업주는 근로자의 건강과 안전을 보장하기 위해 필요한 조치를 취할 수 있다. 이러한 규정과 지침은 근로자의 전반적인 삶의 질을 향상하고 조직의 생산성과 효율성을 높이는 데 기여한다. OSHA의 주요 정신건강 관련 규정과 지침을 구체적으로 살펴보면 다음과 같다.

1) 일반 의무 조항(General Duty Clause)

OSHA의 일반 의무 조항은 사업주가 근로자에게 인지 가능한 심각한 위험으로부터 보호할 의무를 명시하고 있다. 이는 물리적 안전뿐만 아니라 정신적 건강도 포함한다. 사업주는 근로자가 직무 스트레스, 괴롭힘, 폭력 등으로부터 보호받을 수 있도록 적절한 조치를 취해야 한다. 이 조항은 사업주가 근로자의 정신건강을 보호하기 위한 기본적인 책임을 지고 있음을 강조하며, 구체적인 지침을 통해 이를 실천하도록 하고 있다.

2) 직장 폭력 예방 지침

OSHA는 직장 폭력 예방을 위한 지침을 제공하며, 이는 근로자의 정신건강을 보호하기 위한 중요한 부분이다. 이 지침은 사업주가 직장 내 폭력을 예방하고 대응하는 방법을 명시하고 있으며, 근로자가 안전하게 일할 수 있는 환경을 조성하는 것을 목표로 한다. 사업주는 근로자가 괴롭힘을 경험했을 때 신속하게 대응하고 문제를 해결할 수 있는 시스템을 마련해야 한다. 지침에는 다음과 같은 요소들이 포함된다:

① 위험 평가 : 직장 내에서 발생할 수 있는 폭력의 위험 요소를 식별하고 평가한다.
② 예방 프로그램 개발 : 폭력을 예방하기 위한 프로그램을 개발하고 시행한다. 이는 근로자 교육, 정책 수립, 안전 절차 마련 등을 포함한다.
③ 교육 및 훈련 : 근로자와 관리자를 대상으로 폭력 예방 교육과 훈련을 실시하여 폭력 상황에 대한 인식과 대처 능력을 강화한다.
④ 대응 계획 : 폭력 사건이 발생할 경우, 신속하고 효과적으로 대응할 수 있는 계획을 마련한다.

3) 직무 스트레스 관리

OSHA는 직무 스트레스 관리의 중요성을 강조하며, 사업주에게 직무 스트레스 요인을 평가하고 이를 줄이기 위한 조치를 취할 것을 권장한다. 이는 근로자의 업무량, 역할의 명확성, 직무 자율성, 사회적 지원 등 다양한 요소를 포함하여 스트레스 요인을 체계적으로 관리하는 것을 의미한다. 사업주는 정기적인 스트레스 평가를 실시하고, 근로자들의 피드백을 바탕으로 개선방안을 마련하여 근로환경을 최적화해야 한다.

4) 근로자 지원 프로그램(EAP : Employee Assistance Program)

OSHA는 근로자 지원 프로그램(EAP)을 통해 근로자의 정신건강 문제를 지원하고 해결하는 것을 장려한다. EAP는 근로자가 직무 스트레스, 개인적인 문제, 재정적 어려움 등 다양한 문제에 대해 전문가의 도움을 받을 수 있도록 돕는 프로그램이다. EAP는 다음과 같은 서비스를 제공한다:

① 심리상담 : 근로자가 직무 스트레스나 개인적인 문제로 인해 심리적 어려움을 겪을 때 전문가의 상담을 받을 수 있다.
② 스트레스 관리 교육 : 근로자가 스트레스를 인식하고 효과적으로 대처하는 방법을 배우도록 돕는다.
③ 재정 상담 : 재정적 어려움을 겪고 있는 근로자에게 재정 관리와 관련

된 상담을 제공하여 경제적 스트레스가 정신건강에 미치는 영향을 줄인다.

5) 스트레스 관리 교육 및 훈련

OSHA는 사업주가 근로자들에게 스트레스 관리 교육과 훈련을 제공할 것을 권장한다. 이는 근로자들이 스트레스를 인식하고 대처하는 능력을 강화하는 데 도움이 된다. 교육 내용은 다음과 같다.

① 스트레스의 원인과 증상 : 근로자들이 스트레스의 원인과 증상을 이해하도록 돕는다.
② 스트레스 해소 방법 : 근로자들이 일상생활에서 스트레스를 효과적으로 관리하는 방법을 배우도록 한다.
③ 심리적 회복력 강화 : 근로자들이 스트레스를 극복하고 회복력을 강화할 수 있는 전략을 제공한다.

6) 직장 환경 개선

OSHA는 근로자의 정신건강을 보호하기 위해 안전하고 건강한 작업 환경을 조성하는 것을 강조한다. 이는 근로자의 직무 스트레스와 관련된 위험을 줄이기 위해 작업 환경을 지속적으로 평가하고 개선하는 것을 의미한다. 예를 들어, 적절한 휴식 시간을 보장하고 작업 공간을 쾌적하게 유지하며 사회적 지지 체계를 강화하는 등의 조치를 포함한다.

나. 유 럽

EU는 근로자의 정신건강 증진을 중요한 정책 목표로 삼고 있으며, 이를 위한 다양한 법규와 지침을 마련하고 있다. EU는 2005년 '정신건강 증진을 위한 유럽 협약(Green Paper on Mental Health)'을 체결하고, 2008년 '유럽연합 정신건강 행동 계획(Mental Health in the EU)'을 통해 정신건강을 증진하기 위한 다양한 전략을 수립했다. 이 전략은 정신건강 문제의 예방, 정신질환의 조기 발견 및 치료, 사회적 통합 및 직장 내 정신건강 증진을 목표로 한다. 주요 내용으로는 정신건강 문제의 원인을 분석하고 이를 예방하기 위한 교육 및 캠페인 실시, 정신질환의 초기 증상을 조기에 발견하고 적절한 치료를 받을 수 있도록 지원하는 시스템 구축, 정신질환을 앓고 있는 사람들의 사회적 통합을 촉진하고 차별을 방지하기 위한 정책 마련, 그리고 직장에서의 스트레스 관리와 정신건강 보호를 위한 프로그램 및 지침 제공이 있다.

EU의 근로자 정신보건 증진을 위한 대표적인 지침으로는 '직장 내 건강과 안전에 관한 지침'(Council Directive 89/391/EEC)이 있다. 이 지침은 근로자의 건강과 안전을 보호하기 위해 사업주가 취해야 할 조치를 규정하고 있으며, 정신건강 보호도 포함된다. 주요 내용은 사업주가 근로자의 신체적 및 정신적 건강에 대한 위험을 평가하고 이를 예방하기 위한 조치를 취해야 하며, 근로자는 안전하고 건강한 작업 환경에서 일할 권리가 있고 사업주는 이를 보장해야 한다. 또한 사업주는 근로자에게 정신건강 관리와 관련된 교육과 훈련을 제공해야 한다.

EU의 정신건강 증진 정책은 근로자의 삶의 질 향상과 직장 내 안전 보장을 목표로 하며, 회원국들은 이를 기반으로 자국의 법규와 정책을 마련하고 있다.

1) 독 일

독일의 노동보호법(Arbeitsschutzgesetz)은 근로자의 건강과 안전을 보호하기 위한 법령으로, 정신건강 보호도 포함된다. 주요 내용은 사업주가 근로자의 신체적 및 정신적 건강에 대한 위험을 평가하고 이를 예방하기 위한 조치를 취해야 하며, 직무 스트레스 요인을 평가하고 이를 줄이기 위한 프로그램을 마련해야 한다는 것이다. 사업주는 근로자에게 정신건강 관리와 관련된 교육과 훈련을 제공하여 정신건강 문제를 예방하고 관리할 수 있도록 지원해야 한다. 또한 다음과 같은 가이드들을 제정하여 정신건강 증진에 지침이 될 수 있도록 하고 있다(윤진하 외, 2016).

- 일터에서의 정신건강(Mental health at work)
- 독일 직장에서의 정신건강(Mental Health in the workplace in Germany)
- 정신적으로 스트레스를 받는 고용인에 대한 대처(Dealing with mentally

stressed employees) : 관리자와 인사관리자를 위한 가이드(A Guide for Managers and Human Resource Managers)

- 위험 평가에서의 정신적 스트레스 통합(Integration of psychological stress in the risk assessment)
- 직장에서의 정신적 스트레스와 긴장 인식(Mental stress and strain in the workplace recognition)
- 직장에서의 갈등 해결(Conflict resolution in the workplace) - 분석, 조치, 갈등 및 괴롭힘 예방(Analyzes, Actions, Prevention of conflicts and bullying)
- 건강검진 업무 안내(Guide to Healthy screening work) - 물리적, 정신적 위해의 식별(Identify physical and psychological hazards)
- 스트레스, 따돌림과 회사(Stress, bullying & Co.) - 선택된 사례를 통한 직장에서의 정신적 스트레스(Mental stress at work by means of selected examples)
- 일에 대한 욕구(Desire to work)
- 직장에서의 스트레스(Stress at work) - 적용을 위한 실용 가이드(Practical guides for practice)
- 감정 통제(Regulate emotions) - 서비스업 노동자의 건강한 감정노동과 성공적인 업무(Emotion work in personal services workers healthier and more successful work)
- 직원 중심의 리더십과 직장에서의 사회적 지지(Employee-oriented leadership and social support at work)

2) 영 국

영국의 보건안전법(Health and Safety at Work Act, 1974)은 근로자의 건강과 안전을 보호하기 위한 기본 법령으로, 사업주가 근로자의 정신건강을 보호하기 위한 조치를 취할 의무를 명시하고 있다. 주요 내용은 사업주가 직무 스트레스와 같은 정신적 위험요인을 평가하고, 이를 줄이기 위한 조치를 취해야 하며 근로자의 정신건강을 보호하기 위해 적절한 지원과 자원을 제공해야 한다는 것이다. 또한 사업주는 근로자에게 스트레스 관리와 정신건강 보호에 관한 교육을 제공하여 정신건강 문제를 예방하고 관리할 수 있도록 지원해야 한다. 이뿐만 아니라 영국 정부 산하 직무 관련 건강, 안전, 질병에 대한 영국 감독기구인 Health and Safety Executive(HSE) 등에서는 다음과 같은 가이드들을 발간하여 정신건강 증진의 지침으로 삼고 있다(윤진하 외, 2016).

- 현장관리자 자원 : 직장에서 정신건강 문제가 있는 사람들을 관리하고 지원하기 위한 실용 가이드(Line Managers' Resource : A practical guide to managing and supporting people with mental health problems in the workplace)
- 업무 관련 스트레스에 대한 관리 표준(Management Standards on Work Related Stress)
- NICE 공중보건 지침 22 및 직장에서의 정신건강 증진(NICE public health guidance 22; Promoting mental wellbeing at work)
- 정신건강 조정 지침(Mental Health Adjustments Guidance)
- 장기 질병 및 근무 불능 관리(Managing long-term sickness and incapacity for work)
- 관리 표준 접근법을 사용한 업무 관련 스트레스 해결 : 단계별 워크북(Tackling Work-Related Stress Using the Management Standards Approach : A Step-by-Step Workbook)

아울러 영국 정부는 2015년 노동연금부(Department for Work and Pensions)와 보건사회복지부(Department of Health and Social Care) 간 합동 조직인 Work and Health Unit(WHU)을 설립하여(OECD, 2021), 장애 또는 건강 문제를 겪는 이들의 건강 결과 및 고용성과 개선을 위한 정책들을 수립 및 시행하고 있다. WHU는 2017년 'Improving Lives : The Future of Work, Health and Disability'(Department for Work and Pensions & Department of Health and Social Care, 2017a)라는 보고서를 출판하여 장애 및 질병을 가진 사람들의 건강 문제와 고용 문제 개선에 대한 장기적 국가 계획을 제시하였다. 계획의 주요 사항을 정리하면 다음과 같다.

첫째, 건강 상태와 관계없이 지원을 필요로 하는 모든 사람이 서비스를 받을 수 있도록 해야 한다. 따라서 모든 근로자의 건강에 대한 사회적 인식 제고, 건강 서비스 접근성 확대, 서비스 전달 체계 고도화에 집중하여야 한다.

둘째, 정책 설계 및 시행을 위해서는 부문 간(특히 보건과 복지 간) 협력 활성화, 부처 간 업무 장벽 최소화, 사업장 간 협력 체계 구축이 필요하다.

셋째, 근로자의 건강 문제 중 정신건강 문제와 근골격계 질환은 가장 많은 영향을 미치는 문제로서, 이러한 문제를 겪는 근로자들이 필요로 할 때 서비스를 제공받을 수 있어야 하며, 서비스 제공 후에는 효과성을 검토해야 한다.

넷째, 학계 및 기타 파트너와 협력을 통해 근로자의 건강 서비스가 어떤 효과가 있었는지, 비용적으로 얼마나 이득인지에 대한 근거를 확립해야 한다.

〈표 4-2〉 영국의 근로자 정신건강을 위한 사업장 핵심 조치(Mental health core standards)

핵심 조치	이행 방안 예시
1. 사업장 자체적인 정신건강 계획 수립 및 이행, 홍보	· 물리적 근로환경 개선 · 근로자의 신체활동 및 취미 활동 장려 · 병가 정책 개선
2. 정신건강에 대한 근로자의 인식 제고	· 정신건강 정보 제공 · 정신건강 상태 평가 도구 제공 · 동료 지원(peer support) 및 멘토링 서비스에 대한 안내 및 연계
3. 정신건강에 대한 소통과 대화 장려, 정신건강 문제를 겪는 근로자 대상 지원 제공	· 정신건강 관련 외부 캠페인 참여 · 직장 내 동아리 조성 등 네트워킹 활성화
4. 양질의 근무환경 제공, 자기계발 및 발전의 기회 보장	· 공정한 임금 지급 · 고용 안정성 보장 · 교육 및 훈련 제공
5. 관리자의 정신건강에 대한 인식 제고 및 효과적 인사 관리	· 관리자 대상 교육 및 훈련 제공 (조기 식별 및 대처 방안 등) · 관리자 대상 의사소통 교육 · 정신건강에 대해 관리자와 자유롭게 소통할 수 있는 문화 조성
6. 근로자 정신건강에 대한 주기적 모니터링	· 근로자의 정신건강 상태 측정 · 병가 데이터 등 데이터 분석을 통한 사업장의 전반적 정신건강 상태 모니터링

자료 : 김수경 외(2022).

같은 해 근로자 정신건강에 대한 전문가 권고안인 'Thriving at work : The Stevenson/Farmer review of mental health and employers'(Department for Work and Pensions & Department of Health and Social Care, 2017b)도 발표되었는데, 권고안은 근로자 정신건강 증진에 있어서 고용주의 역할을 강조하며, 영국 내 모든 고용주가 〈표 4-2〉와 같은 핵심 조치를 조속히 이행하도록 촉구하였다(OECD, 2021). 핵심 조치의 내용을 보면 이미 정신건강 문제를 겪고 있는 근로자에 대한 사후적 조치보다는 문제가 심각해지기 전에 미리 점검하고, 문제가 발생하지 않도록 근무 환경을 개선하는 사전적 조치 위주라는 것을 알 수 있다. 영국 정부는 기업들이 핵심 조치를 준수토록 유도할 것이며, 우선 공무원 및 공공기관 근로자들의 일터인 정부와 공공기관이 선제적으로 이 같은 조치를 채택하도록 할 것임을 약속하였다. 그 외에도 권고안에 따라 사업장 정신건강 증진 캠페인의 효과 평가 프레임워크 개발, 사업장 정신건강 증진을 위한 지역 네트워크를 육성·지원, 업무 관련 정신건강 증진 가이드라인 개발, 근로자의 정신건강 관련 불법행위를 한 고용주에 대한 조사 강화 등의 조치를 시행하기도 하였다.

다. 호 주

호주의 국가 정신보건위원회(NMHC : National Mental Health Commission)는 2012년 설립되어, 정부의 정신건강 및 자살예방 정책 이행 현황을 독립적으로 모니터링하는 역할, 이해관계자들과 협력하여 정책 이행을 촉진하는 역할, 정부에 근거 기반 조언을 제공하는 역할 등을 담당하는 기관이다(Australian Government National Mental Health Commission, n.d.a.). NMHC가 수행하는 사업 영역 중에는 '정신적으로 건강한 사업장 만들기(Mentally Healthy Workplaces)' 영역이 있는데, 이 영역의 대표적인 사업은 '정신적으로 건강한 사업장 연합(The Mentally Healthy Workplace Alliance, 이하 '연합'으로 지칭)' 설립 및 운영이다. 이 연합은 2012년 설립되어 정신건강에 도움이 되는 사업장 환경을 조성하고, 정신건강 문제를 겪는 근로자와 그 가족 등을 지원하기 위한 주도적 역할을 담당하고 있다. 연합은 기업(상공회의소, 중소기업 위원회, 경영자협회 등), 노동조합, 지역사회의 관련

[그림 4-3] 호주 'Mentally Healthy Workplace Alliance'의 사업주 참여 독려 자료

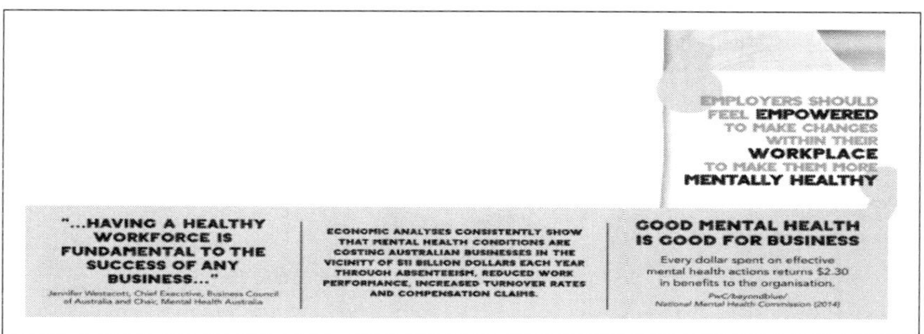

자료 : Mentally Healthy Workplace Alliance(연도 미상), Creating Mentally Healthy Workplaces - A Review of the Research.

기관, 정신건강 및 산업안전보건 관련 정부 기관[9] 등 근로자 정신건강을 위해 노력할 수 있는 다양한 기관들로 구성된다.

연합은 사업주의 리더십과 지지 획득, 그리고 근로자와의 소통을 중시하는데, 구체적으로는 근로자의 정신건강 증진을 위한 노력을 촉구하기 위해 사업주의 법적 책임을 강조하는 홍보활동을 하거나, 사업장의 유형별 정신건강 증진을 위한 모범 사례를 동영상으로 제작하여 배포하는 활동도 한다. 이뿐만 아니라 장기적으로 이루어진 연구 결과를 종합적으로 제시함으로써 근로자 정신건강 문제를 관리하지 않았을 때 사업장이 입게 될 손실과 사업장 정신건강 관리를 통한 사업장의 경제적 이득을 강조한 홍보물을 배포하기도 하였다(그림 4-3).

연합은 정신건강 관련 사업을 수행하는 비정부기관인 'Beyond Blue'와 협업하여 'Heads Up'이라는 사업을 진행하기도 했는데, 이 사업을 통해 고용주, 근로자, 소규모 사업장 등이 각각 [그림 4-4]와 같은 역할을 담당할 수 있도록 교육 및 자원을 제공하였다(Monitor Deloitte, 2017). 여기서 소규모 사업장의 역할을 별도로 제시하고 있다는 점은 주목할 만한데, 이들 사업장은 정신건강 문제의 우선순위를 파악하여, 순위가 높은 문제에 집중하여 노력할 것을 권고하였다.

연합은 호주의 국가 단위 사업인 'National Workplace Initiative(NWI)'를 직접 기획하고, 정부의 관련 예산 편성에 대한 옹호 활동을 주도하기도 했다.

9) 여기에는 NMHC도 포함된다.

[그림 4-4] 호주 Heads Up 사업 내용 및 각 주체의 역할

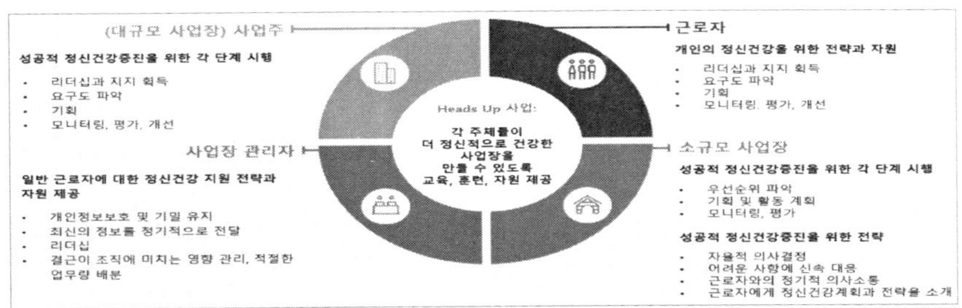

자료 : Monitor Deloitte(2017).

NWI는 고용주 및 산업계가 '정신적으로 건강한 사업장'을 만들기 위해 노력할 수 있도록 동시에 전국적으로 일관된 접근법이 적용될 수 있도록 근거기반의 실용적 도구와 가이드를 제공하는 사업으로서, 총 1,150만 호주 달러(약 100억 원 이상) 규모의 사업이다((Australian Government National Mental Health Commission, n.d.b.). 연합은 이후 사업장과의 파트너십 및 이해관계자를 초청한 포럼 개최, 정책 근거 마련 등 활동을 통해 NWI 이행의 구심점 역할을 하고 있다(Australian Government National Mental Health Commission, n.d.b.; 김수경 외, 2022, 재인용). NWI에서 제시되는 '정신적으로 건강한 사업장을 만들기 위한 변화의 8가지 원칙'과 그에 대한 설명은 〈표 4-3〉과 같다.

〈표 4-3〉 호주 National Workplace Initiative에 따른 정신적으로 건강한 사업장을 만들기 위한 변화의 8원칙

원 칙	의 미
근로자의 목소리에 귀 기울이기	· 다양한 근로자와의 대화는 그들의 요구사항, 개선이 필요한 사항, 개선을 위한 해결책 등에 대한 가치 있는 통찰력을 제공할 수 있음 · 사업장은 근로자들이 직장 정신건강 문제를 제기하였을 때 지지받고 있는다는 느낌을 가질 수 있는 환경이 되어야 하며, 보복으로부터 보호를 받는 환경이 되어야 함 · 근로자들의 말을 듣는 것은 이니셔티브가 성공할 가능성을 높이고 향상된 시스템과 직무 역할을 설계하는 데 도움을 줄 수 있음 · 감사, 설문 조사 및 관찰과 같은 접근 방식은 위험과 기회를 결정하는 데 도움을 줄 수 있음

〈표 4-3〉의 계속

원칙	의미
의사결정자와 조기에 접촉하기	· 두 명으로 구성된 팀이든 이사회가 관리하는 조직이든, 성공적인 변화를 위해서는 처음부터 의사결정자를 참여시키는 것이 필수적임 · 의사결정자는 조직의 분위기, 문화, 예산 및 전략적 방향을 설정하는 역할을 하며, 법률에 규정된 요구사항에 대한 대부분의 책임을 부담함
행동의 결과 인식시키기	· 조직이 규정 준수에서 사회적 이익에 이르기까지 정신적으로 건강한 직장에 투자하기 위해 선택할 수 있는 많은 타당한 이유가 있음. "왜"에 대해 명확히 하는 것은 동기와 열정을 유지하는 데 도움이 됨
책임 부여하기	· 정신건강에 대한 공동의 책임도 중요하지만 활동에 대한 개인의 책임도 중요함. 특정 활동에 대해 명확하고, 구체적이고, 현실적이고, 측정 가능한 책임을 부여하는 것은 실패 가능성을 줄임
기존 사업장 규정에 정신건강 증진 통합하기	· 전략 계획, 거버넌스, 기존 워크플로우, 정책, 절차 및 관행에 구축된 활동은 독립형 이니셔티브보다 유지하기가 훨씬 쉬움. 위험성평가, 전문성 개발 및 웰빙 이니셔티브와 같은 기존 관행에 정신건강 관련 내용을 함께 넣으면 변화가 지속될 가능성이 더 높음
변화에 대한 가시성, 투명성 높이기	· 사람들은 대화가 행동에 의해 뒷받침되지 않는다고 느끼면 쉽게 좌절하고 냉소적으로 변할 수 있음. 근로자들을 변화의 여정에 참여시키고 결과와 업데이트를 명확하게 전달하면 결과를 향상시킬 수 있음. 정신건강에 긍정적·부정적 영향을 미칠 수 있는 일의 측면에 대해 공개하고, 근로자들이 결정과 노력에 참여하고 접근할 수 있도록 하는 것이 중요함
연구(근거)에 기반한 의사결정 내리기	· 전문가 자료를 활용하고 연구 지원을 받아 이니셔티브에 집중하는 것은 사람과 투자를 보호하는 데 도움이 됨. 효과가 없는 이니셔티브는 시간, 돈, 희망, 신뢰 및 호의를 낭비할 수 있음
지속적으로 검토 및 개선하기	· 모든 것을 한 번에 하려고 하지 말고, 조치가 필요한 곳을 검토하며, 무엇이 효과가 있는지 확인하고, 개선이 필요한 것에 대해 응답하는 점진적인 접근법을 채택해야 함. 성공 여부와 실패 여부를 모두 정기적으로 검토하고, 이를 기반으로 개선하는 것이 중요함

자료 : Australian Government National Mental Health Commission(2022).

NWI는 정신적으로 건강한 사업장을 만들기 위한 전략을 크게 보호, 대응, 증진으로 설명한다(NMHC, 2022).

1) 보 호

사업장은 근로자의 심리적 건강을 포함한 건강과 안전을 보호하기 위한 법적 의무를 지닌다. 이러한 의무는 사업장 내의 '심리 · 사회적 위험요인'을 식별하고, 이를 관리하기 위한 실행 가능한 조치를 이행하는 것을 포함할 수 있다. 때때로는 사업장에서 통제 불가능한 위험요인이 있는데, 이러한 위험요인의 영향을 완화하는 조치를 이행해야 한다. 구체적으로는 다음과 같은 조치를 이행할 수 있다.

· 산업보건 및 안전, 근로자 보상, 직장 관계, 개인 정보 보호 및 차별과 관련한 법적 의무 준수
· 근로자가 불이익 없이 고충을 제기하는 방법 제공
· 예방적 심리 · 사회적 위험 식별 및 관리
· 작업(근무)방식 재설계
· 근로자 및 근로자대표와의 협의 및 소통
· 요구나 압력이 증가하는 기간을 관리하는 방법에 대한 계획 및 프로세스(예 : COVID-19 대응)
· 적극적이고 체계적인 괴롭힘 및 차별 예방 · 해결 정책
· 관리자를 포함한 조직 전반의 효과적인 교육 및 감독

2) 대 응

사업장은 정신건강 문제, 정서적 고통을 겪는 근로자에 대해 지원을 제공함으로써, 그들의 문제에 대응해야 한다. 적절한 대응 방식은 근로자에 대한 보상, 차별 방지, 사생활 보호 등 법률상 명시된 의무들을 포함한다. 정신건강 문제에 대한 낙인을 줄이고, 정신건강 문제에 대한 대화를 자연스럽게 하는 문화를 조성하고, 조기 개입을 지원하는 등의 조치는 근로자 개인과 사업장에 모두 이득이 된다. 구체적으로는 다음과 같은 조치를 이행할 수 있다.

· 산업안전 및 보건, 근로자 보상, 직장 관계, 사생활 보호 및 차별과 관련한 법적 의무 준수
· 정신건강 문제 및 고통의 징후를 인식하여 대응
· 연민과 지지적인 방식으로 정신건강에 대해 이야기하는 방법에 대한 근

로자 대상 교육 제공
- 조직 내에서 낙인을 해결하기 위한 전략 시행
- 정신건강 문제를 겪고 있는 사람들을 지원하기 위한 합리적인 조정
- 도움 요청 및 치료 경로 촉진
- 연구 지원 조기 개입 정책
- 직장 복귀 및 직장 유지 정책
- 근로자 개인 맞춤형 접근 방식

3) 증 진

노동의 긍정적 요소를 끌어내는 것은 정신건강 증진에 도움이 된다. 끈끈한 직장 내 인간관계, 나의 일에 뚜렷한 목적이 있다는 느낌, 개인 발전의 기회를 창출하는 등이 이에 해당한다. 이는 정신건강 문제에 대한 개인의 회복력, 나아가 사업장 조직 수준의 회복력 구축에 모두 도움이 된다. '증진'에 해당하는 내용은 앞서 언급한 다른 정책과 함께 사용되었을 때 시너지를 발휘할 수 있다. 구체적으로 다음과 같은 전략을 취할 수 있다.

- 개인적 및 전문적 계발 기회 제공
- 직장 내 의미 있는 사회적 연결 촉진
- 긍정적 행동을 인정하고 보상
- 잡 크래프팅(Job crafting)[10] 기회 제공
- 다양성과 포용성에 대한 인정과 축하
- 노동이 뚜렷한 의미와 목적을 가질 수 있도록 인식 제고
- 신체적, 정신적 건강을 모두 포괄하는 전체적 웰빙 프로그램 제공
- 강점 기반 접근법[11] 사용
- 근로자들이 잠재력을 발휘할 수 있도록 하는 작업방식을 만들 때, 근로

---

10) 직원들이 자신들의 업무를 보다 의미 있고, 흥미로우며, 만족스러워하기 위해 각종 업무 요구사항과 업무 자원 수준에서 스스로 변화를 만들어내는 것을 의미한다(Demerouti, 2014).

11) 인사에 있어 강점 기반 접근법이란, 직원들이 직장 내에서 자신의 강점을 활용할 수 있도록 돕는 것을 의미하며, 결과적으로 이를 통해 직원과 조직의 성과를 개선하는 것을 목적으로 한다(Ding and Liu, 2023).

자의 참여 유도
· 근로자의 전문성 성장을 지원하는 작업 설계

라. 일 본

일본은 근로자의 정신건강을 보호하기 위해 여러 법규와 정책을 시행하고 있다. 대표적인 법규로는 산업안전보건법(産業安全衛生法)이 있다. 이 법은 사업주가 근로자의 정신건강을 포함한 전반적인 건강을 보호할 의무를 명시하고 있으며, 구체적인 조치들을 규정하고 있다. 사업주는 정기적으로 근로자의 스트레스 수준을 평가하고, 그 결과에 따라 필요한 조치를 취해야 한다. 또한 일본의 산업안전보건법은 근로자들에게 스트레스 관리와 정신건강 보호에 관한 교육을 제공할 것을 명시하고 있다. 이 교육은 근로자들이 스트레스의 원인과 증상을 이해하고, 이를 관리하는 방법을 배우는 데 중점을 둔다.

일본의 후생노동성은 '근로자의 정신건강 유지 증진을 위한 지침(정신건강지침, 2006. 3. 수립, 2015. 11. 30. 개정)'을 제정하여 직장 내 정신건강 대책을 추진하도록 하고 있다. 여기에는 사업주가 실시하도록 노력해야 할 원칙적인 방법들이 명시되어 있다. 이 지침에 따르면, 사업주는 스스로 직장 스트레스 검사제도를 포함한 직장 내 정신건강 관리를 추진하며, 위험위원회 등을 통해 충분한 조사와 심의를 거쳐 정신건강 증진 계획 및 스트레스 체크 제도의 시행 방법 등을 규정해야 한다. 정신건강 이상을 예방하기 위해 1차 예방, 조기 발견 및 적절한 조치를 위한 2차 예방, 그리고 악화한 근로자의 직장 복귀를 지원하는 3차 예방이 체계적으로 이루어져야 한다. 또한 교육훈련 및 정보 제공을 통해 근로자와 관리자의 인식을 높이고, 작업환경을 개선하며 정신건강 이상에 대한 대응과 휴업자 복귀 지원 등을 원활히 할 수 있도록 지원해야 한다.

일본은 업무 스트레스 등의 원인으로 인한 정신장애에 대한 산업재해 청구 건수 급증, 기업 대상 설문조사 시 근로자가 마음의 병이 증가했다고 응답한 기업 비율 증가 등 근로자 정신건강 문제 해결의 심각성을 인지하여, 후생노동성령으로 정하는 바에 따라 2015년 12월부터 '스트레스 체크 제도

(ストレスチェック制度)'를 전면 시행하고 있다. 제도의 주된 목적은 근로자 자신의 심리적인 부담이 어느 정도인지를 알게 하여, 정신건강에 대한 자기 관리를 촉진하는 것과 추가적으로 근본적인 대책을 진행하는 관점에서 부 또는 과 등 일정 규모의 집단별로 스트레스 상황을 분석하여 직장환경의 개선을 촉진하는 데에 있다(김명중, 2015). 직무 스트레스 검사는 모든 근로자를 대상으로 정기적으로 시행되며, 이를 통해 직무 스트레스의 원인을 분석하고 필요할 경우 전문상담사와의 상담을 주선한다. 사업주는 이 검사 결과를 바탕으로 근로자의 스트레스 요인을 줄이기 위한 조치를 취해야 한다.

[그림 4-5] 일본 Stress Check Program의 흐름도

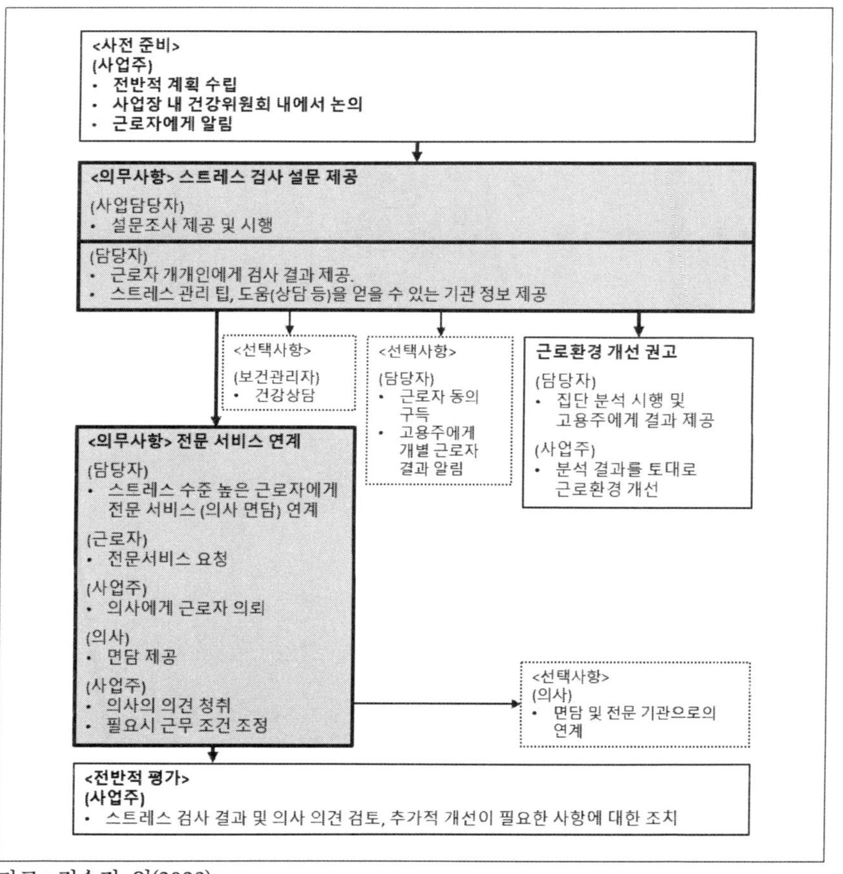

자료 : 김수경 외(2022).

이 정책의 흐름도를 정리하면 [그림 4-5]와 같은데, 우선 근로자 50인 이상인 모든 사업장은 근로자가 스트레스 수준 및 관련 요인들을 연 1회 이상 검사할 수 있도록 설문을 제공해야 하며(검사 항목은 〈표 4-4〉 참조), 이후 사업장은 근로자 개개인에게 검사 결과[12]와 스트레스 관리 및 필요한 도움을 얻을 수 있는 기관 등에 대한 정보를 제공해야 한다. 동시에 검사 결과에 대한 사업장 집단 단위 분석을 바탕으로 고용주에게는 근로환경을 개선할 것이 권고된다. 또한 고용주는 스트레스 수준이 높게 나온 '고위험 근로자'에 대해 의사 면담 등의 전문 서비스를 연계해야 하는데, 연계만으로 그치는 것이 아니라 정말로 서비스가 제대로 제공되었는지를 확인하도록 하고 있다. 필요시에는 의사 소견에 따라 해당 근로자의 근무 조건을 조정해야 할 의무도 있다(OECD, 2021; Kawakami and Tsutsumi, 2016). 따라서 이 제도

〈표 4-4〉 일본 스트레스 체크 제도의 근로자 정신건강 검사 항목

카테고리	항 목
업무의 스트레스 요인	업무의 양 업무의 질 신체적 부담 정도 직장 내 대인관계 직장 환경 업무에 대한 본인의 컨트롤 가능 정도 본인 기능, 지식의 업무 활용도 업무의 적성도 업무가 본인에게 보람이 되는 정도
심신의 스트레스 반응	활기 초조감 피로감 불안감 우울감 신체적 증상(통증, 식욕, 수면 등)
주변의 지지	상사의 지지 동료의 지지 가족 및 친구의 지지
만족도	업무 및 일상생활 만족도

자료 : 김명중(2015).

12) 사업주는 근로자 동의 없이 개인별 결과를 열람할 수 없다.

의 목표는 두 가지로 정리되는데, 첫째는 근로자에게 본인 정신건강에 대한 인식을 높이는 것이고 둘째는 고용주가 직장 환경을 개선하도록 하는 것이다(김명중, 2015).

마. 싱가포르

근로자의 정신건강을 보호하기 위한 싱가포르의 대표적인 법규로는 직장건강안전법(WSH Act : Workplace Safety and Health Act)이 있다. 이 법은 사업주가 근로자의 정신적, 신체적 건강을 보호할 의무를 명시하고 있으며, 구체적인 조치들을 요구하고 있다. 사업주는 근로자의 정신건강 위험요인을 평가하고 이를 줄이기 위한 조치를 취해야 한다.

싱가포르는 '국가 정신건강 청사진(National Mental Health Blueprint)'을 통해 정신건강 증진을 위한 다양한 정책을 시행하고 있다. 이 청사진은 근로자의 정신건강을 보호하고 증진하기 위한 종합적인 전략을 제시한다. 정부는 정신건강 인식 제고 캠페인을 통해 근로자와 사업주를 대상으로 정신건강의 중요성을 알리고, 정신건강 문제에 대한 인식을 높이는 활동을 펼친다. 정신건강 서비스의 접근성을 강화하는 것도 중요한 부분이다.

싱가포르 정부는 근로자들이 정신건강 서비스를 쉽게 이용할 수 있도록 다양한 상담 및 치료 서비스를 제공하고, 접근성을 높이기 위한 여러 가지 조치들을 취하고 있다. 예를 들어, 온라인 상담 서비스나 모바일 앱을 통해 근로자들이 언제 어디서나 정신건강 상담을 받을 수 있도록 지원한다. 직장 내 정신건강 프로그램도 중요한 역할을 한다. 사업주가 직장 내 정신건강 프로그램을 도입하도록 정부 차원에서 지원하며, 이를 통해 근로자의 정신건강을 전반적으로 증진시키고자 하고 있다.

아울러 싱가포르는 국민 7명 중 1명이 평생 한 번 이상의 정신건강 문제(기분장애 또는 불안장애)를 경험하고 있다는 조사 결과에 따라, 2023년 '국가 정신건강 및 웰빙 전략'을 발표하여 시행하고 있다. 이들이 발표한 자료(Ministry of Health Singapore, 2023)에 따르면 개인의 정신건강에 영향을 미치는 요인은 크게 'Microsystem'과 'Macrosystem'으로 나뉘는데, 전자는 직장, 학교, 가족, 사회적 그룹, 보건 및 사회서비스 관련 요인들을 의미하며, 후자는 이보다 더 큰 사회적, 문화적, 경제적 맥락을 의미한다(그림 4-6). 직장인들은 하루 중 상당 시간을 직장 안에서 보내게 되고, 업무 관련 스트레스 유발 요인들은 개인에게 큰 영향을 미치기 때문에 'Microsystem' 중 직장 관련 요인들에 대한 관리는 정신건강 증진에 있어 상당히 중요하다. 이에 전략은 네 가지 중점 분야[13] 중 하나로 '직장 내 정신건강 및 웰빙 개선'을 설정하고 있다.

'직장 내 정신건강 및 웰빙 개선' 중점 분야의 내용을 살펴보면, 정책은 크게 '직장 내 정신건강 증진'과 '정신건강 문제(질환)를 겪는 사람들에 대한 고용 기회 확대'에 대한 내용으로 나뉜다. 본 연구와의 주제 적합성을 생각하여 여기서는 '직장 내 정신건강 증진'에 대한 내용만을 기술하도록 한다.

[그림 4-6] 개인의 정신건강 및 웰빙에 영향을 미치는 요인

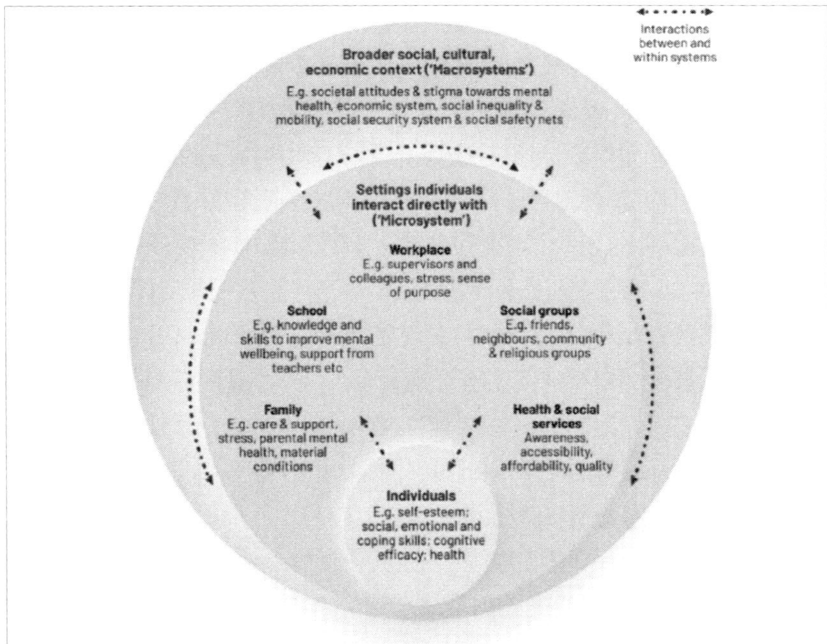

자료 : Ministry of Health Singapor(2023).

13) 국가 정신건강서비스 역량 확대, 정신질환 조기 발견 및 대응을 위한 서비스 제공자 역량 강화, 정신건강 및 웰빙 증진, 직장 내 정신건강 및 웰빙 개선.

1) 정신건강 리터러시 향상 및 낙인 감소를 위한 직접 개입

앞서 WHO 및 ILO, CDC, OECD의 가이드라인은 모두 정신건강 문제에 대한 인식도, 즉 정신건강 리터러시의 중요성을 강조하고 있다. 싱가포르의 건강증진원(HPB : Health Promotion Board)은 고용주 및 근로자를 대상으로 정신건강 관련 교육 프로그램을 직접 제공하고 있다. 구체적으로는 'Wellness in Transition'이라는 교육을 통해, 관리자 직급 근로자가 일반 직급 근로자의 정서적 요구에 대응할 수 있는 리더 역할을 할 수 있도록 교육하기도 한다. 또 다른 프로그램의 이름은 'Workplace Outreach Wellness 패키지/프로그램'인데, 이는 정신건강 외에도 만성질환, 체중 관리, 신체 활동, 영양, 금연 등을 주제로 한 건강증진 서비스다. 정신건강 영역에 있어 싱가포르 건강증진원은 사업장에 직접 찾아가 정신건강 관련 상담 또는 워크숍(예 : 정신건강 관리를 위한 지식 및 기술 교육)을 제공하고 있다.

노동부는 직장 내 정신건강 위험요인에 대한 인식을 높일 필요성을 인식하여, 국가 관련 기관들이 관리자 직급 대상의 정신건강 리터러시 교육, 근로자 대상 정신건강 관리 교육, 직장 내 심리 · 사회적 위험요인에 대한 관리 지침 개발 등을 촉구하였다.

2) 근로자 정신건강 증진에 대한 고용주 대상 지원 제공

고용주가 직장 내 정신건강 증진 조치를 시행하고 싶어도 시간, 자원, 지식에 있어 제약을 경험한다는 필요성에 따라, 노동부는 HPB, 산업안전보건위원회 등과의 협력을 통해 직장 내 정신건강 관리를 위한 도구와 표준화된 모델을 만들었다.

'iWorkHealth'라는 온라인 도구는 근로자들이 자신의 정신건강 수준과 직장 내 스트레스 유발 요인들을 스스로 평가할 수 있도록 한다. 고용주는 근로자가 평가를 완료하면, 사업장 그룹 단위 결과를 알 수 있고, 개선이 필요하다면 해당 도구에서 제공하는 권고안을 참조하여 개선 조치를 시행할 수 있다. 이는 일본의 스트레스 체크 제도와 유사하다고 할 수 있다.

그 외에도 싱가포르 노동부는 관련 이해관계자와 협력하여 고용주를 지원하기 위한 다양한 자원들을 개발하였는데 그 예로는 '사업장에서의 정신적 웰빙을 위한 전문가 권고안(Tripartite Advisory on Mental Well-being at

Workplaces)', '사업장 정신적 웰빙을 위한 플레이북(Playbook on Workplace Mental Well-being)' 등이 있다.

또한 노동부와 산업안전보건위원회는 직원들의 정신적 웰빙을 위해 노력하는 고용주를 인정하기 위한 연례 어워드인 'National Workplace Safety and Health CARE(Culture of Acceptance, Respect and Empathy) Awards'를 만들어 시상하기도 했고, 직장 내 정신건강 증진을 위한 고용주 간 커뮤니티를 조성하기도 하였다. 이 커뮤니티는 고용주들 간 자조그룹의 역할을 하며 커뮤니티를 통해 고용주 대상 교육과 지원을 제공하였다.

3) 사업장 맞춤형 정신건강 지원

모든 직원이 같은 스트레스 요인에 직면하는 것은 아니기에, 사업장의 특성, 직무 특성에 맞춤화된 정신건강 지원들이 제공될 수 있도록 노력하고 있다. 구체적으로는 군인들의 사례를 들 수 있는데, 모든 신병이 입대 또는 자대 배치 전, 의료 담당자를 통해 정신건강 문제에 대한 스크리닝을 받으며, 복무 중 심리적 웰빙 상태에 대한 꾸준한 모니터링이 제공된다. 또한 기본 군사 훈련기간 동안은 본인 스스로 고통 신호를 인식하고, 자기관리를 실천할 수 있도록 교육을 받기도 하고, 같은 신병끼리 서로 간에 정신적 도움을 주고 받을 수 있도록 버디 시스템이 구축되기도 한다. 여기서도 관리자 직급(사령관)은 부하 군인들의 정신건강 문제를 인식, 잠재적 문제를 파악, 지원을 제공할 수 있도록 역량을 쌓는 훈련을 받게 된다. 필요한 경우, 군인들은 상담 및 의료 치료를 제공받으며, 모든 부대에는 훈련된 상담사가 배치되어 최전선에서 지원이 제공될 수 있도록 한다. 익명의 상담 핫라인도 구축되어 낙인을 피할 수도 있다. 문제가 심각할 경우에는 의사에게 의뢰되어 서비스가 제공되기도 한다.

바. 중 국

중국은 '직장 건강 안전법'을 통해 근로자의 정신적, 신체적 건강을 보호할 의무를 사업주에게 부여하고 있으며, 사업주는 근로자의 정신건강 위험요인을 평가하고 이를 줄이기 위한 조치를 취해야 한다. 또한 정기적인 교육과 훈련을 통해 근로자들이 스트레스 관리 방법을 배우고, 정신건강 문제를 예방할 수 있도록 지원하고 있다.

중국 정부도 근로자의 정신건강을 보호하고 증진하기 위해 다양한 프로그램을 운영하고 있다. 대표적인 사례로는 '정신건강 행동 계획(Mental Health Action Plan)'이 있다. 이 계획은 근로자의 정신건강을 보호하고 증진하기 위한 종합적인 전략을 제시하며, 정신건강 인식 제고 캠페인, 정신건강 서비스 접근성 강화, 직장 내 정신건강 프로그램 도입 등을 포함한다.

제3절 국내 정책 현황

1. 근로자 정신건강 정책 현황

2023년 12월 5일, 정부는 「정신건강정책 혁신방안」을 발표했다. 주요 내용은 27개 지역에 100만 명 상담센터 설치, 기업 내 자살률 50% 감축, 고위험 직군과 청소년 대상 정신건강 지원 강화, 정신응급 일원화와 핫라인 구축, 재발 방지 프로그램 확대, 추가 감염병 대응, 100만 명 조기발견 시스템 구축, 회복 중점 지원, 국민 정신건강 수준 조사 및 진단법 마련이다.

이 중 '직장인 마음건강 관리 지원'과 관련하여, 정부는 근로자 마음건강 관리를 위한 인프라 조성을 위해 상담역량 강화, 직업트라우마센터 확대, 건강진단 항목에 정신건강 영역 추가 등의 방안을 추진한다. 또한 직장 내 근로자 마음건강 지원체계 강화 방안으로는 근로자건강센터와 직업트라우마센터를 통해 자살 및 직장 내 괴롭힘 상담을 지원하고, 온・오프라인 상담 확대 및 심리취약 근로자 대상 특화 프로그램 개발, EAP 활용 우수기업 포상 및 우수사례 홍보 등을 통해 기업 인식 개선을 유도하고, 직장 내 괴롭힘 예방 캠페인을 강화하여 건강한 근로문화 확산을 도모하는 것을 포함한다. 한편, 정신건강 고위험 직군에 대한 보호 강화 방안으로는 고위험 직군(예 : 콜센터직원, 마트판매원 및 계산원, 객실승무원, 민원담당자, 간호사, 보육

교사 등)에 대한 우울/불안/스트레스 정기 일반검진 제공과 심리상담 서비스 지원, 고위험 업종 및 직종별 감정노동 근로자에 대한 보호조치 실태조사 및 개선지도 컨설팅, 그리고 고객의 갑질, 언어폭력 등으로 인한 트라우마 예방을 위한 캠페인 등이 있다.

이를 추진하기 위해 정부는 관계부처 합동으로 2024년 6월「정신건강정책 혁신방안」의 세부 이행계획을 발표하였다. 여기에는 직장인 마음건강 관리 지원을 위해 아래와 같이 크게 3가지 측면의 목표를 제시하였다. ① 근로자 마음건강 관리 인프라 조성, ② 근로자 지원 프로그램(EAP) 서비스 확충 및 홍보 추진, ③ 정신건강 고위험직군 근로자 보호 강화이다. 이 중 인프라 조성에는 직업트라우마센터를 14개소에서 24개소로 확대하고, 일반건강진단 검사 항목에 정신건강 검사를 추가하는 내용이 포함된다. EAP 서비스 확충은 EAP 현황조사와 발전방향 연구, 서비스 확충, 대기업 참여 유도 및 우수기업 포상과 홍보, 심리취약계층 맞춤형 프로그램 운영을 포함한다. 고위험직군 보호 강화는 정신건강검진 및 심리상담 지원, 감정노동 보호 컨설팅 및 매뉴얼 발급, 온라인 마음건강 자가진단 및 심리안정지원 콘텐츠 제공 등을 통해 추진한다.

2. 정부 산하기관에서의 근로자 정신건강 증진 프로그램

가. 근로자건강센터

근로자건강센터는 50인 미만의 소규모 사업장의 근로자들을 대상으로 건강 보호 및 증진 사업을 추진하는 기관으로, 관리주체는 산업안전보건공단이며, 2024년 7월 현재 전국에 45개소가 위탁 운영되고 있다. 이 센터들은 근로자의 정신건강을 증진시키기 위해 심리상담, 스트레스 관리 프로그램 등을 제공한다. 심리상담 서비스는 소규모 사업장의 근로자들도 접근할 수 있도록 하여, 개인적인 문제나 직무 스트레스로 인한 어려움을 해결할 수 있도록 지원한다. 스트레스 관리 프로그램은 워크숍, 세미나, 그룹 활동 등을 통해 근로자들이 스트레스를 인식하고 관리할 수 있도록 돕는다. 소규모 사업장에 대한 정신건강 관련 설문과 상담을 통해 근로자의 전반적인 건강

〈표 4-5〉 정신건강 관련한 근로자건강센터 서비스 내용

주제	서비스 내용
직무 스트레스 예방관리 상담	· 심리검사(스트레스, 성격유형, 감정 스트레스 수준, 우울, 불안, 수면장애 등) · 검사 결과를 기반으로 한 1 : 1 상담(6회 이내, 대면 · 비대면) · (일부 센터) 사업장 내 그룹 상담 · 심신 이완 훈련(명상, 복식호흡 등) · (일부 센터) 집단교육(의사소통, 대인관계, 미술작업, 스트레스 반응조절 등 복식호흡, 명상 등)
작업(근로)환경 관련 상담	· 산언안전보건법에서 정한 안전보건교육 · 보건관리자 업무지원(산업안전보건법상 의무사항 안내, 법률 이행 여부 확인, 서식 및 자료 제공 등) · 근로환경 개선 관련 한국산업안전보건공단 지원사업 및 프로그램 안내 · (일부 센터) 참여형 개선기법[14]을 적용한 근로환경 개선 상담 · 근로자 대상으로 참여형 개선 활동 원리 안내 · 비슷한 작업 현장 모범 사례 정보 제공 · (일부 센터) 인체공학적 근로환경 조성 컨설팅
생활습관 개선 및 근골격계 질환 예방 상담	· 개인별 운동처방 및 지도 · 집단 운동 프로그램(필라테스, 요가, 스트레칭 등)

자료 : 김수경 외(2022).

상태를 모니터링하고, 필요시 적절한 조치를 취한다. 또한 사업장 단위의 정신건강 증진 교육, 조직평가 등을 제공하고 있다. 이를 통해 근로자건강센터는 소규모 사업장의 근로자들이 건강한 생활을 유지하고, 직무 스트레스를 효과적으로 관리할 수 있도록 지원하고 있다.

센터별로 상황은 다르나 센터 인력은 보통 직업환경의학전문의, 간호사, 산업위생관리기사, 물리치료사, 운동처방사, 상담심리사, 임상심리사 등 직업건강 전문가로 구성된다. 모든 근로자가 센터를 이용할 수 있으나 설립 취지상 50인 미만 사업장 근로자를 우선 이용 대상으로 하며, 근로자의 이

---

14) 참여형 개선기법(PAOT : Participatory Action-Oriented Training)은 참여자들의 개선 원리 및 방법에 관한 리스트 작성, 모범사례 공유, 그룹 토의 등의 과정을 통해 참여자 스스로 문제점과 그에 적합한 해결방안을 찾아내도록 하는 체계화된 참여 유도 방법론이다(Khai et al., 2001).

용 편의를 고려하여 대개 오전 9시부터 오후 9시까지 운영된다. 주로 직종별 건강 위험요인을 파악하여 근로자에게 다양한 건강 관련 서비스를 제공하는 역할을 하는데, 구체적인 업무는 다음과 같다(고용노동부, 2022a; 한국산업안전보건공단, n.d.).

- 직종별 유해요인 파악을 통한 직업병 예방 관련 상담
- 건강진단 결과에 따른 사후관리 및 건강상담
- 뇌심혈관질환 예방관리 상담
- 직무 스트레스 예방관리 상담
- 작업환경(작업관리)과 관련한 상담
- 안전보건교육 등
- 이동 건강상담 등

센터가 제공하는 세부 서비스 중, 정신건강과 관련한 내용을 위주로 정리하면 〈표 4-5〉와 같다. 서비스의 일부는 근로자건강센터 인력이 근로자가 일하는 사업장에 찾아가는 방식으로 제공되기도 하나, 여전히 대부분의 서비스는 근로자가 서비스 신청 후 근로자건강센터에 직접 방문하거나, 사업주가 직접 서비스를 신청해야 하는 방식으로 제공되고 있어, 정신건강 문제를 경미하게 경험하는 대다수 근로자를 대상으로 하기에는 다소 한계가 있다(김수경 외, 2022).

나. 직업트라우마센터[15)]

직업트라우마센터는 근로자가 직무 수행 중 겪는 다양한 심리적 외상(트라우마)과 그로 인한 정신건강 문제를 체계적으로 관리하고 지원하기 위해 설립된 기관이다. 2024년 7월 현재 전국에 14개소가 개설되어 있고, 지역별 근로자건강센터와 연계되어 운영되고 있다. 이 센터는 근로자의 정신적 안정을 도모하고, 직무 스트레스와 외상 후 스트레스 장애(PTSD) 등을 효과적으로 관리하여 근로자가 안전하고 건강하게 직무를 수행할 수 있도록 돕는다.

---

15) 한국산업안전보건공단, https://www.kosha.or.kr/kosha/business/workTraumaCenter.do(접속일 : 2024. 8. 14.).

직업트라우마센터는 다양한 프로그램과 서비스를 통해 근로자의 정신건강을 지원하고 있다. 주요 기능과 역할로는 심리상담 및 치료, 스트레스 관리 교육 및 훈련, 예방 프로그램 및 캠페인, 연구 및 평가, 지원 네트워크 구축 등이 있다. 먼저, 심리상담 및 치료는 근로자가 직무 중 겪는 심리적 외상에 대해 전문적인 심리상담과 치료를 제공한다. 대면 상담뿐만 아니라 전화, 온라인 상담 등 다양한 방식으로 제공되며, 근로자가 편안하게 접근할 수 있도록 한다. 심리적 외상이 심각한 경우, 전문적인 치료를 통해 외상 후 스트레스 장애(PTSD)와 같은 정신건강 문제를 관리한다.

스트레스 관리 교육 및 훈련은 근로자들에게 스트레스 인식과 관리 방법에 대한 교육을 제공하여 스트레스에 효과적으로 대처할 수 있도록 지원한다. 이는 워크숍, 세미나, 온라인 교육 등을 통해 이루어진다. 또한 직무 스트레스와 관련된 다양한 훈련 프로그램을 통해 근로자가 스트레스 상황에서 적절히 대처할 수 있는 능력을 배양한다. 예방 프로그램 및 캠페인은 직무 수행 중 발생할 수 있는 심리적 외상을 예방하기 위한 다양한 프로그램과 캠페인을 운영한다. 근로자가 외상 상황을 사전에 인식하고 예방할 수 있도록 교육하고, 심리적 응급 상황에 대비할 수 있는 방안을 마련한다. 예방 캠페인을 통해 근로자와 사업주 모두에게 직무 스트레스와 심리적 외상에 대한 이해를 높이고 건강한 직장 문화를 조성할 수 있도록 돕는다.

연구 및 평가는 직무 스트레스와 심리적 외상에 대한 연구를 통해 근로자의 정신건강 문제를 체계적으로 분석하고, 효과적인 관리 방안을 마련하기 위함이다. 근로자의 정신건강 상태를 주기적으로 평가하고, 개선방안을 도출하는 데 중점을 둔다. 연구 결과를 바탕으로 새로운 프로그램을 개발하고, 기존 프로그램을 개선하여 근로자의 정신건강을 지속적으로 지원한다. 아울러 근로자가 직무 스트레스와 심리적 외상을 극복할 수 있도록 다양한 지원 네트워크를 구축한다. 여기에는 다른 건강센터, 정신건강 전문가, 지역사회 자원 등과 협력하여 종합적인 지원을 제공하는 것을 포함한다. 필요한 경우, 근로자들이 적절한 지원을 받을 수 있도록 연계 서비스를 제공하여 정신건강 문제를 신속하게 해결할 수 있도록 돕는다.

직업트라우마센터의 성과는 다양한 사례를 통해 입증되고 있다. 예를 들어, 특정 기업의 근로자들이 심리적 외상(예 : 직장 내 화재, 직장동료의 자살 목격 등)을 겪은 후 직업트라우마센터의 지원을 받아 빠르게 회복할 수 있었다. 이는 심리상담과 스트레스 관리 프로그램을 통해 근로자가 심리적 안정을 되찾고, 업무에 복귀할 수 있도록 도운 사례이다. 이러한 사례들은 직업트라우마센터의 중요성과 효과를 보여주며, 근로자의 정신건강 관리에 있어 중요한 역할을 하고 있다.

〈표 4-6〉 전국 직업트라우마센터

기관명	소재지
인천 직업트라우마센터	인천광역시 남동구 남동대로 215번길 30 (인천종합비지니스센터 4층)
부천 직업트라우마센터	경기도 부천시 오정구 삼작로 22 (부천테크노파크 단지 관리동 3층)
경기서부 직업트라우마센터	경기도 시흥시 공단1대로 247 (KT시화지점 3층)
경기동부 직업트라우마센터	경기도 성남시 중원구 둔촌대로 457번길 8 (성남산업단지관리공단 12층)
대전 직업트라우마센터	대전광역시 유성구 테크노3로 65 (한신에스메카 1층)
대구 직업트라우마센터	대구광역시 달서구 성서공단로 217 (대구비지니스센터 7층)
광주 직업트라우마센터	광주광역시 광산구 하남산단 3번로 133-8 (하남근로자종합복지관 2층)
경남 직업트라우마센터	경남 창원시 성산구 완암로 50 (창원SK테크노파크 2동 11층)
울산 직업트라우마센터	울산광역시 울주군 온산읍 덕남로 90
충남 직업트라우마센터	충남 천안시 서북구 백석3로 35 YJ빌딩 2층
전북 직업트라우마센터	전북 전주시 덕진구 유상로 47 (KT팔복지사 2층)
제주 직업트라우마센터	제주특별자치도 제주시 중앙로 165 (제주고용복지플러스센터 3층)
경기북부 직업트라우마센터	경기도 양주시 남면 검준길 82 (검준공단지원센터 4층)
거제 직업트라우마센터	경남 거제시 거제중앙로 1865 (서호빌딩 5층)

자료 : 한국산업안전보건공단, https://www.kosha.or.kr/kosha/index.do(접속일 : 2024. 8. 14.).

근로자건강센터와 마찬가지로 서비스는 근로자 또는 사업장이 신청한 경우에 제공되는 경우가 많으나, 사건 · 사고가 발생한 사업장에 심리상담사를 파견하여 사업장 전 직원 대상의 심리안정화 교육을 제공하거나 사업장 인근에 이동 심리상담소(예 : 이동버스 등)를 별도 배치하여 밀착 지원이 제공될 수 있도록 하는 경우도 있다(고용노동부, 2021. 3. 16.). 외국인 근로자가 많은 사업장이 밀집된 지역의 경우, 직업트라우마센터에 대한 홍보물을 다양한 언어로 제공하기도 하며, 한국 생활을 하며 겪는 다양한 심리적 불안에 대한 대처 교육을 제공한다(인천 직업트라우마센터, 2024)

다. 근로복지공단 '중소기업 근로자지원프로그램(EAP) 사업'

근로복지공단의 중소기업 근로자지원프로그램(EAP : Employee Assistance Program)은 근로자의 직무만족도와 생산성에 부정적인 영향을 미칠 수 있는 문제들을 해결할 수 있도록 돕는 서비스이다. 이 프로그램은 전문상담원이나 관련 전문가에 의해 근로자의 문제를 파악하고 분석하여 상담 치료와 문제 해결 방법을 제시함으로써 근로자의 스트레스를 감소시키고 심인성 질환을 예방하는 것을 목표로 한다. 또한 소속 기업에게는 생산성 향상과 노무비용 절감의 효과를 제공하는 대표적인 기업복지 제도이다.

근로복지공단은 2009년부터 기업의 EAP 도입을 촉진하고 있으며, 근로자의 정신적 스트레스 해결을 지원하고자 타 EAP 전문기관과 협력하여 근로복지공단에서 운영하는 인터넷 사이트(근로복지넷)를 통해 EAP 상담 서비스를 300인 미만 중소기업과 소속 근로자에게 무상으로 제공하고 있다. EAP는 이미 미국 등 선진국에서 보편화된 제도로서, 기업이 소속 근로자의 직무만족이나 생산성에 부정적 영향을 미치는 다양한 문제를 근로자가 해결할 수 있도록 돕기 위해 자체적으로 도입하는 제도이다. 우리나라에서는 「근로복지기본법」 제83조에 따라 모든 기업이 이를 도입 및 실시하도록 권장하고 있다(윤진하 외, 2016).

EAP는 직장 부문, 개인 부문, 가정 부문, 기타 부문으로 나뉘어 다양한 서비스를 제공한다. 직장 부문에서는 직무 스트레스, 조직 내 관계 갈등, 업무과다, 이직 및 전직 지원 등의 문제를 다룬다. 개인 부문에서는 정서 성격,

재무 관리, 건강 관리 등의 문제를 다루며, 가정 부문에서는 자녀 양육, 부부 관계, 학업 정보 등의 지원을 제공한다. 기타 부문에서는 법률관계, 직장 내 성희롱 및 성폭력 상담 등의 문제를 다룬다.

필요시, 근로복지공단은 EAP 서비스를 온라인으로 제공하며, 조직 스트레스 진단(KOSS, WSRI)을 통해 개인용 보고서와 기업용 보고서를 제공한다. 이러한 보고서를 바탕으로 기업에 필요한 EAP 서비스를 제공하는데, 개인 상담, 집단 상담, 의사소통, 스트레스 대처 방법 등 정신건강 관련 교육 등이 포함된다.

〈표 4-7〉 근로복지공단 EAP 유형 및 서비스 분야

<table>
<tr><th colspan="6">근로복지공단 EAP 유형</th></tr>
<tr><th colspan="3">구 분</th><th>대 상</th><th>지원 내용</th><th>이용 기준</th></tr>
<tr><td rowspan="5">개인</td><td rowspan="4">온라인</td><td>게시판 상담</td><td rowspan="6">300인 미만
중소기업 및
소속 근로자</td><td rowspan="6">15개 분야
심리상담</td><td rowspan="5">1인당 연 7회,
회당 50분
(게시판 상담은
무제한)</td></tr>
<tr><td>희망드림톡
(카카오톡)상담</td></tr>
<tr><td>전화 상담</td></tr>
<tr><td>비디오 상담</td></tr>
<tr><td>오프라인</td><td>근로자 상담</td></tr>
<tr><td>기업</td><td>온오프
라인</td><td>교육/특강
(집단프로그램)</td><td>기업당
연 3회,
회당 60~90분</td></tr>
</table>

<table>
<tr><th colspan="3">개인 대상 상담 분야</th></tr>
<tr><th>직장 문제</th><th>개인 문제</th><th>가족 문제</th></tr>
<tr><td>· 직무 스트레스
· 조직 내 소통 능력
· 업무역량 강화
· 불만고객 응대
· 일·가정 양립
· 직장 내 괴롭힘</td><td>· 성격 진단
· 스트레스 관리
· 정서 문제
· 건강관리
· 대인관계
· 자살</td><td>· 부부 갈등
· 자녀 양육
· 기타(가족 내 정신질환, 부모 봉양 등)</td></tr>
</table>

<table>
<tr><th colspan="6">기업 대상 교육/특강 분야</th></tr>
<tr><th>스트레스</th><th>감정노동</th><th>가족</th><th>자살예방</th><th>직장 내
괴롭힘 예방</th><th>소통</th></tr>
<tr><td>· 스트레스 관리
· 명상
· 행복증진 프로그램</td><td>· 스트레스 관리
· 불만 고객 응대</td><td>· 자녀교육
· 부모교육
· 부부관계</td><td>· 우울증
· 자살예방</td><td>· 직장 내 괴롭힘</td><td>· 조직 내 소통능력
· 대인관계</td></tr>
</table>

자료 : 근로복지공단 · 휴노컨설팅(2023).

〈표 4-7〉에 EAP 유형 및 서비스 분야와 관련한 내용이 정리되어 있으며, 이외에도 기업 대상으로 특화 프로그램(생명존중 프로그램, 외국인 근로자 대상 힐링프로그램, 맞벌이 부모 근로자 대상 부모-자녀 간 문화체험 프로그램 등)을 제공하거나, 기업 스트레스 관리 프로그램[16], 마음돌봄 캠프(휴식이 필요한 일부 감정노동 근로자를 대상으로 1박 2일간 미술치료, 운동처방, 명상 등의 프로그램을 제공) 등도 제공된 바 있다(근로복지공단 · 휴노컨설팅, 2023). 정부는 사업장 전반의 EAP가 활성화될 수 있도록 EAP 제공 현황을 조사하여 우수 사업장에 포상하거나, 우수사례가 확산될 수 있도록 홍보할 계획이다(관계부처 합동, 2023a).

라. 국민건강보험공단 사업장 건강검진 내 정신건강 검사

사업주는 생활습관과 관련한 질환을 조기 발견하는 등 근로자의 건강관리를 위하여 건강진단을 실시해야 하며[17], 이를 실시하지 않는 사업주 또는 근로자에게는 과태료가 부과된다. 사무직 근로자는 2년에 1회, 그 밖의 비사무직 근로자는 1년에 1회 검진을 받아야 하며, 비용은 전액 국민건강보험공단이 부담한다(국민건강보험공단, 2024). 건강진단에서는 신체계측, 시력 · 청력검사, 혈압, 혈액 등 다양한 항목에 대한 검사가 이루어지는데, 그 중 정신건강과 관련한 항목은 우울증 한 가지 항목으로 10년에 1회, 한글판 Patient Health Questionnaire-9(PHQ-9) 검사를 통해 자기기입식으로 이루어진다. 검사 결과 이상이 있는 대상자에 대해서는 「우울증상과 극복방법」이라는 팸플릿을 제공하거나 가까운 정신건강의학과 병의원 또는 정신건강복지센터의 서비스를 안내하는 등의 정보를 제공하고 있다. 검사 결과에 대한 타인의 열람은 엄격히 금지되어 있다(국민건강보험공단, 2020). 정신건

---

16) 대상기업 전용 온라인 우울 · 불안 · 직무 스트레스 검사 플랫폼을 제공하여 근로자들에게 수검토록 한 뒤, 개인별 결과보고서 및 조직 진단 보고서를 제공한다. 고위험군 근로자에게는 1 : 1 상담을 제공하며, 조직 분석을 통해 조직 단위에서 직원들의 스트레스를 경감하기 위한 조치들이 이행될 수 있도록 한다(근로복지공단 · 휴노컨설팅, 2023).

17) 근거법령 : 「국민건강보험법」 제52조(건강검진), 「산업안전보건법」 제129조(일반건강진단) 등.

강검진 주기가 10년당 1회로 길어 국민이 손쉽게 본인 정신건강 상태를 알 수 있는 기반이 부족하다는 지적에 따라, 2025년부터는 청년층(만 20~34세)을 대상으로 2년 주기 정신건강 검진이 시행될 예정이며 향후 단계적으로 연령 범위를 확대할 계획이다. 또한 우울증 이외에도 조현병, 조울증을 추가하여 검사대상 질환을 확대하며, 병의원 및 정신건강복지센터 등에서 연계 서비스(치료, 상담 등)가 이루어질 수 있도록 사후관리를 활성화할 예정이다(관계부처 합동, 2023b).

3. 그 밖에 예방 및 관리 프로그램

가. 정신건강 위험요인에 대한 예방 활동

정부는 근로자들이 직장 내에서 겪을 수 있는 다양한 정신건강 위험 상황(직장 내 괴롭힘, 성희롱, 장시간 근로, 평가 · 인사 등)에 대한 예방, 대처 방법을 캠페인으로 알리거나, 가이드라인 및 교육 자료를 만들어 배포하는 활동을 하고 있다.

우선 직장 내 괴롭힘이란 '직장에서의 지위 또는 관계 등의 우위를 이용하여 업무상 적정범위를 넘어 다른 근로자에게 신체적 · 정신적 고통을 주거나 근무환경을 악화시키는 행위'[18]를 의미하며, 이는 2018년 말 「근로기준법」 개정을 통해 법의 테두리 안에 들어오게 되었다. 이 법에 따르면 직장 내 괴롭힘 발생 시에는 피해자가 아닌 누구든지 사용자에게 신고할 수 있으며, 사용자는 이에 대한 조사를 시행, 피해근로자 보호를 위한 적절한 조치를 취할 의무가 있고, 그렇지 않을 경우 과태료가 부과된다. 그런데 고용노동부에 따르면 이 법의 취지는 직장 내 괴롭힘을 법으로 금지하되 사업장이 각자의 상황에 맞게 취업규칙을 정하고, 직장 내 괴롭힘 방지를 위한 사업장의 자발적 노력을 유도하는 데 있다(고용노동부, 2023). 따라서 사업주나 근로자의 직장 내 괴롭힘에 대한 인식 제고 및 인식 개선을 유도하는 것이 가장 중요한 지점에 해당하는데, 이에 고용노동부는 법이 사업장 현장에서

18) 「근로기준법」 제76조의2.

잘 안착될 수 있도록 직장 내 괴롭힘의 개념, 예방, 발생 후 대응 절차에 대한 맞춤형 교육자료를 제작하여 사업장에 배포하거나, 전문 강사를 통한 방문・실시간 화상 교육을 제공하거나, 사업장 내 관련 업무담당자 대상 역량강화 교육을 무상으로 제공하는 등의 노력을 펼치고 있다(고용노동부, 2024. 2. 1.). 또한 직장 내 괴롭힘 사건 발생할 시에 각 지역 노동(지)청을 통해 근로감독관을 배치하여 관련 조사를 시행, 피해 근로자에게 심리 상담이나 전문적 법률 상담 등도 제공될 수 있도록 연계하고 있다(고용노동부, 2024. 2. 5.).

이 외에도 고용노동부와 한국산업안전보건공단은 직장 내 성희롱 예방・대응 매뉴얼(고용노동부, 2024), 장시간 근로자 보건관리 지침(한국산업안전보건공단, 2021) 등을 배포하여 근로자의 정신건강 상태에 영향을 미칠 수 있는 다양한 정신건강 위험요인에 대한 개선을 유도하고 있다. 정신건강 정책 혁신 방안의 일환으로, 향후 정부는 이러한 지침 및 매뉴얼을 한데 모은 '통합정신건강 예방・증진 가이드라인'을 제작하여 배포할 예정이다(관계부처 합동, 2023a).

나. 고위험 직군에 대한 관리

정부가 2023년 발표한 정신건강정책 혁신방안에는 콜센터직원, 마트판매원 및 계산원, 객실승무원, 민원담당자, 간호사, 보육교사 등 소위 '감정노동'을 수행하는 근로자에 대한 보호를 강화하겠다는 내용이 들어있다. 구체적으로 지원책은 세 가지 유형으로 구분되는데, 첫 번째는 이들 직군에 대한 우울, 불안, 스트레스 검사를 실시하고 그 결과에 따른 상담서비스를 제공한다는 내용이고 두 번째는 이들 근로자가 근무하는 사업장을 대상으로 근로자 보호조치에 대한 실태조사를 실시, 개선 사항에 대한 컨설팅을 제공한다는 내용이다. 마지막은 국민 대상으로 감정노동 근로자에 대한 갑질, 언어, 신체적 폭력 등의 행동을 예방하기 위한 인식 개선 캠페인을 시행한다는 내용이다(관계부처 합동, 2023a).

감정노동 근로자들이 근무 과정 중 겪는 어려움에 대한 이슈는 2010년대 들어 노동계의 중요한 화두 중 하나였고, 이에 2018년부터는 '감정노동자 보호법'[19]이 시행되어 고객과 대면하거나 정보통신망을 통해 고객을 응대

〈표 4-8〉 감정노동자 보호법에 따른 사업주의 근로자 보호 의무 : 예방조치 및 사후조치

분류	내용
예방조치[20]	· 폭언 등 금지요청 문구 게시 또는 음성 안내 · 고객응대 업무 매뉴얼 마련 · 매뉴얼 및 건강장해 예방 교육(필수포함 내용 : 고객응대관리 규정, 문제 해결과 관리방법, 직무 스트레스 관리와 정신건강 증진)
사후조치[21]	· 업무 일시 중단 또는 전환 · 휴게시간의 연장 · 폭언 등으로 인한 건강장해 관련 치료 및 상담 지원 · 고소 · 고발 등에 필요한 지원

자료 : 김수경 외(2022).

하는 근로자를 보호하도록 하고 있다. 법률에 따른 사업주의 의무는 〈표 4-8〉과 같다.

단, 문제가 발생하고 난 뒤에서나 사업주가 의무를 잘 이행하고 있는지를 점검하는 '소 잃고 외양간 고치는 식'의 대응을 하고 있는 실정이라 법이 있어도 잘 지켜지고 있지는 않다는 지적은 다수 제기되어왔다(김수경 외, 2022; 김양원, 2021). 감정노동 근로자에 대한 존중의 태도와 행동을 유도하기 위한 대국민 캠페인도 감정노동자 보호법과 함께 시행되어 왔는데, 실제로 이는 국민의 인식 수준 제고에 일정 부분 기여했다고 평가받았다(김수경 외, 2022).

다. 특수직군 공무원(교원, 군 · 경찰 · 소방)에 대한 마음건강 지원

정부는 '정신건강정책 혁신방안'을 통해 교원의 마음건강을 회복하기 위한 지원체계를 마련하기로 하였다. 2024년부터 교육부를 통해 전체 교원 대상으로 심리검사 도구를 개발 · 보급하고, 그 결과에 따른 상담과 치료를 정례화한다는 내용을 포함했다. 또한 고위험군(예 : 악성 민원 등으로 인한 트

---

19) 「산업안전보건법」 제41조.

20) 근거법령 : 「산업안전보건법 시행규칙」 제41조(고객의 폭언 등으로 인한 건강장해 예방조치).

21) 근거법령 : 「산업안전보건법 시행령」 제41조(제3자의 폭언 등으로 인한 건강장해 발생 등에 대한 조치).

라우마를 경험하는 교사)이나, 고위험 학교(예 : 자살사고 발생 학교) 대상으로는 마음안심버스를 배치하거나, 현장 개입을 지원하는 등 상담에 대한 접근성을 확대한다는 내용을 포함하였다(관계부처 합동, 2023a). 교원 외에도 군 · 경찰 · 소방 등 특수직군 공무원 대상으로도 심리검사 정례화, 심리상담을 확대할 계획이다(관계부처 합동, 2023a). 구체적으로는 군 장병 대상으로는 '마음건강서비스' 앱을 개발 · 제공하고 있는데, 앱을 통해 병영일기장을 작성하여 스스로 마음 상태를 분석할 수 있게 하거나, 상담 챗봇 서비스를 제공하거나, 국방헬프콜을 통해 심리상담서비스와 센터를 안내하거나, 마음챙김 콘텐츠를 제공하고 있다. 경찰에 대해서는 2013년부터 시범 운영되기 시작하여 현재 각 시도 경찰청별로 1개소씩 운영되는 중인 '마음 동행센터'가 있는데, 이는 직무 수행 중 스트레스와 트라우마를 겪기 쉬운 경찰들에 대한 전문적 상담과 치료를 제공하는 시설이다. 최근 들어서는 현재 인프라로는 늘어나는 수요를 감당하기 어렵다는 요구에 따라, 센터를 추가 개설할 계획에 있다(박우진, 2024). 그 밖에도 소방공무원을 위해서는 2026년 개원 예정인 국립소방병원 내 정신건강센터를 설치한다. 소방공무원 대상으로는 '마음건강 진료비 지원 프로그램'이 시행되고 있어, 이들이 정신건강 관련 진료를 받았을 때 상담료, 검사료 등의 병원비와 약제비를 전액 지원하고 있다.

제4절 소 결

본 장에서는 WHO, ILO, OECD, 미국 CDC 등 공신력 있는 국제 · 해외 기구들에서 제시한 근로자 대상 정신건강 증진 가이드라인을 검토하였다. 다음으로는 근로자 대상의 정신건강 증진을 모범적으로 시행하고 있다고 평가되는 국가들의 정책 사례를 고찰하였다. 이어서 근로자 대상으로 시행되고 있는 국내의 정신건강 증진 정책들을 검토하였다.

미국, 유럽, 일본 등의 직업보건 선진국에서는 법령 및 지침을 통해 근로자의 정신건강 관리의 중요성과 원칙을 천명하고 있으며, 이를 통해 직장 내 스트레스 요인을 체계적으로 관리하고 근로자의 정신건강을 증진하고 있다.

앞서 국제적 가이드라인과 해외 정책에서 공통으로 강조되는 사항을 정리하자면 1) 근로자와 관리자 직급, 고용주의 정신건강 리터러시 제고 방안이 필요하다는 점, 2) 정책과 제도를 설계하는 데 근로자를 참여시켜야 한다는 점, 3) 주기적으로 근로자의 정신건강 상태를 검사하고, 그 결과를 기반으로 서비스를 제공해야 한다는 점, 4) 정신건강 문제에 대한 낙인과 차별 예방 조치가 필요하다는 점, 5) 효과성 평가 및 데이터 축적을 통한 연구를 통해 근거를 확립해야 한다는 점이다.

국내에서도 다양한 근로자 대상 정신건강 정책이 시행되고 있었고, 특히 정부가 2023년 말 발표한 「정신건강정책 혁신방안」을 통해 기존 시행되던 정책이 강화 · 활성화되거나, 새로운 정책을 도입하고 있다. 근로자의 정신건강 검사 주기가 짧아지고, 검사 이후 연계를 활성화한다는 내용, 공공의 서비스 제공 기관 수를 확대한다는 내용, (특수직군) 공무원을 대상으로 선제적으로 맞춤형 지원을 제공한다는 내용(예 : 교원 대상 심리검사 도구 개발 및 배포, 상담 치료 정례화, 경찰청 마음동행센터 확충, 소방청의 정신건강 관련 진료비 지원사업 등)은 강점이라고 판단되나, 개별 근로자 대상의 상담, 치료 등 사후적 조치 위주라는 점, 일반 근로자뿐만 아니라 고용주와 관리자 직급 대상의 정신건강 리터러시 제고에 대한 내용은 다소 부족하다는 점, 정책의 효과성 평가나 데이터 축적을 기반으로 한 연구를 통해 근거를 확립한다는 내용이 부재하다는 점은 향후 개선되어야 할 것으로 판단한다.

근로자의 정신건강 증진은 개인과 사업장, 국가 모두에게 중요한 과제로 다각적인 접근을 통해 효과적인 방안을 도출할 수 있다. 이를 위해 정신건강 예방 대책은 1차, 2차, 3차 예방으로 나뉘며, 직장 내 위험요인을 줄이고, 조기 발견 및 치료, 그리고 직장 복귀를 지원하는 방식으로 통합적 접근이 권장된다. 이러한 노력이 결합되었을 때 근로자의 정신건강을 효과적으로 보호하고 증진할 수 있다.

〈부표 4-1〉 WHO가 Guidelines on mental health at work를 통해 제시한 사업장 정신건강 증진 개입 권고안

개입 유형	내 용	근거 수준
조직 수준 개입	**보편적 조직 수준 개입** 참여적 접근 방식을 포함하는 개입을 포함하여 심리사회적 위험요인을 다루는 조직 수준 개입은 근로자의 정서적 고통을 줄이고 업무 성과 개선을 위한 전략으로서 고려될 수 있음	조건부 권고, 확실성이 매우 낮음
	보건, 인도주의 및 응급 종사자를 위한 조직 수준 개입 심리사회적 위험요인을 다루는 조직적 개입(예 : 업무량 감소, 스케줄 변경, 커뮤니케이션 및 팀워크 개선)은 이들 종사자의 정서적 고통을 줄이고 업무 성과 개선을 위한 전략으로 고려될 수 있음	조건부 권고, 확실성이 매우 낮음
	정신건강 문제가 있는 근로자를 위한 조직 수준 개입 국제 인권 원칙에 따라, 정신사회적 장애를 포함한 정신건강 문제가 있는 근로자에게는 합리적 업무 조정이 시행되어야 함	강력한 권고, 확실성이 매우 낮음
관리자 직급을 위한 개입	**정신건강에 대한 관리자 교육** 근로자의 정신건강 지원을 위한 관리자 교육은 관리자의 정신건강에 대한 지식, 태도 및 행동을 개선하고 직원의 도움 요청 행동을 개선하기 위해 제공되어야 함	강력한 권고, 중간 수준의 확실성
	보건, 인도주의 및 비상 근무자를 위한 관리자 교육 보건, 인도주의 및 비상 근무자의 정신건강을 지원하기 위한 관리자 교육은 관리자의 정신건강에 대한 지식, 태도 및 행동을 개선하기 위해 제공되어야 함	강력한 권고, 중간 수준의 확실성
근로자를 위한 개입	**정신건강 리터러시 및 인식에 대한 근로자 교육** 정신건강 리터러시 및 인식에 대한 근로자 교육은 낙인찍는 태도를 포함하여 교육생의 정신건강 관련 지식과 직장에서의 태도를 개선하기 위해 제공될 수 있음	조건부 권고, 확실성이 매우 낮음

〈부표 4-1〉의 계속

개입 유형	내 용	근거 수준
근로자를 위한 개입	**정신건강 리터러시 및 인식에 대한 보건, 인도주의 및 응급 종사자 대상 교육** 정신건강 리터러시 및 정신건강 인식을 제고하기 위한 보건, 인도주의 및 응급 종사자 교육은 정신건강에 대해 낙인을 찍는 태도를 포함하여 교육생의 정신건강 관련 지식과 태도를 개선하기 위해 제공될 수 있음	조건부 권고, 확실성이 매우 낮음
개별 근로자를 위한 개입	**보편적 개인 수준 개입** 스트레스 관리에 대한 근로자의 기술 습득을 목표로 보편적으로 제공되는 심리사회적 개입(예 : 마음챙김 또는 인지 행동적 접근 방식에 기반한 개입)은 근로자가 정신건강을 증진하고, 정서적 고통을 줄이며, 업무 효율성을 개선하기 위해 제공될 수 있음 저항 훈련, 근력 훈련, 유산소 운동, 걷기 또는 요가와 같은 여가 기반 신체 활동 기회는 근로자가 정신건강과 업무 능력을 개선하기 위해 제공될 수 있음	조건부 권고, 확실성이 매우 낮음
	보건, 인도주의 및 응급 종사자를 위한 개별 개입 스트레스 관리에 대한 근로자의 기술 습득을 목표로 보편적으로 제공되는 심리사회적 개입(예 : 마음챙김 또는 인지 행동적 접근 방식에 기반한 개입)은 보건, 인도주의 및 응급 종사자가 정신건강을 증진하고, 정서적 고통을 줄이며, 업무 효율성을 개선하기 위해 제공될 수 있음 스트레스 관리 및 자기 관리 교육 또는 의사소통 기술 교육과 같은 심리사회적 개입은 정서적 고통을 겪고 있는 보건, 인도주의 및 응급 종사자에게 제공될 수 있음	조건부 권고, 확실성이 매우 낮음
	정서적 고통을 겪는 근로자를 위한 개별 개입 정서적 고통을 겪는 근로자의 경우, 마음챙김이나 인지 행동적 접근 방식, 문제 해결 훈련과 같은 심리사회적 개입을 고려하여 증상을 줄이고 업무 효율성을 개선할 수 있음 정서적 고통을 겪는 근로자의 경우, 유산소 운동 및 근력 운동과 같은 신체 운동을 제공하여 이러한 증상을 줄일 수 있음	조건부 권고, 확실성이 매우 낮음

〈부표 4-1〉의 계속

개입 유형	내 용	근거 수준
정신건강 상태와 관련된 결근 후 직장 복귀를 위한 권장 사항	**정신건강 문제 관련 결근 후 직장 복귀** 정신건강 문제와 관련하여 결근한 사람의 경우, 증상과 결근일수 감소를 위해 (a) 업무 지향 치료와 근거 기반 정신건강 임상 치료 또는 (b) 근거 기반 정신건강 임상 치료를 제공할 수 있음	조건부 권고, 확실성이 매우 낮음
정신건강 문제가 있는 사람들의 취업을 위한 권장 사항	심리사회적 장애를 포함한 심각한 정신건강 문제가 있는 사람들이 취업을 유지하고 취업할 수 있도록 직업 및 경제적 포용성을 강화하는 회복 지향적 전략(예 : (증강된) 지원 고용)을 제공해야 함	강력한 권고, 확실성이 매우 낮음

자료 : World Health Organization(2022a), “WHO guidelines on mental health at work”.

제 5 장
국내외 정신건강 증진 우수사례

제1절 해외 우수사례 : 주요 기업의 정신건강 프로그램

1. 미 국

미국의 산업안전보건 주관기관인 OSHA는 근로자의 정신건강을 보호하기 위해 다양한 규정과 지침을 제공하고 있으며, 이를 통해 근로자는 직장에서의 정신적 건강을 보호받을 수 있고, 사업주는 근로자의 건강과 안전을 보장하기 위해 필요한 조치를 취할 수 있다. 대표적인 우수사례를 소개하면 다음과 같다.

가. 구 글

'Life Coaching Center'는 근로자들이 일상생활에서 겪는 스트레스와 정신적 어려움을 해결할 수 있도록 돕는 핵심 시설이다. 이 센터는 심리상담, 스트레스 관리 교육, 명상 프로그램 등을 제공하며, 근로자들이 자유롭게 상담받을 수 있는 다양한 채널을 마련했다. 심리상담은 전문상담사를 통해 이루어지며, 대면 상담, 전화 상담, 온라인 상담 등 다양한 방식으로 제공되어 근로자들이 편리하게 접근할 수 있다. 스트레스 관리 교육에서는 근로자들이 스트레스의 원인과 증상을 이해하고, 효과적으로 대처하는 방법을 배우도록 돕는다. 교육 내용에는 스트레스 해소 기법, 심리적 회복력 강화, 건강한 생활 습관 형성 등이 포함된다. 명상 프로그램은 근로자들이 마음의 안정을 찾고, 집중력을 향상하는 데 도움을 준다. 정기적인 명상 세션을 통해 근로자들은 정신적 피로를 해소하고 보다 긍정적인 마음가짐을 유지할 수 있다.

구글은 또한 'Search Inside Yourself' 프로그램을 통해 명상과 마음챙김을 장려하고 있으며, 이를 통해 직원들의 자기 인식과 감정 조절 능력을 향상하고 집중력과 창의력을 높일 수 있도록 돕는다. 이 프로그램은 강력한 과학적 연구에 기반하여 설계되었으며, 많은 직원들이 참여하여 큰 호응을 얻고 있다.

유연한 근무 환경을 제공하는 것도 구글의 핵심적인 정책 중 하나이다. 이는 재택근무, 유연근무제, 자율 출퇴근제 등을 포함하여 직원들이 일과 생활의 균형을 유지할 수 있도록 지원한다. 유연한 근무 환경을 통해 직원들은 개인적인 필요와 업무 요구를 균형 있게 조절할 수 있으며, 이는 전반적인 정신건강에 긍정적인 영향을 미친다.

나. 마이크로소프트

마이크로소프트의 종합적인 정신건강 지원 프로그램은 직원들이 정신건강 문제를 효과적으로 관리할 수 있도록 돕는 핵심 프로그램이다. 이 프로그램은 심리상담 서비스, 정신건강 관련 교육 및 워크숍, 스트레스 관리 지원 등을 포함한다. 심리상담 서비스는 전문상담사를 통해 제공되며, 대면상담, 전화 상담, 온라인 상담 등 다양한 방식으로 이루어져 직원들이 쉽게 접근할 수 있다. 정신건강 관련 교육 및 워크숍은 직원들로 하여금 정신건강에 대한 이해를 높이고, 스트레스를 효과적으로 관리하는 방법을 배우도록 돕는다. 교육 내용에는 스트레스의 원인과 증상, 스트레스 해소 기법, 심리적 회복력 강화 등이 포함된다.

또한 마이크로소프트는 Employee Assistance Program(EAP)을 통해 직원들이 직무 스트레스, 개인적인 문제, 재정적 어려움 등에 대해 전문가의 도움을 받을 수 있도록 지원한다. EAP는 심리상담, 스트레스 관리 교육, 재정상담 등 다양한 서비스를 제공하여 직원들의 전반적인 정신건강을 증진시킨다. 이를 통해 직원들은 업무와 개인 생활에서 겪는 스트레스를 효과적으로 관리한다.

이뿐만 아니라 마이크로소프트는 정신건강 인식 캠페인을 통해 직원들이 정신건강의 중요성을 인식하고, 정신건강 문제에 대해 열린 마음으로 이야기할 수 있는 문화를 조성하고 있다. 정기적으로 정신건강 관련 세미나, 워크숍, 교육 세션 등을 개최하여 직원들로 하여금 정신건강에 대한 이해를 높이고 필요한 지원을 받을 수 있도록 돕는다.

마이크로소프트에서도 마찬가지로 유연근무제도와 충분한 휴식을 지원하여 직원들이 일과 생활의 균형을 유지할 수 있도록 돕는다. 직원들은 재택근무, 유연근무제, 자율 출퇴근제 등을 활용하여 개인적인 필요와 업무 요구를 균형 있게 조절할 수 있다. 유연근무제도는 직원들이 업무와 개인 생활을 조화롭게 유지할 수 있도록 돕는 중요한 정책이다. 마이크로소프트는 또한 직원들이 적절한 휴식을 취할 수 있도록 연차 휴가와 유급 휴가를 충분히 제공하며, 이를 통해 정신적 피로를 해소하고 전반적인 정신건강을 증진하도록 돕는다.

2. 유 럽

유럽 각국의 사례들은 근로자들의 정신건강을 보호하고 증진하기 위한 다양한 접근 방식을 보여주고 있다. 핀란드의 총체적인 웰빙 프로그램, 영국의 포드 공장 사례, 독일의 스트레스 예방 프로그램과 건강 서클 등이 모두 근로자의 정신적 안정과 건강을 증진하기 위한 중요한 모델들이다.

가. 핀란드 : 노키아(Nokia)

핀란드는 근로자 정신건강 증진을 위해 ‘총체적인 웰빙 프로그램’을 운영하고 있다. 이 프로그램은 핀란드의 대표적인 통신 기업인 노키아(Nokia)에서 시행되고 있다. 주요 내용은 질병으로 인한 근로 손실일수, 산업재해, 직업병 통계를 작성하고, 체계적인 건강검진을 통해 정기적으로 재활의 필요성을 평가하는 것이다. 또한 직원들의 업무 상태를 파악하여 낮은 점수를 받은 직원들의 경우 업무 향상을 위해 즉각 개입하는 방식으로 운영된다. 웰빙 프로그램의 참여자들은 정기적으로 평가를 받는다. 이 프로그램은 직무 스트레스 관리, 가족의 삶, 사회적 관계, 취미 활동 등을 포함하여 종합적인 접근 방식을 취하고 있다.

나. 독일 : 폭스바겐(Volkswagen)

독일은 근로자의 정신건강 관리를 위해 '스트레스 예방 프로그램'과 '건강 서클'을 운영하고 있다. 이 프로그램은 근로자의 직무 스트레스를 줄이고 건강을 증진하기 위한 종합적인 접근 방식을 취하고 있다. 독일 정부는 핀란드와 함께 유럽연합의 정신건강 관리 정책을 주도하고 있으며, 직무 스트레스 관리, 건강검진, 재활 프로그램 등을 통해 근로자의 정신적, 신체적 건강을 전반적으로 지원하고 있다. 독일은 유럽 작업장 건강증진 네트워크(ENWHP : European Network for Workplace Health Promotion)의 활동에도 적극적으로 참여하고 있으며, 이를 통해 유럽 전역의 근로자 정신건강 증진을 위해 노력하고 있다.

폭스바겐(Volkswagen)은 그룹관리위원회와 중앙노사협의회에서 건강증진에 관한 가이드라인을 설정하고, 산업안전보건 및 건강증진에 직원 1인당 약 206마르크의 비용을 투자한다(2023년 기준). 기업 내 산업안전보건에 대하여 매년 논의를 개최하는데, 직업 건강검진 직원 설문조사뿐만 아니라 결근에 대한 분석 등의 자료를 이용한다. 또한 직원들은 보건그룹 참여, 특별워크숍, 설문조사 등을 통해 건강 활동에 참여하게 된다. 자세 교육, 리프팅/운반 교육과 휴식을 통해 직원들의 건강 상태를 고취하고, 직장 내 괴롭힘, 성희롱, 인종차별 등에 대하여 적극적으로 개입하였다(윤진하 외, 2016). 이러한 과정을 통하여 직장 내 물리적 스트레스가 실질적으로 감소하였는데, 이로 인해 백만 시간 작업당 산업재해 수가 13.7%에서 10.7%로 감소하고 건강률(health rate)은 91.6%에서 96%로 증가하는 등의 성과를 이루었다(Wilken and Breucker, 2000).

다. 영국 : 포드(Ford), Ernst & Young Global Limited

영국에서의 대표적인 사례로 포드(Ford) 공장이 있다. 포드 공장 내에는 근로자의 건강을 지원하는 건강센터(Health Center)가 있으며, 모든 근로자들이 무료로 이용할 수 있는 핵심 관리 상담 서비스(core care counseling service)를 제공하고 있다. 또한 근로자 교육지원 프로그램(EDAP : employee educational assistance program)을 통해 근로자들이 다양한 교육과 상담 서비스를 받을 수 있도록 지원하고 있다. 지역 자선단체인 MIND와 협력하여 근로자들의 정신건강 문제에 대한 상담과 지원을 제공하는 것도 중요한 부분이다. 영국의 통합노조(United Unions)는 '낙인(stigma) 없애기'와 '집단 워크숍' 등의 교육 활동을 통해 근로자들이 자신들의 건강 문제를 인식하고 이를 해결할 수 있도록 지원하고 있다(손미아 외, 2016).

Ernst & Young Global Limited(EY)는 런던에 본사를 둔 영국의 다국적 전문 서비스 파트너십 기업으로, 직원들의 정신건강 관리를 위해 'Better You' 프로그램을 개발했다. 이 프로그램은 신체적, 정서적, 사회적, 정서적 욕구를 지원하며 직원과 가족을 대상으로 최대 25회의 심리상담, 마음챙김 교육, 심리적 게임을 제공한다. 또한 EY는 직원들이 직무 스트레스를 더 잘 관리할 수 있도록 온라인 지원 도구 네트워크를 통해 도움을 제공하며, 직원들이 어려움을 겪고 있는지를 모니터링하고 지원하는 시스템을 구축하여 스트레스 관리와 정신건강 증진을 도모한다.

라. 프랑스 : 듀폰(DuPont)

프랑스의 듀폰(DuPont France)은 2005년부터 사회심리적 위험(PSR : PsychoSocial Risk) 관리자를 선임함으로써 직장 내 스트레스 예방에 앞장서 왔다. 예방의 방법은 3 · 2 · 1차 예방으로 구성되어 있다. 3차 예방은 개인 또는 그룹 지원, 경청 그룹 운영, 명상, 공식적인 불만 파악, 정리해고 계획이나 기능을 제대로 하지 못하는 팀에 동반되는 조치 등을 포함한다. 2차 예방은 조직원들에 대한 심리 · 사회적 위험/괴롭힘/갈등 상황/환경 변화/중독 자각 등에 대한 트레이닝 프로그램이다. 1차 예방은 관리 사례 워크숍,

인적자원이 정신건강 문제로 영향을 받지 않도록 하는 구조적 변화의 관리 등이 포함된다. 이러한 예방의 방법들은 PSR 관리자를 통하여 조화롭게 운영되고 있다(윤진하 외, 2016).

마. 네덜란드의 아지스(Agis Zorgverzekeringen)

아지스(Agis Zorgverzekeringen)사는 1,500명 규모의 회사로, 123만 명의 가입자를 가진 네덜란드의 주요 보험회사 중 하나이다. 임직원의 정신건강 증진을 위하여 고유의 '건강 행동 모형(Health Behavior Model)'을 개발하여 결근과 같은 사건이 없더라도 조기에 정신건강 문제를 발견하고 개선할 수 있었다. 아지스사는 정신건강 증진을 위하여 인트라넷을 활용한 정신건강 증진 활동 및 상담실 운영, 정신건강 문제 예방 및 발생 시 빠른 직장 복귀 지원, 인지 효율 교육(RET : Rational Effectiveness Training)을 통한 스트레스 조절 교육을 수행하였다(윤진하 외, 2016).

3. 아시아

가. 일본 : Advantage risk management group, 도요타(Toyota)

일본에서는 기업의 정신건강을 포함한 직원들의 건강 및 생산성 관리(Health and productivity management)를 위한 여러 전문서비스 제공업체가 있다. 일례로 Advantage risk management group은 직원들의 신체적, 정신적, 사회적 웰빙의 실현을 목표로 직무 스트레스 조사, 건강진단, 정신건강관리 등에 대한 종합적인 지원을 제공하는 회사이다.[22] 이 회사는 정신건강관리 분야에서 업계 점유율 1위로, 전체의 30% 정도를 차지하고 있다. 운영 방식은 크게 3단계로 되어 있는데, 첫째, '스트레스 체크', '업무몰입(참여) 조사', '건강검진' 등의 조사를 통해 개인 및 조직의 데이터를 효율적이고 종합적으로 수집하여 조직의 현황을 가시화한다. 둘째, 여러 데이터 세트

22) Advantage risk management group, https://www.armg.jp(접속일 : 2024. 8. 21.).

를 교차 분석하고 전문 지식을 바탕으로 분석을 진행함으로써 단일 설문조사로는 확인할 수 없는 '본질적인 이슈'를 발견한다. 셋째, 직원들의 웰빙을 방해하는 모든 문제에 대해 여러 가지 관점에서 해결책을 제공한다. 이후 다시 1번으로 돌아가서 재평가하고, 개선을 지속한다. 특히, 정신건강 관련해서는 아래와 같은 서비스를 제공한다.

① 스트레스 체크 : 조직 개선 서비스, 빅데이터 분석 기반
② 설문조사 : 다양한 각도로 조직 상태를 시각화하고 PDCA 사이클을 가속화
③ 상담 서비스 : 24시간 상담 가능, 전화, 이메일, SNS로 접근
④ 방문 상담 서비스 : 정기 방문으로 직원 및 인사 담당자 지원

그 외, 일본의 정신건강 전문가 지원센터(MPS Center : Mental-health Professional Support Center)는 도쿄에 본부가 있으며, 오사카/교토에 지사가 있다. 의료법인 사단 부회 산하의 상담기관으로, 근로자의 정신건강에 전문성을 가진 정신과 의사, 임상심리사, 정신보건 사회복지사, 산업 카운슬러로 구성되어 기업마다의 고유한 환경과 맥락에 맞는 다양한 정신건강 지원 서비스를 제공하고 있다. 전국에 걸친 정신과 의원, 100여 개의 상담기관 네트워크를 갖추고 있으며, 도쿄와 교토에 각각 부속 클리닉을 갖추어 산업 영역에 특화된 정신과 치료를 실시하고 있다. 산하 산업정신보건연구소는 학회를 비롯한 관련 연구 기관 등과의 공동 연구를 통해 축적된 지식을 산업현장에 적용하여 정신건강 지원 서비스의 질 향상에 도움을 준다(윤진하 외, 2016).

도요타(Toyota)에서 도입한 주요 정신건강 증진 프로그램으로는 '스트레스 관리 프로그램'과 '직장 복귀 지원 프로그램'이 있다. 스트레스 관리 프로그램은 정기적인 스트레스 검사를 통해 근로자의 스트레스 수준을 평가하고, 이를 바탕으로 맞춤형 스트레스 관리 교육과 상담을 제공한다. 또한 직장 내 스트레스 요인을 체계적으로 분석하고 이를 줄이기 위한 다양한 조치들을 취하고 있다. 도요타는 또한 정신건강 문제로 인해 휴직한 근로자를 위한 복귀 지원 프로그램을 운영하며, 이는 단계적인 직무 복귀와 심리적 지원을 포함한다.

나. 싱가포르 : 싱가포르 항공(Singapore Airlines)

싱가포르 항공(Singapore Airlines)은 근로자의 정신건강을 증진시키기 위해 포괄적인 근로자지원프로그램(EAP)을 운영하고 있다. 이 프로그램은 근로자가 직무 스트레스, 개인적인 문제, 재정적 어려움 등 다양한 문제를 전문가의 도움을 받아 해결할 수 있도록 지원한다. EAP는 심리상담, 스트레스 관리 교육, 재정 상담 등 다양한 서비스를 제공하며, 근로자가 필요할 때 언제든지 접근할 수 있도록 온라인 상담과 전화 상담을 포함한 다양한 채널을 제공한다. 싱가포르 항공은 또한 정기적인 정신건강 교육과 워크숍을 통해 근로자의 정신건강에 대한 인식을 높이고 스트레스 관리 기법을 교육하고 있다.

다. 중국 : 화웨이(Huawei)

중국 화웨이(Huawei)는 근로자의 정신건강을 보호하기 위해 '마음건강 클리닉'을 운영하고 있다. 이 클리닉은 정신건강의학과 전문의를 통해 근로자들에게 전문적인 상담과 치료를 제공하며, 정기적인 정신건강 검진을 통해 근로자의 정신건강 상태를 모니터링한다. 화웨이는 또한 '정신건강 교육 프로그램'을 통해 근로자들에게 스트레스 관리, 심리적 회복력 강화, 건강한 생활 습관 형성 등에 대한 교육을 제공한다.

라. 인도의 인포시스(Infosys)

인도의 IT서비스 업체인 인포시스(Infosys)는 근로자의 정신건강을 증진하기 위해 'Wellness 프로그램'을 운영하고 있다. 이 프로그램은 근로자의 정신적, 신체적 건강을 종합적으로 관리하기 위해 설계되었으며, 심리상담, 스트레스 관리 교육, 요가 및 명상 세션 등을 포함한다. 인포시스는 정기적인 스트레스 검사를 통해 근로자의 스트레스 수준을 평가하고, 이를 바탕으로 맞춤형 지원을 제공한다.

제2절 국내 우수사례 : 주요 기업의 정신건강 프로그램

1. 삼성전자 Life Coaching Center

삼성전자는 근로자들의 정신건강 증진을 위해 'Life Coaching Center'를 운영하고 있다. 이 센터는 근로자들이 일상생활에서 겪는 스트레스와 정신적 어려움을 해결할 수 있도록 돕는 사내 상담센터이다. 주요 프로그램으로는 심리상담, 스트레스 관리 교육, 명상 프로그램 등이 있다. 심리상담은 전문상담사를 통해 이루어지며 다양한 상담 채널을 제공함으로써 근로자들이 자유롭게 상담받을 수 있도록 한다. 상담은 대면 상담, 전화 상담, 온라인 상담 등 여러 방식으로 제공되어 근로자들이 편리하게 접근할 수 있다. 스트레스 관리 교육은 근로자들로 하여금 스트레스에 대한 이해를 높이고 효과적으로 대처할 수 있는 방법을 배우도록 돕는다. 교육 내용은 스트레스의 원인과 증상, 스트레스 해소 방법 등을 포함하며, 이를 통해 근로자들은 일상생활에서 스트레스를 효과적으로 관리할 수 있다. 명상 프로그램은 근로자들이 마음의 안정을 찾고, 집중력을 향상하는 데 도움을 준다. 정기적인 명상 세션을 통해 근로자들의 정신적 피로를 해소하고, 보다 긍정적인 마음가짐을 유지할 수 있도록 유도한다.

2. LG전자 힐링 프로그램

LG전자는 다양한 '힐링 프로그램'을 통해 근로자들의 정신건강을 증진하고 있다. 이 프로그램은 요가, 명상, 예술인 초청(ART 다방) 등 다양한 활동을 통해 근로자들이 스트레스를 해소하고, 건강한 생활 습관을 유지할 수 있도록 돕는다. 요가와 명상 세션은 근로자들이 신체적, 정신적 긴장을 풀고, 마음의 안정을 찾을 수 있도록 한다. 또한 심리상담 서비스도 제공하여 근로자들이 직무 스트레스와 개인적인 문제를 해결할 수 있도록 지원한다. LG전자는 전문 심리상담사를 통해 근로자들이 언제든지 상담을 받을 수 있도록 하며, 대면 상담뿐만 아니라 전화, 이메일 등 다양한 상담 채널을 제공한다. 정기적인 스트레스 관리 교육을 실시하여 근로자들이 스트레스를 인식하고 대처하는 능력을 강화하고 있다. 교육 내용은 스트레스 관리 기법, 심리적 회복력 강화, 건강한 생활 습관 형성 등을 포함한다. 이외에도, 근로자들이 균형 잡힌 삶을 살 수 있도록 일과 생활의 균형을 맞추는 다양한 프로그램을 운영하고 있다.

3. 현대자동차 마음챙김 클래스

현대자동차는 '마음챙김 클래스'를 운영하여 근로자들의 정신건강을 증진하고 있다. 이 프로그램은 명상, 요가, 심리상담 등을 포함하여 근로자들이 정신적 안정을 찾고 스트레스를 관리할 수 있도록 돕는다. 정기적인 명상과 요가 세션을 통해 근로자들은 신체적, 정신적 긴장을 해소하고, 마음의 평온을 유지할 수 있다. 현대자동차는 정기적인 정신건강 검진을 실시하여 근로자들의 정신건강 상태를 모니터링하고, 필요한 경우 적절한 지원을 제공하고 있다. 심리상담 서비스는 전문상담사를 통해 제공되며, 근로자들이 개인적인 문제나 직무 스트레스로 인한 어려움을 해결할 수 있도록 지원한다. 상담은 대면 상담, 전화 상담, 온라인 상담 등 다양한 방식으로 제공되어 근로자들이 편리하게 이용할 수 있다. '마음챙김 프로그램'은 근로자들이 집중력과 창의력을 향상하는 데 도움을 주며, 전반적인 직무 만족도를 높이는 데 기여하고 있다.

4. 셀트리온

바이오의약품 개발 및 생산업체인 셀트리온은 근로자의 정신건강 관리를 위해 다양한 프로그램을 운영하고 있다. 회사는 정기적으로 온라인 심리검사를 실시하여 직원들의 정신건강 상태를 평가하고, 정신건강 고위험군을 파악한다. 이를 바탕으로 직무 스트레스 및 마음건강 수준을 분석하고, 이에 대한 맞춤형 프로그램을 기획한다. 사내에는 심리상담센터를 운영하여 1 : 1 심리상담과 그룹 상담을 제공하며, 고위험 임직원에게는 개별 연락을 통해

[그림 5-1] 셀트리온 정신건강 관리 흐름도

현황 파악	현황 파악	결과 관리	프로그램 운영
기본 정보 파악	온라인 심리검사	직원 관리	프로그램 운영
▪ 연령대, 업무 내용, 유관부서 등 사업장 관련 기본 정보 파악 ▪ 사업장의 Needs 파악	▪ 온라인 심리검사 시행 (연 1회) ▪ 직무스트레스/직무기능/마음건강 ▪ 정신건강 프로그램을 위한 기초 자료로 활용	▪ 사내 심리상담센터운영 ▪ 고위험 직원 관리 ▪ 위기관리 프로세스	▪ 정신적 이완 프로그램 ▪ 신체적 이완 프로그램 ▪ 전사 힐링/소통 프로그램

자료 : 한국산업안전보건공단(2024), 「산업안전보건 강조주간 발표 자료집」.

상담을 권유한다. 위기관리 창구를 마련하여 자살 위험이 높은 직원들을 적극적으로 지원하고, 필요시 외부 전문기관과 연계하여 추가적인 도움을 제공한다. 이뿐만 아니라 다양한 힐링/소통 이벤트와 같은 정신적, 신체적 이완 프로그램을 정기적으로 개최하여 직원들의 스트레스를 해소하고, 건강한 직장 문화를 조성하고자 노력하고 있다(안전보건공단, 2024).

5. 삼성 기업정신건강연구소

2013년 강북삼성병원에서 설립한 삼성 기업정신건강연구소는 국내 최초로 통합적 관점에서 직장 내 정신건강 관리를 위한 종합적인 서비스를 제공한다. 연구소는 20명 이상의 정신건강의학과 전문의를 포함하여 임상심리전문가, 정신건강 간호사, 보건통계 전문가 등 다학제적 인력으로 구성되어 있다. 삼성 계열사뿐만 아니라, 다른 대기업, 공공기관, 금융기관 등 15개 이상의 기업상담실을 운영 중이며, 매년 25개 이상의 기업과 20만 명 이상의 근로자를 대상으로 마음건강 관리를 수행하고 있다. 연구소는 심리적 스트레스 요인을 파악하고 개선하기 위해 정밀한 정신건강 평가를 실시하며, 이를 바탕으로 맞춤형 스트레스 관리 프로그램을 개발한다. 또한 근로자들의 정신적 안정을 돕기 위해 개인 및 집단 심리상담을 제공하고, 조직 차원에서 건강한 근로환경을 조성하기 위한 컨설팅도 진행한다. 연구소는 지속적인 연구와 교육을 통해 최신 정신건강 관리 방법을 도입하고, 기업 전반의 정신건강 증진에 기여하고 있다.

[그림 5-2] 직장인 정신건강 통합 관리 시스템

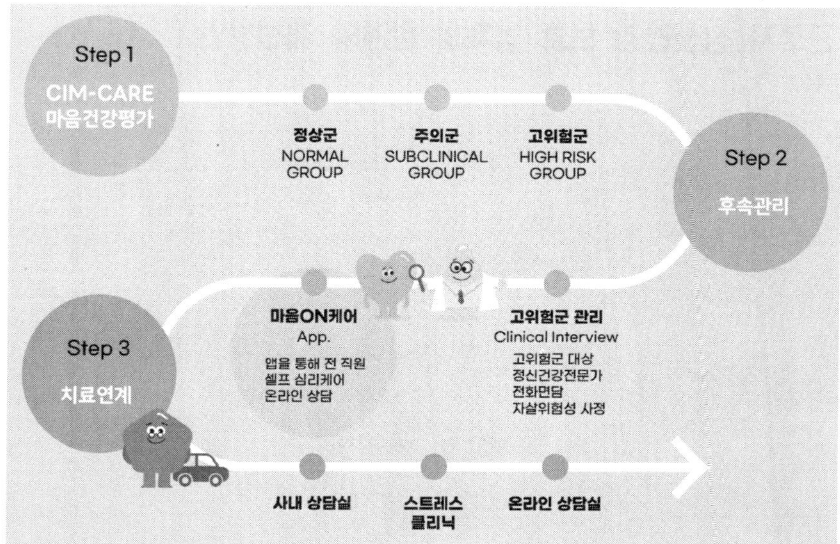

자료 : 강북삼성병원 건강의학부, https://health.kbsmc.co.kr/jsp/lab/Mental/MentalHealthConsultnew.jsp(접속일 : 2024. 8. 21.).

제 6 장
근로자 정신건강 보호 법제의 한계와 개선방안

제1절 머리말

건강의 범위가 한때 신체적 건재함에 머물던 때가 있었다. 현행 헌법(1989. 10. 29. 전부개정)조차 장애의 범주를 신체에 한정한 것은[23] 정신건강을 과거에는 사회구조적 산물 또는 병리적 현상이 아니라 개인의 의지 영역으로 두었기 때문이다. 따라서 기존의 산업재해 및 산업안전 분야는 신체적 사고와 질병, 그리고 물리 · 화학적 작업환경의 안전에 치중하였다. 그러나 사회의 발전에 따라 정신건강은 개인의 귀책에서 보건정책의 영역으로 들어오기 시작하였다. 산업재해 및 산업안전 분야에서 정신 질환은 그것과 그것으로 인한 자해 및 자살까지 업무상 재해로 적극적으로 인정되고 있으며, 정신건강을 산업안전보건 정책의 내용으로 포함하여 근로자의 정신건강 훼손을 예방하고자 국가와 사업주는 여러 의무를 부담한다.

이하 「근로기준법」과 「산업안전보건법」을 중심으로 근로자의 정신건강을 보호하는 규범의 내용과 한계를 지적하고, 대안을 제시하고자 한다. 그런데 그 전에 국가가 근로자의 정신건강을 보호하기 위해 산업안전보건정책을 수립하고 법률로 사용자 등에게 관련 의무를 부과하는 것에 대해 헌법상

23) 「대한민국헌법」 제34조 제5항 신체장애자 및 질병 · 노령 기타의 사유로 생활능력이 없는 국민은 법률이 정하는 바에 의하여 국가의 보호를 받는다.

의 근거를 찾을 수 있을 것인가라는 질문에 대해 논의하려 한다. 근로자를 포함한 국민의 기본권과 국가의 의무에서 정신건강에 관한 내용을 파악할 수 있다면 관련 법률의 해석 및 정책 형성에 방향점을 제시할 수 있기 때문이다.

우리 헌법은 장애인의 사회보장에 관한 규정에서도 그 범위를 '신체'장애자에 국한할 정도로(헌법 제34조 제5항) 제정 당시 정신건강, 특히 근로자의 정신건강에 대해서는 명문으로까지 기본권을 확장하지 못했다. 그러나 헌법은 '살아 있는 법'으로서 시대적 변화에 따라 규범을 적절히 재해석하여 외연을 넓힐 뿐만 아니라, 헌법 제37조 제1항은 "국민의 자유와 권리는 헌법에 열거되지 아니한 이유로 경시되지 아니한다"라고 하여 헌법에 문언으로 규정되어 있지 않더라도 기본권을 해석할 수 있는 여지를 두었다.

정신건강을 포함하여 국민의 건강에 관한 권리를 규정하는 헌법 규정은 제36조 제3항이다. 헌법은 "모든 국민은 보건에 관하여 국가의 보호를 받는다"라고 규정한다. 조문의 문언은 국민의 기본권이 아니라 국가의 의무 규정으로 되어 있지만, 우리 헌법재판소는 본 규정에서 국민의 '보건에 관한 권리' 또는 '보건권'을 도출한다.[24] 보건권의 내용에는 전염병 예방·관리 정책이나 건강보험제도의 실시 등 적극적인 정책 실행을 청구할 수 있는 적극적 내용이 포함된다. 국가의 보건정책은 당연히 신체적인 건강뿐만 아니라 정신건강까지 포함되는 것으로 해석된다. 그러므로 「보건의료기본법」의 경우 제42조(정신보건의료)는 "국가와 지방자치단체는 정신질환의 예방과 정신질환자의 치료 및 사회복귀 등 국민의 정신건강 증진을 위하여 필요한 시책을 수립·시행하여야 한다"라고 규정한다.

근로자의 정신건강에 대한 국가의 정책 수립 의무를 헌법 제36조 제3항에서 도출할 수 있다. 그러나 우리 헌법 제21조 제1항이 '결사의 자유'를 인정하면서도[25] 동시에 제33조 제1항에서 단결권 등 노동3권을 별도로 규정

24) 헌법재판소 1998. 7. 16. 96헌마246. 본 결정문에서 헌법재판소는 "헌법은 "모든 국민은 보건에 관하여 국가의 보호를 받는다"라고 규정하고 있는바(제36조 제3항), 이를 '보건에 관한 권리' 또는 '보건권'으로 부르고, 국가에 대하여 건강한 생활을 침해하지 않도록 요구할 수 있을 뿐만 아니라 보건을 유지하도록 국가에 대하여 적극적으로 요구할 수 있는 권리로 이해한다"라고 하였다. 성낙인(2023), 『헌법학』(제23판), 법문사, p.1590.

한 것은[26] 결사의 자유를 바탕으로 하면서도 노동영역의 특수성이 존재하기 때문에 독립된 기본권으로 인정한 것이다. 따라서 근로자의 정신건강을 포함한 안전과 보건에 관한 기본권은 제36조 제3항과 동시에 다른 규정에서 해석을 통해 찾아야 한다.

산업안전보건에 관한 헌법의 근거를 헌법 제10조 인간의 존엄성 규정과[27] 제34조의 제1항과 제6항의 인간다운 생활을 할 권리[28], 그리고 제32조 제3항 근로조건 법정주의에서[29] 찾는 견해가 있다.[30] 그러나 헌법 제10조의 인간의 존엄성 규정은 근로자의 생명에 관한 권리를 보장할 수 있다는 장점이 있고 기본권의 핵심 규정이지만, 일반 규정이라 구체적인 기본권의 내용과 국가의 의무를 도출할 수 없고, 제34조 제1항 역시 해당 조문의 내용에서 노동영역의 특수성을 해석하기 힘들어서 타당하지 않다고 생각된다.

그러므로 근로자의 정신건강을 포함한 보건권과 산업안전보건에 관한 권리는 헌법 제36조 제3항과 동시에 제32조 제3항 근로의 권리에서 찾아야 한다. 제32조 제3항은 "근로조건의 기준은 인간의 존엄성을 보장하도록 법률로 정한다"라고 하는데, 인간의 존엄성 보장을 위해서는 당연히 근로자의 신체와 정신의 안전과 건강이 전제되어 근로조건에 포함된다. 따라서 헌법 제32조 제3항은 우리 산업안전보건정책의 입법 방향 및 해석 원칙이 된다. 인간의 존엄성 보장 관점에서 후술할 「근로기준법」 및 「산업안전보건법」의 미비점을 찾아보면 다음과 같다.

개략하면 가장 큰 문제점은 보건의 영역에서 '정신건강'에 관한 규정이 너무나 부재한다는 점, 그리고 규정이 있더라도 구체적으로 사업주의 의무

25) 헌법 제21조 ① 모든 국민은 언론·출판의 자유와 집회·결사의 자유를 가진다.
26) 헌법 제33조 ① 근로자는 근로조건의 향상을 위하여 자주적인 단결권·단체교섭권 및 단체행동권을 가진다.
27) 헌법 제10조 모든 국민은 인간으로서의 존엄과 가치를 가지며, 행복을 추구할 권리를 가진다. 국가는 개인이 가지는 불가침의 기본적 인권을 확인하고 이를 보장할 의무를 진다.
28) 헌법 제34조 ① 모든 국민은 인간다운 생활을 할 권리를 가진다.
⑥ 국가는 재해를 예방하고 그 위험으로부터 국민을 보호하기 위하여 노력하여야 한다.
29) 헌법 제32조 ③ 근로조건의 기준은 인간의 존엄성을 보장하도록 법률로 정한다.
30) 나민오(2010), 「산업안전보건법의 체계와 입법방향에 관한 연구」, 『노동연구』 제19권, 고려대학교 노동문제연구소, p.19 이하.

를 정한 것이 아니라 매우 추상적인 내용으로 구성되어 있다는 점이다. 따라서 개선 방향으로는 정신건강에 관한 내용이 빠진 규정을 보완하고, 관련 사업주의 의무를 구체적으로 정하는 것이 필요하다.

제2절 근로자 정신건강에 관한 국내의 산업안전 규정과 한계

1. 국내 산업안전 규정의 내용

가. 「근로기준법」상 근로자 정신건강 보호에 관한 내용

1981. 12. 31. 「산업안전보건법」이 제정(1982. 7. 1. 시행)되기 전까지 근로자의 산업안전보건에 관한 내용은 구 「근로기준법」 제6장(안전과 보건)이 담당하고 있었다. 그러나 구 「근로기준법」의 내용은 불과 10개 조문에 불과하였고 이것만으로 근로자의 정신과 신체를 보호하기에는 역부족인 것이 명확하였기 때문에 「산업안전보건법」이 제정 · 시행되었다. 현행 「근로기준법」은 제76조(안전과 보건)에서 "근로자의 안전과 보건은 「산업안전보건법」에서 정하는 바에 따른다"라고 규정하여 그 흔적만을 남기고 있다.

이런 「근로기준법」이 산업안전 분야에서 다시 주목받기 시작한 것은 정신건강의 중요성과 그 일환으로 '직장 내 괴롭힘' 문제가 대두되었기 때문이다. 2019. 1. 15. 「근로기준법」에 제76조의2(직장 내 괴롭힘의 금지)와 제76조의3(직장 내 괴롭힘 발생 시 조치)이 신설되었다.

구체적인 내용을 살펴보면, 먼저 제76조의2는 "사용자 또는 근로자는 직장에서의 지위 또는 관계 등의 우위를 이용하여 업무상 적정범위를 넘어 다른 근로자에게 신체적 · 정신적 고통을 주거나 근무환경을 악화시키는 행위(이하 "직장 내 괴롭힘"이라 한다)를 하여서는 아니 된다"라고 규정한다. 금지 의무자로서 사용자와 근로자를, 피해자로서 근로자를 지정하고 있으며,

행위 양태인 직장 내 괴롭힘은 다음과 같이 구성된다.[31]

첫째, 지위나 관계의 우위성이다. 직장 내 괴롭힘은 직장에서의 지위 또는 관계에서 우위를 점하고 있는 사용자 또는 근로자가 다른 근로자에게 이루어지는 것이다. 여기서 지위는 반드시 직접적인 지휘명령 관계뿐만 아니라 직장 내 직위・직급 체계상 상위에 있으면 되며, 관계 또한 개인 대 집단과 같은 수적 측면이나 직장 내 영향력 등 상대방이 저항 또는 거절하기 힘든 상황에 놓인다면 인정된다. 따라서 동료 또는 하급자도 관계에서 직장 내 괴롭힘의 주체가 될 수 있다.

둘째, 업무 관련 일탈행위이다. 즉, "업무상 적정범위를 넘는" 행위가 필요하다. 여기의 업무 관련성은 '포괄적 업무 관련성'이므로 직접적인 업무 수행 중에 일어난 것이 아니더라도, 업무 수행에 편승하여 이루어지거나 업무 수행을 빙자한 때도 인정된다. 이때 차별적 행위도 괴롭힘의 한 형태가 된다. 직장 내 동종・유사 업무를 수행하는 근로자와 비교하여 합리적 이유 없이 피해 근로자에게만 과도 또는 과소한 업무를 지시하거나, 급여・복리후생 등 근로조건을 차등하는 것이 해당된다.

셋째, 신체적・정신적 고통 또는 근무 환경의 악화이다. 그 행위의 결과로 피해 근로자가 신체적・정신적 고통을 느끼거나 근무 환경이 전보다 열악해지는 것이다. 가해 사용자 또는 근로자에게 이러한 목적이나 의도가 없었다고 하더라도 업무 관련 일탈행위로 고통 또는 근무 환경의 악화라는 결과가 발생한다면 직장 내 괴롭힘의 요건을 충족한다. 다만 고통 또는 근무 환경의 악화는 주관적인 것이 아니라 객관적인 것으로 피해자와 같은 처지에 있는 일반적이고 평균적인 근로자라면 느낄 수 있고 인정되어야 하는 것이다.

제76조의2가 직장 내 괴롭힘의 정의와 금지를 규정한 것이라면 제76조의3은 직장 내 괴롭힘이 발생할 시 근로자가 취할 수 있는 요구 사항과 사건을 처리할 사용자의 의무를 규정한 것이다. 먼저 '누구든지' 직장 내 괴롭힘 발생 사실을 알게 된 경우 그 사실을 사용자에게 신고할 수 있다(동 조문 제1항). '누구든지'이므로 피해 근로자 외에도 그의 친족 또는 부탁받은 사람, 그리고 동료 근로자 등도 신고가 가능하다.[32]

---

31) 이하 직장 내 괴롭힘 행위의 구성 요소에 관한 내용은, 노동법실무연구회(2020), 『근로기준법 주해』(제2판), 박영사, pp.559~562(권창영・신권철 집필) 참조.

사용자는 이러한 신고가 접수되거나 직장 내 괴롭힘 사실을 인지한 때에는 지체 없이 당사자 등을 대상으로 사실 확인 조사에 들어가야 한다(동 조문 제2항).

직장 내 괴롭힘이 일어나서 조사가 이루어질 경우 그 기간 동안 피해 근로자 또는 피해를 입었다고 주장하는 근로자(이하 '피해 근로자 등'이라 한다)에 대한 보호 조치가 들어가야 한다. 이를 위해 「근로기준법」은 위의 직장 내 괴롭힘 조사 기간 동안 사용자는 피해 근로자 등에 대하여 근무장소 변경, 유급휴가 명령 등 적절한 조치를 취해야 한다. 다만, 피해 근로자 등의 의사에 반하여 조치가 이루어져서는 안 된다(동 조문 제3항).

만일 직장 내 괴롭힘이 사실이라고 인정되면, 사용자는 피해 근로자가 요청할 경우 근무장소 변경 · 배치전환 · 유급휴가 명령 등의 적절한 조치를 취해야 한다(동 조문 제4항). 법 조문이 명문으로 규정하고 있지는 않지만 만일 인사 명령이나 징계 처분으로 괴롭힘을 하였다면 그 명령이나 처분을 취소하여야 한다.[33]

그리고 사용자는 직장 내 괴롭힘 발생 사실을 신고한 근로자나 피해 근로자 등에게 해고나 그 밖의 불리한 처우를 하여서는 아니 된다(동 조문 제6항). 주의해야 할 점은 조사 결과 직장 내 괴롭힘이 성립되지 않더라도 신고 근로자 또는 피해 근로자 등에게 불리한 처우를 해서는 안 된다는 것이다. 직장 내 괴롭힘의 요건으로 업무 관련 일탈행위가 실제 명확하게 구분되지 않기 때문이다. 만일 신고 근로자 또는 피해 근로자 등이 징계 등의 불리한 처우를 두려워한다면 신고 제도 자체가 무용지물이 된다.[34]

이상이 피해 근로자 등을 위한 사용자의 조치 의무라면 가해 근로자에게도 사용자는 일정한 조치를 하여야 한다. 사용자는 조사 결과 직장 내 괴롭힘이 사실이라면 지체 없이 행위자에게 징계 · 근무장소 변경 등의 조치를 하여야 한다. 다만, 이 조치 전 피해 근로자의 의견을 들어야 한다(동 조문 제5항).

동법 제76조의2와 제76조의3이 직장 내 괴롭힘을 정의 · 금지하고, 사건

32) 노동법실무연구회, 앞의 책, p.569(신권철 집필).
33) 위의 책, p.575(신권철 집필).
34) 위의 책, p.577(신권철 집필).

발생 시의 사용자가 지켜야 할 의무와 조치를 규정하였지만, 직장 내에서 괴롭힘 사건이 발생할 경우 구체적으로 어떻게 신고하여야 하고, 괴롭힘 여부를 심사해야 하며, 어떤 징계 절차를 거쳐야 할지 등은 규정하지 않고 있다. 이러한 절차적 내용은 해당 직장 내의 여러 사정을 고려해야 하기 때문에 사업장에서 자율적으로 설정하는 것이 좋다. 또한, 발생 후 공정한 처리 못지않게 사전에 발생을 예방하는 것이 중요하기 때문에 교육이 중요하다. 이러한 절차 설정과 예방을 강제하기 위해 「근로기준법」 제93조는 사업 또는 사업장의 취업규칙에 "직장 내 괴롭힘의 예방 및 발생 시 조치 등에 관한 사항"을 필수적으로 기재할 것을 규정한다.[35]

나. 「산업안전보건법」상 근로자의 정신건강 보호에 관한 내용

공장에서 물품을 생산하는 제조업 중심의 경제 성장을 거친 우리나라는 산업안전보건 역시 물리 · 화학적 작업환경을 중심으로 발전하였다. 1981. 12. 31. 「산업안전보건법」이 제정될 시 근로자의 정신건강 보호에 관한 규정은 하나였다. 제정 「산업안전보건법」 제33조는 근로자가 노동부령이 정하는 정신 질환에 걸린 경우에는 의사의 진단에 따라 근로를 금지하거나 제한하여야 한다고 규정하였다. 다만, 이 내용은 기질환자에 대한 보호는 될 수 있어도 예방적 기능은 담당하지 못하였다.

이후 「산업안전보건법」에 근로자의 정신건강에 관한 내용이 들어온 것은 2002. 12. 30. 개정 때이다. 동법은 제5조(사업주의 의무) 제1항에서 사업주는 "산업재해 예방을 위한 기준을 준수하며, 당해 사업장의 안전 · 보건에 관한 정보를 근로자에게 제공하고, 근로조건의 개선을 통하여 적절한 작업환경을 조성함으로써 근로자의 신체적 피로와 <u>정신적 스트레스</u> 등으로 인한 건강장해를 예방하고, 근로자의 생명 보전과 안전 및 보건을 유지 · 증진하도록 하여야 하며, 국가에서 시행하는 산업재해 예방 시책에 따를 것"을

---

35) 「근로기준법」 제93조(취업규칙의 작성 · 신고) 상시 10명 이상의 근로자를 사용하는 사용자는 다음 각 호의 사항에 관하여 취업규칙을 작성하여 고용노동부장관에게 신고하여야 한다. 이를 변경하는 경우에도 또한 같다.
11. 직장 내 괴롭힘의 예방 및 발생 시 조치 등에 관한 사항

규정하였다(밑줄은 글쓴이 강조). 이후 해당 내용은 약간 변경되어 사업주의 의무로 제5조 제1항 제2호에서 "근로자의 신체적 피로와 정신적 스트레스 등을 줄일 수 있는 쾌적한 작업환경의 조성 및 근로조건 개선"을 규정한다(밑줄은 글쓴이 강조).

현행 「산업안전보건법」은 여러 물리·화학적 작업환경에 관한 내용은 상세히 규정하고 있으나 정신건강에 관하여 사업주의 의무를 정한 내용은 위의 제5조 제1항 제2호를 포함하여 네 군데에 불과하다.

이어서 두 번째 정신건강 관련 규정으로는 제41조(고객의 폭언 등으로 인한 건강장해 예방 조치 등) 제1항에서 사업주는 정보통신망을 통하여 상품을 판매하거나 서비스를 제공하는 고객응대근로자에 대하여 고객의 폭언, 폭행, 그 밖에 적정범위를 벗어난 신체적·정신적 고통을 유발하는 행위(이하 '폭언 등'이라 한다)로 인한 건강장해를 예방하기 위하여 고용노동부령에 따른 필요한 조치를 할 것을 규정한다(밑줄은 글쓴이 강조).

주의해야 할 점은 고객응대근로자의 범위이다. 후술하겠지만 「근로기준법」상 직장 내 괴롭힘의 피해 근로자는 같은 사업 내 사업주와 직접 근로계약을 체결한 근로자여서 하청 근로자나 노무제공자(舊 특수형태근로종사자)는 해당하지 않지만, 「산업안전보건법」상 사업주와 보호 근로자 간에는 그러한 직접적인 근로계약을 요구하지 않기 때문에 해석상 고객응대근로자에는 직접 고용한 근로자 외 하청 근로자나 노무제공자도 포함된다.36)

그리고 동 조문 제2항에서 사업주는 업무와 관련하여 고객 등 제3자로부터 폭언 등을 받아 근로자에게 건강장해가 발생하거나 발생할 현저한 우려가 있는 경우에는 업무의 일시적 중단 또는 전환 등 대통령령이 정한 필요한 조치를 취할 것을 규정한다. 이러한 작업 중지 또는 작업 전환은 사용자뿐만 아니라 해당 근로자도 할 수 있다. 동 조문 제3항은 근로자는 사업주에게 제2항에 따른 조치를 요구할 수 있고, 사업주는 근로자의 이러한 요구를 이유로 해고 또는 그 밖의 불리한 처우를 할 수 없다고 규정한다.

위 조문 제1항에서 규정하는 고용노동부령의 내용은 폭언 등을 예방하기 위한 구체적인 실행 내용으로 시행규칙 제41조는 ① 폭언 등을 하지 않도록

---

36) 고용노동부(2023), 『직장 내 괴롭힘 예방·대응 매뉴얼』, p.39.

요청하는 문구 게시 또는 음성 안내, ② 고객과의 문제 발생 시 대처 방법 등을 포함하는 고객응대업무 매뉴얼 마련, ③ 고객응대업무 매뉴얼의 내용과 건강장해 예방 교육 실시, ④ 기타 고객응대근로자의 건강장해 예방을 위해 필요한 조치를 규정한다.

이상이 예방 조치라면 고객 등에 의한 폭언 등이 일어날 경우의 사후 조치도 필요하다. 폭언 등이 발생하였을 때 사업주가 취해야 할 구체적인 의무 내용으로 시행령 제41조는 ① 업무의 일시적 중단 또는 전환, ② 휴게시간 연장, ③ 폭언 등으로 인한 건강장해 관련 치료 및 상담 지원, ④ 증거 제출 등 폭언 등으로 인한 고소·고발 또는 손해배상 청구의 지원을 규정한다.

세 번째 정신건강에 관한 규정은 「산업안전보건법」 제128조의2(휴게시설의 설치) 제1항이다. 사업주는 근로자가 신체적 피로와 정신적 스트레스를 해소할 수 있도록 휴식 시간에 이용할 수 있는 휴게시설을 갖추어야 한다. 다만 동 조문 제2항에서 대통령령으로 휴게시설의 설치·관리 기준을 준수해야 할 사업의 규모를 규정한다(예 : 20명 이상의 사업장).

네 번째는 앞서 언급한 질병자의 근로 금지·제한으로 제138조(질병자의 근로 금지·제한) 제1항에서 사업주는 고용노동부령이 정한 정신 질환에 걸린 사람에게 의사의 진단에 따라 근로를 금지하거나 제한하여야 한다. 다만, 제2항에서 사업주는 해당 근로자가 건강을 회복하였을 때에는 지체 없이 근로할 수 있도록 하여야 한다고 규정한다. 근로자의 생계를 보장하기 위한 목적이다.[37] 이러한 정신 질환으로 시행규칙 제220조(질병자의 근로금지) 제2호는 조현병과 마비성 치매에 걸린 사람을 들고 있다.

그리고 「산업안전보건법」은 강행규정으로서 사용자가 지켜야 할 의무를 중심으로 구성되어 있지만 정부의 책무 또한 규정하고 있는데, 제4조(정부의 책무) 제1항 제3호에 정부는 "「근로기준법」 제76조의2에 따른 직장 내 괴롭힘 예방을 위한 조치 기준 마련, 지도 및 지원"을 성실히 이행할 것을 정하고 있다.

「산업안전보건법」은 여러 조문에서 구체적인 시행 방법을 고용노동부령(시행규칙)으로 정할 것을 규정하고 있는데, 이러한 시행 방법을 묶어 규정

37) 로앤비 온라인 주석, 「산업안전보건법」 제138조(김성수 집필), 2024.

한 것이 산업안전보건기준에 관한 규칙(이하 '안전보건규칙'이라 한다)이다. 총 673개 조문으로 이루어진 안전보건규칙 중 '정신건강'에 관한 규정은 단 두 개뿐이다. 먼저 「산업안전보건법」 제128조의2(휴게시설의 설치)에 따른 휴게시설 설치에 관해 안전보건규칙 제79조(휴게시설) 제1항은 "사업주는 근로자들이 신체적 피로와 정신적 스트레스를 해소할 수 있도록 휴식시간에 이용할 수 있는 휴게시설을 갖추어야 한다"라고 규정한다. 이어 제2항은 "사업주는 제1항에 따른 휴게시설을 인체에 해로운 분진 등을 발산하는 장소나 유해물질을 취급하는 장소와 격리된 곳에 설치하여야 한다. 다만, 갱내 등 작업장소의 여건상 격리된 장소에 휴게시설을 갖출 수 없는 경우에는 그러하지 아니하다"라고 규정한다.

두 번째 정신건강과 관련된 안전보건규칙은 제669조로 사업주는 근로자가 장시간 근로, 야간작업을 포함한 교대작업, 전업 차량운전, 그리고 정밀기계 조작작업 등으로 신체적 피로와 정신적 스트레스(이하 '직무스트레스'라 한다)가 높은 작업을 할 경우 다음 각 호와 같은 조치를 취하여 건강장해를 예방할 것을 규정하고 있다.

1. 작업환경 · 작업내용 · 근로시간 등 직무 스트레스 요인에 대하여 평가하고 근로시간 단축, 장 · 단기 순환작업 등의 개선대책을 마련하여 시행할 것
2. 작업량 · 작업일정 등 작업계획 수립 시 해당 근로자의 의견을 반영할 것
3. 작업과 휴식을 적절하게 배분하는 등 근로시간과 관련된 근로조건을 개선할 것
4. 근로시간 외의 근로자 활동에 대한 복지 차원의 지원에 최선을 다할 것
5. 건강진단 결과와 상담 자료 등을 참고하여 적절하게 근로자를 배치하고 직무스트레스 요인, 건강 문제 발생 가능성 및 대비책 등에 대하여 해당 근로자에게 충분히 설명할 것
6. 뇌혈관 및 심장질환 발병 위험도를 평가하여 금연, 고혈압 관리 등 건강증진 프로그램을 시행할 것

그 외 「산업안전보건법」에서 직접적으로 정신건강의 보호에 관해서는 규정한 것은 아니지만, 동법 제29조(근로자에 대한 안전보건교육) 제1항은

“사업주는 소속 근로자에게 고용노동부령으로 정하는 바에 따라 정기적으로 안전보건교육을 하여야 한다”라고 규정한 뒤, 시행규칙 제26조(교육시간 및 교육내용 등)에서 교육 내용(별표 5)을 정하고 있다. 시행규칙 〈별표 5〉를 보면 교육 내용으로 ‘직무 스트레스’를 포함하고 있다.

2. 현행 산업안전 규정의 한계

가. 「근로기준법」상 내용의 한계

앞서 「근로기준법」의 정신건강 보호 규정에 관해 ‘직장 내 괴롭힘’을 중심으로 설명하였지만, 「근로기준법」의 관련 내용의 한계에서 가장 먼저 지적해야 할 점은 원칙적인 선언의 부재이다. 비록 「근로기준법」의 제76조가 “근로자의 안전과 보건에 관하여는 「산업안전보건법」에서 정하는 바에 따른다”라고 규정하였지만, 이는 전문적인 영역으로 법의 분화를 의미하는 것이지, 「근로기준법」이 사실상 노동법 영역의 기본법 역할을 방기하는 것은 아니다. 「근로기준법」은 총칙에서 ‘균등처우’(제6조) 등 근로관계의 원칙을 규정하고 있는데, 이러한 원칙에서 근로자의 정신건강을 포함한 안전배려 의무에 관한 내용이 규정되어 있지 않다.

이어서 「근로기준법」상 직장 내 괴롭힘 규정의 한계에 대해 논의하면 다음과 같다. 첫 번째 한계는 행위 주체인 가해자 범위의 협소함이다. 이는 협의의 임금근로자와 사용자 간의 근로관계를 규정하는 「근로기준법」 본연의 한계이기도 하다. 즉, 하도급 관계에서 원청의 사용자와 근로자가 하청의 근로자를 업무적으로 괴롭힐 경우 피해 근로자가 할 수 있는 조치가 없다는 것이다.[38]

다만, 파견근로자의 경우는 가능하다. 「파견근로자 보호 등에 관한 법률」(약칭 : 파견법) 제32조 제1항은 “파견 중인 근로자의 파견근로에 관하여는

---

38) 고용노동부(2023)의 『직장 내 괴롭힘 예방 · 대응 매뉴얼』, p.37을 보면 원청 근로자는 하청 근로자와 같은 사용자를 대상으로 근로계약을 체결한 것이 아니므로, 「근로기준법」상의 직장 내 괴롭힘 행위자로는 인정되기 어렵다고 한다. 다만, 자율적으로 원청 사업주는 소속 근로자가 하청 근로자에게 괴롭힘 행위를 하는 경우에 대한 조사 · 조치를 사내 규범에 반영함이 바람직하다고 권고한다.

파견사업주 및 사용사업주를 「근로기준법」 제2조 제1항 제2호의 사용자로 보아 같은 법을 적용한다"라고 규정한다. 따라서 「근로기준법」의 직장 내 괴롭힘 규정(제76조의2와 제76조의3)이 정하고 있는 사용자의 의무와 책임은 파견사업주와 사용사업주 모두에게 있다. 따라서 직장 내 괴롭힘이 일어났을 경우 파견사업주와 사용사업주가 공동으로 조사 · 조치하는 것이 가장 바람직하지만, 피해자 보호 조치와 가해자에 대한 징계 등 조치는 해당 조치를 이행할 수 있는 사업주가 해야 한다.[39)]

두 번째 한계로 「근로기준법」상 임금근로자로 한정되어 있는 가해자의 범위 문제는 피해자의 범위에도 영향을 미친다. 즉, 피해자 역시 「근로기준법」상의 임금근로자여 한다. 아직까지 협의의 임금근로자로 인정받지 못하고 있는 '노무제공자'[40)]의 경우 같은 사업 내 사업주와 직접적인 근로계약을 체결한 근로자가 아니라서 역시 「근로기준법」상 직장 내 괴롭힘 제도의 규정을 적용받지 못한다. 가령, 대표적인 노무제공자의 예로 꼽히는 학습지 교사의 경우 관리자로부터 업무상 괴롭힘을 받더라도 「근로기준법」이 규정하고 있는 직장 내 괴롭힘의 보호 및 구제 절차를 진행할 수 없다.

세 번째 한계는 사업주가 직장 내 괴롭힘의 가해자일 경우 어떤 조치 의무를 취할 수 없다는 것이다. 많은 직장 내 괴롭힘이 사업주 또는 그 친족에 의해 이루어지고 있는 상황에서 피해자 구제와 가해자 징계를 해야 할 사업주와 그 친족이 가해 당사자라면 실질적인 구제와 징계가 어렵기 때문이다. 이는 2019. 1. 15. 직장 내 괴롭힘 규정이 신설되자마자 꾸준히 지적되어 온 바이다. 이를 보완하기 위해 2021. 4. 13. 제116조(과태료) 제1항을 신설하여 사용자와 그 배우자, 4촌 이내의 혈족 · 인척(단, 해당 사업 · 사업장의 근로자일 때)이 직장 내 괴롭힘의 가해자일 때 1천만 원 이하의 과태료를 부과하도록 하였다. 그러나 이러한 조치가 피해 근로자의 구제에 효과가 있을지

39) 고용노동부(2023), 『직장 내 괴롭힘 예방 · 대응 매뉴얼』, p.54.
40) 과거 특수고용노동자(특고) 또는 특수형태근로종사자라 불렸던 반(半)자영 · 반(半)종속적 성격을 가진 노동자로서, 현재는 대통령령이 정한 직종에 대해서 '노무제공자'라 규정되고 있다. 예를 들어 「고용보험법」 제77조의6(노무제공자인 피보험자에 대한 적용)은 노무제공자를 다음과 같이 정의한다.
"근로자가 아니면서 자신이 아닌 다른 사람의 사업을 위하여 자신이 직접 노무를 제공하고 해당 사업주 또는 노무수령자로부터 일정한 대가를 지급받기로 하는 계약을 체결한 사람 중 대통령령으로 정하는 직종에 종사하는 사람"

는 의문이다. 가해자에 대한 징계는 국가가 과태료 부과로 대치한다고 하더라도, 피해자에 대한 구제, 즉 근무장소의 변경, 배치 전환, 유급휴가 명령 등의 조치를 사업주에게 기대하기가 힘들다.

네 번째 한계는 5인 미만의 사업장에는 직장 내 괴롭힘 규정이 적용되지 않는다는 것이다. 「근로기준법」 제11조 제1항은 원칙으로 5명 이상의 근로자를 사용하는 사업 또는 사업장에 동법을 적용하고, 제2항에서 예외로 5인 미만의 사업 또는 사업장에도 적용되는 개별 규정을 대통령령으로 정하고 있는데, 직장 내 괴롭힘에 관한 규정(제76조의2와 제76조의3)은 시행령에 빠져 있다. 사업장의 규모가 작다고 해서 직장 내 괴롭힘이 일어나지 않는 것은 아니다. 오히려 사업장의 규모가 작아 취업규칙이 작성 · 신고되지 않아 직장 내 괴롭힘에 대한 조치 등이 규정되지 않아 법 적용의 사각지대에 놓일 위험이 크다.

나. 「산업안전보건법」상 내용의 한계

앞서 살펴보았듯이 「산업안전보건법」 내 정신건강을 보호하는 내용은 전체 법조문에 비해 매우 빈약함을 알 수 있다. 내용이 빈약할 뿐만 아니라 그 시행령 등 하위 법령에서 그 적용 범위마저 좁히고 있어서 문제이다. 「산업안전보건법」 자체는 추상적인 내용이 많고 사업주 등 수범자가 지켜야 할 구체적인 사항은 시행령과 시행규칙에서 정하고 있다.

「산업안전보건법」상 내용의 첫 번째 한계는 정신적 스트레스를 예상하여 사업주가 조치 의무를 부담하는 업무의 내용이 매우 한정적이라는 점이다 . 「산업안전보건법」 제5조 제1항은 사업주 등의 의무를 규정하고 있는데 동 조항 제2호는 “근로자의 신체적 피로와 정신적 스트레스 등을 줄일 수 있는 쾌적한 작업환경의 조성 및 근로조건 개선”을 규정하고 있다. 이를 구체적으로 규정한 시행규칙이 산업안전보건기준에 관한 규칙(안전보건규칙)인데, 상술한 바와 같이 동 규칙 제669조(직무스트레스에 의한 건강장해 예방조치)는 사업주의 근로자 보호 영역을 “장시간 근로, 야간작업을 포함한 교대작업, 전업 차량 운전 및 정밀기계 조작 작업 등”에 국한하고 있다. 분명 상위 법률은 직무의 성격과 종류를 한정하지 않았고, 비록 현실적인 여건상

그렇게 제한할 필요가 있더라도 부령인 시행규칙에서 규정한 범위는 너무 좁아 법률의 취지를 실현하기 힘들 정도라 평가된다.[41]

두 번째 한계점은 정신건강에 관한 사업주의 조치 의무가 구체적이고 세부적이지 않다는 점이다. 안전보건규칙 제669조에 근거해 정신적 스트레스로 발생하는 정신건강 훼손을 예방할 수 있는 법적 규범은 갖추었지만, 동 조문 제1호에서 제6호까지의 내용이 추상적이며, 정신건강 보호와의 구체적인 연관성이 떨어진다는 지적이 있다.[42]

예를 들어 안전보건규칙 제669조 제1호는 사업주의 의무로 작업환경 · 작업내용 · 근로시간 등 직무스트레스 요인에 대해 평가할 것을 규정하지만, 구체적으로 어떻게 평가할 것인지, 그 기준과 범위, 그리고 개선 대책이 갖춰야 할 요건과 필요한 자원 등은 규정하지 않고 있다. 또한 동 조문 제4호는 "근로시간 외의 근로자 활동에 대한 복지 차원의 지원에 최선을 다할 것"이라 의무가 아닌 노력 규정일 뿐만 아니라 사업주가 무엇을 해야 할지 아무런 지침을 내려주지 않는다.[43]

세 번째 한계점은 「산업안전보건법」 제39조(보건조치)가 규정하고 있는 사업주의 의무에 압박감에 의한 정신적 스트레스 완화 등 정신건강을 보건의 영역에 포함하지 못하고 있다는 것이다. 「산업안전보건법」 제39조 제1항은 건강장해 예방을 위해 사업주가 취해야 할 조치로 다음 6가지의 영역을 제시한다.

1. 원재료 · 가스 · 증기 · 분진 · 흄(fume) · 미스트(mist) · 산소결핍 · 병원체 등에 의한 건강장해
2. 방사선 · 유해광선 · 고온 · 저온 · 초음파 · 소음 · 진동 · 이상기압 등에 의한 건강장해
3. 사업장에서 배출되는 기체 · 액체 또는 찌꺼기 등에 의한 건강장해
4. 계측감시, 컴퓨터 단말기 조작, 정밀공작 등의 작업에 의한 건강장해
5. 단순 반복 작업 또는 인체에 과도한 부담을 주는 작업에 의한 건강장해

---

41) 신혜림(2020), 「근로자의 정신건강 보호를 위한 노동법적 규율방안 연구」, 서울대학교 법학전문대학원 전문박사학위논문, p.169.
42) 위의 학위논문, p.170.
43) 위의 학위논문, p.170.

6. 환기 · 채광 · 조명 · 보온 · 방습 · 청결 등의 적정 기준을 유지하지 아니하여 발생하는 건강장해

위의 6가지 건장 장해 영역 중 정신건강에 관한 것은 보이지 않는다.

네 번째 문제점은 '작업중지권'을 행사할 수 있는 요건으로 '정신건강'이 빠져 있다. 「산업안전보건법」 제52조는 근로자의 작업중지권을 규정하고 있는데, 제1항은 "근로자는 산업재해가 발생할 급박한 위험이 있는 경우에는 작업을 중지하고 대피할 수 있다"라고 규정한다. 비교하여 앞의 제51조에서는 사업주의 작업중지 의무를 규정하고 있는데, "사업주는 산업재해가 발생할 급박한 위험이 있을 때에는 즉시 작업을 중지시키고 근로자를 작업장소에서 대피시키는 등 안전 및 보건에 관하여 필요한 조치를 하여야 한다"라고 한다. 한계점은 근로자의 작업중지권과 사업주의 작업중지 의무 모두 산업재해가 발생할 수 있는 '급박한 위험'을 전제로 한다는 것이다. 정신적 건강 침해가 '업무상 재해(산업재해)'에 들어가는 것은 「산업재해보상보험법」상 규정으로까지 되어 있으나[44], 보통 정신적 건강 침해에 따른 산업재해가 '급박하게' 일어나지 않는다는 점에서 정신적 건강 침해를 이유로 한 작업중지권 또는 작업중지 의무가 인정될 여지가 없다.

이러한 작업중지권 또는 작업중지 의무의 또 다른 형태로 「산업안전보건법」 제41조(고객의 폭언 등으로 인한 건강장해 예방조치 등) 제2항은 "사업주는 업무와 관련하여 고객 등 제3자의 폭언 등으로 근로자에게 건강장해가 발생하거나 발생할 현저한 우려가 있는 경우에는 업무의 일시적 중단 또는

---

44) 「산업재해보상보험법」 제37조(업무상의 재해의 인정 기준) ① 근로자가 다음 각 호의 어느 하나에 해당하는 사유로 부상 · 질병 또는 장해가 발생하거나 사망하면 업무상의 재해로 본다. 다만, 업무와 재해 사이에 상당인과관계가 없는 경우에는 그러하지 아니하다.
(… 중략 …)
2. 업무상 질병
(… 중략 …)
다. 「근로기준법」 제76조의2에 따른 직장 내 괴롭힘, 고객의 폭언 등으로 인한 업무상 정신적 스트레스가 원인이 되어 발생한 질병
주의해야 할 점은 「산업재해보상보험법」 제37조 제1항 제2호 다목에서 업무상 정신적 스트레스의 원인으로 「근로기준법」상의 직장 내 괴롭힘과 고객의 폭언을 꼽고 있으나, 이는 어디까지나 예시로서 이 외에도 인과관계가 인정된다면 다양한 업무상 원인이 포함된다.

전환 등 대통령령으로 정하는 필요한 조치를 하여야 한다"라고 하여 사업주의 작업중지 의무를 규정하고, 제3항에서는 "근로자는 사업주에게 제2항에 따른 조치를 요구할 수 있다"고 하여 근로자의 작업중지권을 인정하고 있다. 고객의 폭언 등으로 인한 건강장해에 '정신건강'의 장해는 대표적인 예라고 할 수 있다. 그러나 여기서는 '급박하게'가 아닌 '현저한 우려'라는 요건이 들어가는데, 이 역시 어디까지가 '현저'한지에 대한 해석의 격차가 있어 실제 활용이 명확하지 않다.

다섯 번째 문제점은 「산업안전보건법」 제36조(위험성평가의 실시)는 사업주의 위험성평가 실시 의무를 규정하고 있다. 동 조문 제1항은 "사업주는 건설물, 기계 · 기구 · 설비, 원재료, 가스, 증기, 분진, 근로자의 작업행동 또는 그 밖의 업무로 인한 유해 · 위험 요인을 찾아 부상 및 질병으로 이어질 수 있는 위험성의 크기가 허용 가능한 범위인지를 평가하여야 하고, 그 결과에 따라 이 법과 이 법에 따른 명령에 따른 조치를 하여야 하며, 근로자에 대한 위험 또는 건강장해를 방지하기 위하여 필요한 경우에는 추가적인 조치를 하여야 한다"라고 규정한다. 근로자가 일하는 작업환경 등 노동환경 일반에 관한 위험성평가이므로 정신건강을 해칠 요소에 대해서도 위험성을 평가하는 것이 관련 입법의 목적에 맞다. 그러나 관련한 고용노동부의 고시인 '사업장 위험성평가에 관한 지침'을 봐도, 그 가이드라인인 '새로운 위험성평가 안내서(2023)'를 보아도 위험성평가의 대상으로 유해 · 위험 요인에 정신건강을 해칠 내용이 포함되어 있지 않다.

여섯 번째 문제점은 '안전보건교육'에 정신건강에 관한 위험이 명시적으로 규정되어 있지 않다는 것이다. 앞서 설명한 바와 같이 「산업안전보건법」 제3장(제29조에서 제33조)은 사업주의 안전보건교육 의무를 규정하고 있고, 제29조(근로자에 대한 안전보건교육) 제1항의 위임을 받은 시행규칙 제26조는 교육 내용으로 '직무 스트레스'를 규정하고 있다. 그러나 시행규칙으로 관련 내용을 규정하는 것보다는 법률 단계에서 안전보건교육의 내용으로 정신건강을 포함한다는 것을 명시하여 수범자는 사업주가 그것을 인식할 수 있도록 하여야 한다. 또한 교육 내용으로 직무 '스트레스'만으로 한정하고 있다. 근로자의 정신건강 침해의 원인은 다양한데, 그것을 포괄하여 '스트레스'라는 추상적 단어로 표현하고 있다.

마지막으로 「산업안전보건법」 제8장 제2절(제129조에서 제141조)은 근로자의 '건강진단'에 관해서 규정하고 있다. 그중 제129조(일반건강진단)가 가장 대표적인 건강진단으로 제1항에서 사업주는 근로자의 건강관리를 위해 일반건강진단을 실시할 것을 규정하고, 제133조(건강진단에 관한 근로자의 의무)는 근로자는 이러한 건강진단을 받아야 함을 의무로 규정한다. 그리고 동법 시행규칙 제198조(일반건강진단의 검사항목 및 실시방법 등) 제1항은 일반건강진단의 검사 항목을 다음과 같이 규정한다.

1. 과거병력, 작업경력 및 자각 · 타각증상(시진 · 촉진 · 청진 및 문진)
2. 혈압 · 혈당 · 요당 · 요단백 및 빈혈검사
3. 체중 · 시력 및 청력
4. 흉부방사선 촬영
5. AST(SGOT) 및 ALT(SGPT), γ-GTP 및 총콜레스테롤

이상의 항목에 정신건강에 관한 진단은 없다. 다만, 시행규칙 제209조(건강진단 결과의 보고 등) 제3항은 "건강진단기관은 건강진단을 실시한 날로부터 30일 이내에 다음 각호의 구분에 따라 건강진단 결과표를 사업주에게 송부해야 한다"라고 규정하고, 제1호에서 일반건강진단을 실시한 경우 별지 84호 서식의 결과표를 사업주에게 송부할 것을 정하고 있다. 이 별지 84호 서식의 '일반건강진단 결과표'에는 질병 소견 코드표로 '정신 및 행동장해(F)'가 표기되어 있다. 참고로 일반건강진단 외에 「산업안전보건법」은 특수건강진단, 배치전건강진단, 수시건강진단, 임시건강진단을 규정하고 있는데, 여기서도 정신건강 진단에 관한 내용은 없다.

제3절 근로자 정신건강 보호를 위한 국제 규범 및 해외 입법

1. 국제노동기구(ILO)의 규범

2022년 국제노동기구(ILO)는 총회에서 회원국이 주목하고 되도록 비준해

야 할 핵심 협약으로 기존의 8개에서 산업안전보건에 관한 협약 2개를 추가하였다. 추가된 2개의 협약은 '산업안전보건 및 작업환경에 관한 협약(제155호, 1981)'과 '산업안전보건 증진체계 협약(제187호, 2006)'이며 우리나라는 모두 비준하였다.

제155호 협약 제3조는 정의 규정으로 '보건'을 "작업과 관련하여 단순히 질병이나 질환이 없는 상태만을 가리키는 것이 아니라 작업상의 안전과 위생에 직접적으로 관련된 보건에 영향을 미치는 정신적 · 신체적 요소도 포함한다"라고 하여 보건의 범위에 정신적 요소가 포함됨을 명시하였다.

이하 조문에서 산업안전보건에 관한 국가의 정책과 원칙을 규정하는데, 제5조에서 회원국은 산업안전보건 정책을 수립할 때 고려해야 할 주요 부문의 활동을 규정한다. 이러한 활동으로 동 조문 제2호는 "물질적인 작업요소와 작업을 수행하거나 감독하는 자의 관계, 그리고 기계 및 설비, 작업시간, 작업조직 및 작업공정을 근로자의 신체적 · 정신적 능력에 맞게 조절하는 일"을 명시한다. 즉, 기계 · 설비 · 근로시간 · 작업조직 · 작업공정 등이 근로자의 정신적 능력에 맞게 조절되어야 한다는 것이다.

제155호 협약을 좀 더 구체화한 것이 '산업안전보건에 관한 권고(제164호, 1981)'이다. 본 권고 제3조에서 회원국은 "경제활동의 다양한 분야와 다양한 유형의 작업에 적합하고, 위험을 근원적으로 제거하기 위한 원칙을 제시하는 데 협약 제4조에 언급된 정책은 다음 분야의 조치를 취해야 한다"라고 규정한다. 그러한 조치 중 (e)는 "근로조건에서 유해한 신체적 또는 정신적 스트레스 예방"을 꼽고 있다.

제187호 협약에는 비록 '정신건강'에 관한 직접적인 규정은 없지만, 본 협약의 내용이 제155호 협약의 원활한 실행을 위하여 산업안전에 관한 국가정책, 국가시스템 및 국가프로그램의 개발을 증진시키는 것을 내용으로 하기 때문에 해석상 회원국이 추진하여야 할 정책 과제에는 정신건강에 관한 내용이 들어간다.

이상이 근로자의 산업안전보건 정책 수립 시 회원국의 의무 내용이었다면 '산업보건기구에 관한 협약(제161호, 1985)'은 그러한 정책을 실현한 기관에 관한 내용이다.[45] 본 협약 제1조는 '산업보건기구'란 "본질적으로 예방적 기능을 수행하고 다음 사항에 대하여 기업 내의 사용자 및 근로자와 그

대표에게 조언할 책임이 있는 기구를 말한다"라고 규정한다. 그리고 그 사항으로 제1호는 "작업과 관련하여 최적의 신체적 · 정신적 건강을 용이하게 하는 안전하고 건강한 작업환경을 수립 · 유지하기 위한 조건"이라 하고, 제2호는 "근로자의 신체적 · 정신적 건강 상태 측면에서 근로자의 능력에 맞는 작업의 조정"을 명시한다.

2. 유럽연합(EU)의 규범

유럽연합(EU)의 산업안전보건에 관한 기본지침은 "사업장 내 근로자의 안전과 보건의 향상을 증진하기 위한 수단의 도입에 관한 1989년 6월 12일의 지침(89/391/EEC)"으로 일명 '기본지침 89/391/EEC(the Framework Directive 89/391)'으로 불린다. 이 기본지침은 예방의 원칙에 따라 사용자가 노동과 관련된 모든 측면에서 근로자의 안전과 보건을 보장할 것을 의무로 규정한다. 다만, 기본지침은 근로자의 안전과 보건에 관한 기본원칙을 명문으로 법제화하는 것을 목적으로 하여 사업장에서의 정신건강 문제를 특별히 규정하고 있지 않다. 비록 기본지침이 심리적 위험 또는 업무 스트레스라는 용어는 포함하지 않고 있지만, 사업장의 설계, 작업설비 · 작업방법 · 생산방법의 선택에 관해서 업무를 개인에게 적응시키기 위한 규정을 포함한다. 따라서 기본지침은 작업환경과 관련된 재해 원인을 포괄적으로 예방하기 위해 당연히 직장에서의 사회 · 심리적 스트레스의 원인과 견련되어 있다.[46]

유럽연합은 기본지침에 부족한 산업안전의 정신건강 문제를 보완하기 위해, 그것을 근거로 한 '사회 · 심리적 위험의 예방과 위험평가 및 위험관리 조치를 위한 가이드라인(이하 '사회 · 심리적 위험 가이드라인'이라 한다)'을[47] 2018년 발표하였다.

본 가이드라인은 각국의 근로감독관이 사회 · 심리적 위험과 관련하여 위

45) 우리나라는 제161호 협약에 대해서는 아직 비준하지 않았다.

46) 송안미 · 권혁 · 신동윤 · 박수경(2023), 『근로자 정신건강 보호방안 연구』, 산업안전보건연구원, p.17.

47) 원어는 'Guide for Assessing the Quality of Risk Assessments and Risk Management Measures with regard to Prevention of Psychosocial Risk'이다.

험평가와 위험관리 조치를 다루는 검사 절차를 개발하는 것을 돕는 데 목적이 있다. 목차로는 ① 사회 · 심리적 위험과 관련된 법률 요건, ② 사회 · 심리적 위험에 대한 정의 · 업무 관련 위험요인 · 사례 · 결과, ③ 사회 · 심리적 위험에 대한 위험평가 과정(단계 및 방법), ④ 사회 · 심리적 위험을 예방하기 위한 조치의 예, 그리고 ⑤ 사회 · 심리적 위험에 대한 예방적 접근 방식을 사용하는 검사 수행 방법으로 구성되어 있다.48)

가이드라인은 각 분야의 사회 · 심리적 위험 요소들을 다음과 같이 예시한다.

〈표 6-1〉 각 분야의 사회 · 심리적 위험 요소의 예시

분야	사회 · 심리적 위험 요소
상업	- 과도한 업무량과 촉박한 시간 - 단조로운 일 - 자신 담당업무에 대한 영향력 부족 - 고객 응대(사회적 지지의 부족) - 갈등, 직장 내 괴롭힘, 성희롱 - 절도, 폭력, 협박, 정신적 외상을 주는 사건 - 불규칙적인 근로시간 : 저녁 늦은 근무와 주말 근무 - 직장에서 불예측성 - 승진 정체
사무	- 과도한 업무량과 촉박한 시간 - 의미 없는 업무와 변화 없음 - 자신 담당업무에 대한 영향력 부족 - 지지의 부족 - 인간-컴퓨터 간의 상호 작용 곤란 - 고객과 계약 시 갈등 · 직장 내 괴롭힘 · 성희롱 - 폭력과 폭력을 끼치려는 협박 - 고용 불안정 - 승진 정체
병원	- 과도한 업무, 촉박한 시간, 그리고 갈등을 불러일으키는 지시 - 자신 담당업무에 대한 영향력 부족 - 지지의 부족 - 갈등, 직장 내 괴롭힘, 성희롱 - 높은 감정 지지와 호소 - 폭력과 정신적 외상을 주는 사건 - 불규칙한 근로시간과 야간 업무

48) 유럽연합 산업안전보건청(EU-OSHA) 홈페이지, https://osha.europa.eu/en/legislation/guidelines/labour-inspectors-guide-assessing-quality-risk-assessments-and-risk-management-measures-regard-prevention-psychosocial-risks(접속일 : 2024. 8. 29.).

〈표 6-1〉의 계속

분야	사회·심리적 위험 요소
건설	- 과도한 업무와 촉박한 시간 - 자신 담당업무에 대한 영향력 부족 - 사회적 지지의 부족 - 직장 내 괴롭힘과 성희롱 - 작업의 주요 변화에 대한 정보 부족 - 정신적 외상을 주는 사건
교육	- 과도한 의무와 갈등을 불러일으키는 또는 불명확한 지시 - 자신 담당업무에 대한 영향력 부족 - 사회적 지지의 부족 - 교사 간 갈등 또는 직장 내 괴롭힘 - 학생과의 갈등 - 폭력 또는 정신적 외상을 주는 사건

자료 : 유럽연합, 사회 · 심리적 위험 가이드라인, https://circabc.europa.eu/ui/group/fea534f4-2590-4490-bca6-504782b47c79/library/0aa69fb7-123b-462b-8f84-b62c6884e2fa/details(접속일 : 2024. 8. 29.).

3. 주요 국가의 규범

가. 프랑스

프랑스는 노동관계 법령을 한곳에 모은 「노동법전」 제4편(partie)에 산업안전보건에 관한 내용을 규정하고 있고, 정신건강에 관한 사업주의 여러 의무를 규정하고 있다. 또한 제4편 이외에도 정신건강에 관한 보호 규정이 산재되어 있다.

먼저 프랑스 역시 '직장 내 괴롭힘'에 대한 규정이 있다. 노동법전 L.1152-1조는 "모든 근로자는 자신의 권리와 존엄을 해하거나 신체적 · 정신적 건강을 손상, 또는 직업의 장래를 위태롭게 할 수 있는 근로조건의 저하를 목적으로 하거나 그러한 결과를 초래하는 반복적인 정신적 괴롭힘 행위를 당하지 아니한다"라고 규정한다. 이 조문 이하 사업주는 가해 근로자에게 징계할 것을 규정하고(L.1152-5조), 직장 내 괴롭힘을 거부하거나 해당 행위에 관해 증언하는 것 등에 대한 불이익 처분을 금지한다(L.1152-2조).[49] 또한 규정은 없지만 프랑스 대법원은 사업주에게 '결과적 안전의무'(L.4121-1조) 라는 것을 내세워 피해 근로자에 대한 민사상의 배상책임도 인정한다.[50]

직장 내 괴롭힘에 관해서 프랑스의 사업주는 예방 의무와 정보 제공 의무를 부담한다. 노동법전 L.1152-4조에서 "사업주는 직장 내 괴롭힘을 방지하기 위한 모든 조치를 취해야 한다"라고 일반적인 내용을 규정한 다음, 구체적으로 노동법전 제4편 산업안전보건 분야에서 해당 내용을 정한다.

먼저 노동법전 L.4121-1조는 사업주에게 작업 중 근로자의 신체적·정신적 안전과 건강을 위하여 ① L.4161-1조에 언급된 것을[51] 포함한 직업적 위험을 예방하기 위한 조치를 실시하고, ② 관련 정보 및 교육을 제공하며, ③ 적절한 조직과 지원체계를 구축할 것을 규정한다. 그리고 L.4121-2조는 위의 L.4121-1조를 시행하기 위해 사업주의 구체적인 의무 내용을 규정하는데, 그중 제7호는 "기술, 근로자단체, 근로조건, 사회적 관계 및 주변 환경의 영향"을 고려하여 예방 조치를 수립할 것을 정하고, '주변 환경'의 예시로 직장 내 괴롭힘을 명시하고 있다.[52]

직장 내 괴롭힘에 관한 규정 외에도 프랑스 노동법전 내 정신건강 보호에 관한 규정을 찾아보면 L.2312-59조는 근로자대표의 사업주에 대한 '경고권(droit d'alerte)'을 규정하고 있는데, 우리의 노사협의회와 비슷한 직장 내 '사회경제위원회(comité sociale et économique)'의 근로자대표가 근로자의 개인의 권리, 신체적·정신적 건강 또는 개인의 자유가 침해되었음을 발견할 때에는 사업주에게 해당 사항을 경고할 수 있다.

앞서 설명한 노동법전 L.4121-1조의 사업주의 산업안전보건에 관한 조치

---

49) 프랑스 노동법전 L. 1152-2조는 "모든 근로자와 직업훈련생, 견습생은 반복적인 직장 괴롭힘 행위를 당하였거나 당하기를 거부하였다는 이유 또는 그러한 행위를 증언하거나 기술하였다는 이유로 징계를 받거나, 해고되거나, 보수, 연수, 재배치, 배치, 직무평가, 직무분류, 승진, 인사이동, 계약 갱신 기타 직·간접적 차별을 받아서는 안 된다"라고 규정한다.

50) Cass. soc., 21 juin 2006, n°05-43914; 프랑스의 '직장 내 괴롭힘'의 요건 등 해당 내용에 대해서는 양승엽(2017), 「직장 괴롭힘 방지 입법에 대한 프랑스 법제의 시사점」, 『성균관법학』 제29권 제3호, 성균관대학교 법학연구소의 내용을 참조할 것.

51) 작업상 위험과 통증을 일으키는 여러 요소(예 : 소음과 어색한 자세 등)를 규정하고 있다.

52) 양승엽, 앞의 논문, p.130.

의무는 비단 직장 내 괴롭힘뿐만 아니라 근로자의 정신건강 보호 일반에 관한 것이다.

나. 기타 국가

이하 기타 국가들의 산업안전보건법제에서 정신건강과 관련한 주요 내용을 기존 연구에서 발췌하면 다음과 같다.

독일의 경우 '산업안전보건법(ArbSchG)' 제5조는 작업환경에 대한 위험성평가를 규정하고 있는데, 동 조문 제3항은 구체적인 위험성평가 항목을 명시하고 이 중 제6호가 '직업에서의 정신적 부담'이다. 다만, 이와 관련하여 근로자 개개인의 직무 만족도와 스트레스, 성과 등에 대한 사항은 필수적 평가 대상이 아니라고 한다. 그 이유는 정신건강에 관한 위험성평가는 개개 근로자의 심리적 · 정신적 부담을 측정하는 것이 아니라 사업장 환경의 일반적 조건을 파악하는 것이 목적이기 때문이다.[53]

또한 독일의 '경영조직법'은 기업 내 '종업원평의회'에 공동결정권을 부여하고 있는데, 동법 제87조 제1항 제7호는 산업재해 및 직업병의 예방, 법률상의 규정 또는 재해예방규칙 내의 건강보호에 관한 규정 등에 관하여 사업주는 종업원평의회와 공동으로 결정할 것을 규정하고 있다.[54] 이는 우리 「근로자참여 및 협력증진에 관한 법률」(이하 '근로자참여법'이라 한다)과 비교되는데 우리 근로자참여법 제20조 제1항은 노사협의회에서 사용자대표와 근로자대표가 협의해야 할 내용으로 제4호 '안전, 보건, 그 밖의 작업환경 개선과 근로자의 건강증진'을 규정하고 있지만, 이는 어디까지 협의 사항으로 근로자 측의 기업 내 정신건강 보호 정책에 미치는 영향력이 독일과 비교하여 미미할 수밖에 없다. 다만, 「산업안전보건법」 제24조(산업안전보건위원회)는 근로자위원과 사용자위원이 동수로 참여하는 '산업안전보건위원회'를 구성하도록 규정한다. 산업안전보건위원회의 심의 · 의결 사항으로는 다음 6개가 있다.

---

53) 송안미 외, 앞의 연구보고서, p.94.
54) 위의 연구보고서, p.93.

1. 사업장의 산업재해 예방계획의 수립에 관한 사항
2. 안전보건관리규정의 작성 및 변경에 관한 사항
3. 안전보건교육에 관한 사항
4. 작업환경측정 등 작업환경의 점검 및 개선에 관한 사항
5. 근로자의 건강진단 등 건강관리에 관한 사항
6. 산업재해에 관한 통계의 기록 및 유지에 관한 사항

호주의 경우 '산업안전보건법 2011(Work Health and Safety Act 2011)' 제4조 정의 조항에서 '건강'이란 신체와 정신적(psychological) 건강을 의미한다고 규정하고, '목록(schedule) 3'에서는 작업상의 위험에는 물리적, 생물적, 화학적 외에도 '정신적'인 것을 포함함을 명시한다. 그리고 동법 제5편(part)은 사업주와 근로자대표 간의 협의 내용에 심리-사회적 요소(psychosocial)가 들어갈 것을 규정한다.[55]

영국은 사업 내 위험성평가에서 '위험'의 항목에 정신적 요소도 포함하는 것이 특징이다. 영국 산업안전보건법(HSE : Health and Safety Executive)이 발간한 '사업장 보건 안전 관리에 관한 준칙 2000(Management of Health and Safety at Work 2000)'을 보면 위험성평가의 대상으로 신체적 상해뿐만 아니라 정신적 위험에 대한 평가도 규정한다.[56]

벨기에의 '근로자복지법' 제2/32조는 사업주는 심리-사회적 위험, 스트레스, 폭력, 직장 내 괴롭힘과 성희롱으로 이어질 수 있는 상황을 최소화할 수 있는 위험성평가를 실시하고 관련 위험을 예방할 것을 규정한다.[57]

네덜란드의 '근로조건법' 제2조 제3항은 사업주의 사업 내 산업안전보건 정책의 내용으로 고용 관련 심리-사회적(psychosocial) 압박을 예방할 것을 규정한다. 동법 제3조 제1항은 '고용 관련 심리-사회적 압박'을 "스트레스를 일으키는 고용 상황에서의 성적 괴롭힘, 공격성, 폭력 및 업무의 가중과 압박"이라 정의한다.[58]

55) 박수경(2021), 「A Study on the Protection and Prevention of Worker's Mental Health - The Occupational Safety and Health Act in South Korea」, 『노동법논총』 제51집, 한국비교노동법학회, p.52.
56) 전형배(2011), 「영국의 위험성평가와 시사점」, 『노동법논총』 제21집, 한국비교노동법학회, p.439.
57) 박수경, 앞의 논문, p.53.

덴마크의 '작업환경법' 제1a조는 법의 적용 범위를 물리적 환경뿐만 아니라 정신적 환경까지 포함함을 규정한다. 그리고 '2004년 6월 17일의 업무수행에 관한 행정명령(559호)'은 위의 작업환경법이 정한 사업주의 의무로 안전하고 건강한 근로환경을 보장하기 위한 정책 수립(제4조)과 위험성평가를 규정하고 있는데(제6a조), 여기에는 근로자의 신체적 · 정신적 건강에 영향을 미치는 물리적, 인체공학적, 심리-사회적 요소도 포함된다. 그리고 동 행정명령 제9a조는 사업주는 직장 내 괴롭힘으로 신체적 또는 정신적 건강 손상이 일어나지 않도록 해야 한다고 규정한다.[59]

마지막으로 일본의 '산업안전보건법'은 상시적인 정신건강 관리 시스템을 구축한다. 동법 제66조의10은 상시 50인 이상의 사업장에서는 의무적으로 사업주가 근로자의 정신적 부담 정도를 파악하고 의사가 면담 및 후속조치를 할 수 있도록 '스트레스 체크 검사'를 실시할 것을 규정한다. 이 검사의 목적은 근로자의 현재 스트레스 상태를 검사하고 알려주어 근로자 스스로 자신의 스트레스 상태를 이해하여 정신건강의 악화를 예방하는 동시에, 사업장의 측면에서는 검사 결과의 종합적인 분석을 통해 사업장의 스트레스 요인을 평가하여 근로환경을 개선하는 것이다. 또한 동 조문은 사업주는 스트레스 체크 검사를 통해 얻은 결과를 이유로 근로자에게 불리한 처우를 해서는 안 된다고 규정한다.[60]

4. 국제기구 및 각 국가 규범으로부터의 시사점

이상의 국제기구의 규범 및 국가들의 법령에서 얻을 수 있는 시사점으로 우리 법제의 미비점으로 꼽은 바와 비교하면 다음과 같다.

첫째, 산업안전보건법제의 보건 또는 건강 관련 정의 규정에서 '정신적' 요소를 적극 포함하고 있다. 국제노동기구(ILO) 제155호 협약인 '산업안전보건 및 작업환경에 관한 협약(1981)'에서 '보건'의 정의에 정신적 요소를 규정하고, 호주의 '산업안전보건법 2011'에서도 '건강'의 의미에 정신적 건

58) 박수경, 앞의 논문, p.54.
59) 위의 논문, p.55.
60) 위의 논문, pp.56~57.

강을 포함한다. 그리고 덴마크의 '작업환경법'은 법의 적용 범위로 정신적 환경을 규정한다.

둘째, 위험성평가의 항목으로 정신적 요소를 포함한다. EU의 '사회·심리적 위험 가이드라인'은 각국의 근로감독관이 위험성평가를 할 때 사회-심리적 위험 요소를 넣을 것을 규정한다. 그리고 독일의 '산업안전보건법', 영국의 '사업장 보건 안전 관리에 관한 준칙 2000', 벨기에의 '근로자복지법', 덴마크의 '작업환경법'은 위험성평가에 정신적 요소를 넣어 근로자의 정신건강 침해를 사전 점검한다.

셋째, 산업재해 예방을 위한 사업주의 정책 수립에 정신건강의 위험을 주요 대상으로 한다. 프랑스는 '노동법전'에서 사업주의 예방 조치와 함께 교육의 내용으로, 덴마크의 '작업환경법'은 사업주의 사업장 내 정책 수립 의무에 정신건강을 포함한다.

넷째, 근로자의 건강검진 내용에 정신건강을 포함한다. 일본은 '산업안전보건법'에서 근로자의 '스트레스 체크 검사'를 의무적으로 실시할 것을 규정하여, 근로자의 정신건강 상태를 상시 점검하고 사업장의 근로환경 개선의 지표로 삼는다.

마지막 다섯째로, 근로자대표의 적극적인 역할을 참고할 수 있다. 프랑스는 근로자대표에게 근로자의 정신건강이 침해되었을 때는 사업주에게 경고할 수 있는 권리를 '노동법전'에서 부여하였고, 독일의 '경영조직법'은 종업원평의회의 근로자대표에게 건강증진 정책에 관하여 공동결정권을 규정하고 있다.

제4절 소결 : 법제 발전의 방향

1. 「근로기준법」의 직장 내 괴롭힘 규정의 개선 방향

앞서 「근로기준법」의 정신건강 보호 규정에 관해 '직장 내 괴롭힘'을 중심으로 설명하였지만, 「근로기준법」의 관련 내용의 한계에서 가장 먼저 지적해야 할 점은 원칙적인 선언의 부재이다. 비록 「근로기준법」의 제76조가 "근로자의 안전과 보건에 관하여는 「산업안전보건법」에서 정하는 바에 따른다"라고 규정하였지만, 이는 전문적인 영역으로 법의 분화를 의미하는 것이지, 「근로기준법」이 사실상 노동법 영역의 기본법 역할을 방기하는 것은 아니다. 「근로기준법」은 총칙에서 '균등처우'(제6조) 등 근로관계의 원칙을 규정하고 있는데, 이러한 원칙에서 근로자의 정신건강을 포함한 안전배려 의무에 관한 내용이 규정되어 있지 않다. 따라서 「근로기준법」의 총칙 규정에서 관련 내용이 규정되어야 한다.

구체적으로 「근로기준법」 제8조(폭행의 금지)를 개정할 것을 생각할 수 있다. 현재 제8조는 "사용자는 사고의 발생이나 그 밖의 어떠한 이유로든 근로자에게 폭행을 하지 못한다."라고 규정한다. 여기서 '폭행'의 범위가 「형법」 제260조가 규정하는 사람에 대한 물리적 폭행에 국한하는지, 아니면 폭언이나 몸수색도 포함하는지 논쟁이 된다. 그러나 연혁적으로 작업 중 근로자에게 구타를 방지하는 것에서 나왔기 때문에 대체로 사람의 신체에 대한 유형력 행사만을 의미하는 것으로 본다.[61]

그러나 이러한 과거의 연혁에서 시작하였지만, 현재는 그 의의와 범위를 확장할 필요가 있다. 폭행의 대상으로 사람의 신체뿐만 아니라 정신적인 영역까지 포함해야 하며, 수단 또한 물리적 행위에서 폭언 등의 언어적인 것까지 확장되어야 한다. 무엇보다 그 보호 목적을 근로자의 인격적 보호 내 신체적 안전에서 정신적 영역까지 넓혀야 한다. 따라서 본 조문은 표제를 '폭행의 금지'에서 '인격권의 보호'로 바꾸고 "사용자는 근로자의 업무와 관련하여 어떠한 이유로든 신체적 · 정신적 가혹행위를 하지 못한다"라고 규정할 필요가 있다.

직장 내 괴롭힘의 관련 내용으로 들어가서 「근로기준법」의 한계를 극복하는 방안으로는 다음을 생각해 볼 수 있다.

첫 번째 문제점으로 꼽은 행위 주체인 가해자의 협소함은 「근로기준법」 자체의 한계가 있다. 「근로기준법」은 사업주와 직접 근로계약을 체결한 협의의 임금근로자만을 대상으로 하기에 지적한 하청업체 근로자와 노무제공

61) 노동법실무연구회, 앞의 책, p.796(이용구 · 최정은 집필).

자를 적용 대상으로 포섭할 수 없다. 따라서 직장 내 괴롭힘 규정을 하청업체 근로자와 노무제공자에 적용하기 위해서는 「근로기준법」상 근로자의 정의 규정을 개정할 수밖에 없다. 그러나 이는 노동법제의 근간에 대한 변화이기 때문에 오랜 논의를 거칠 수밖에 없다. 하청업체 근로자와 노무제공자에 대한 직장 내 괴롭힘 규정의 공백을 한시적으로라도 메우기 위해서는 타 법률의 규정을 보완 또는 신설할 수밖에 없다.

일단 하청업체 근로자에 대한 직장 내 괴롭힘 문제는 「산업안전보건법」 제63조(도급인의 안전조치 및 보건조치)를[62] 개정할 수 있다. 도급인의 안전조치 및 보건조치에 「근로기준법」 제76조의2와 제76조의3의 내용을 준용하도록 하는 것이다.

그리고 두 번째 문제점으로 노무제공자에 대한 괴롭힘 방지 및 구제는 노무제공자라는 새로운 고용 형태를 포섭하려는 법안을 생각할 수 있다. 노무제공자의 대표적인 유형으로 플랫폼 종사자를 생각할 수 있는데, 제21대 국회에서 '플랫폼 종사자 보호 및 지원 등에 관한 법률안'(의안번호 : 2108908, 2021. 3. 18. 장철민 의원 대표 발의)이 발의되었다.[63]

동 법률안 제23조(괴롭힘 등의 금지)는 제1항에서 "플랫폼 이용 사업자는 플랫폼 종사자에게 대하여 폭언 · 폭행 · 성희롱 및 괴롭힘 등(이하 '괴롭힘 등'이라 한다)을 하여서는 아니 된다"라고 규정하고, 제2항에서는 "플랫폼 이용 사업자는 고객, 소속 직원 또는 다른 플랫폼 종사자 등이 플랫폼 종사자에 대하여 괴롭힘 등을 하지 아니하도록 대통령령으로 정하는 필요한 조치"를 할 것을 규정한다. 마지막으로 제3항은 "플랫폼 이용 사업자는 제1항 및 제2항에 따른 괴롭힘 등이 발생한 경우에 조사, 피해자 보호 등 대통령령으로 정하는 필요한 조치"를 할 것을 규정한다.[64]

---

62) 「산업안전보건법」 제63조(도급인의 안전조치 및 보건조치) 도급인은 관계수급인 근로자가 도급인의 사업장에서 작업을 하는 경우에 자신의 근로자와 관계수급인 근로자의 산업재해를 예방하기 위하여 안전 및 보건 시설의 설치 등 필요한 안전조치 및 보건조치를 하여야 한다. 다만, 보호구 착용의 지시 등 관계수급인 근로자의 작업행동에 관한 직접적인 조치는 제외한다.

63) 참고로 제22대 국회에서는 2024. 11. 25. 기준으로 아직 플랫폼 종사자에 관한 보호 법안이 제안되지 않았다.

64) 이수진(비) 의원이 대표 발의한 '플랫폼 종사자 보호 및 지원 등에 관한 법률안' (의안번호 : 2113269, 2021. 11. 11. 발의)도 제23조에서 거의 같은 내용을 담고

이 법률안은 비록 플랫폼 종사자에 국한하고 있지만 향후 노무제공자에 관한 보호 입법안을 제시하면서 괴롭힘에 관한 규정 내용을 도입한다면 좋은 본보기가 될 수 있다. 이로써 직장 내 괴롭힘 규정의 사각지대는 보완될 수 있을 것이다.

세 번째 문제점인 사업주(해당 규정의 친족 포함)가 직장 내 괴롭힘의 주체일 때 피해 근로자에 대한 보호 조치가 미흡할 수밖에 없다는 지적에 대해 다음과 같은 방안을 생각할 수 있다. 노동위원회에 구제 신청 제도를 신설하는 것이다. 즉, 직장 내 괴롭힘이 발생하였을 때 그 가해자가 사업주와 그 친족일 때에는 노동위원회에 구제 신청하여 노동위원회가 직접 피해자 보호 조치인 근무장소의 변경, 배치전환, 유급휴가 명령 등을 할 수 있게 하는 것이다.

네 번째 한계점이었던 5인 미만의 사업(장)에는 직장 내 괴롭힘 규정이 적용되지 않는다는 것은 「근로기준법」 시행령 제7조 〈별표 1〉을 개정하여 동법 제76조의2와 제76조의3을 5인 미만의 사업(장)에도 적용되도록 포함하는 것이다. 이는 사업주에게 경제적 부담을 부과하는 것이 아니기 때문에 쉽게 확대될 수 있다. 다만, 영세 사업장에서 근로자에 대한 보호 조치인 근무장소의 변경이나 배치전환 등 지리적 격리는 불가능할 수도 있다. 그러나 유급휴가 명령이나 가해자에 대한 징계 등은 적절한 효과를 발휘할 수 있다.

이상 네 가지 보완점 외에도 피해 근로자를 사후 구제하는 방안으로 직장 내 괴롭힘을 원인으로 한 근로자의 사직을 「근로기준법」상 해고로 간주하자는 주장(의제해고)이 있다.[65] 많은 근로자들이 직장 내 괴롭힘에 대한 대응으로 '내가 그만두고 말지'라는 의사로 사직한다. 근로자는 생계를 포기하면서까지 자신의 신체적 · 정신적 건강을 지키려 하는 것이다. 그러나 이러한 퇴사를 전적으로 자발적인 사직으로 볼 수 없으며, 사용자가 이러한 관행을 묵인한다면 근로자의 책임이 아님에도 불구하고 근로자 혼자 막대한 불이익을 감수하는 것이다. 따라서 이 경우를 해고로 간주하여 「근로기준법」상의 부당해고 구제 절차를 적용하자는 주장이다.

이 경우 피해 근로자는 「근로기준법」 제28조(부당해고 등의 구제 신청)[66]

있다.

65) 신혜림, 앞의 학위논문, p.250 이하.

제1항에 근거하여 노동위원회에 해고가 부당하다는 구제 신청을 할 수 있고, 제30조(구제명령 등) 제1항에[67] 따라 노동위원회는 부당해고라 판단될 때에는 사용자에게 구제명령을 하여야 한다. 보통 부당해고에 관한 구제명령의 내용으로는 원직 복귀와 해고 기간의 임금에 상당하는 손해배상인데, 이때 피해 근로자가 직장으로 복귀하는 것은 원하지 않는 바가 명백하기 때문에 제30조 제3항에[68] 따라 임금 상당액 이상의 금전보상을 명령하는 것이 타당하다.[69]

직장 내 괴롭힘 제도 내 의제해고 규정 도입 시 하나 더 생각해야 할 것은 직장 내 괴롭힘 발생에 관한 증명책임을 누가 부담할 것인가이다. 「근로기준법」 제23조[70]의 해석상 사용자는 부당해고가 아니라는 것을 증명해야 한다. 따라서 직장 내 괴롭힘에 의한 사직(의제해고)이 부당하지 않다는 사실관계는 사용자가 밝혀야 하는 것으로 증명책임은 사용자에게 있다.

2. 「산업안전보건법」상 정신건강 보호 증진을 위한 방안

「산업안전보건법」상 내용의 첫 번째 한계점은 동법 제5조 제1항은 사업주에게 포괄적인 근로자의 신체적 피로와 정신적 스트레스를 줄일 수 있는 쾌적한 작업환경 조성과 근로조건 개선을 규정하고 있는데, 시행규칙인 안전보건규칙 제669조에서 그 범위를 대폭 축소하여 "장시간 근로, 야간작업

---

66) 「근로기준법」 제28조(부당해고 등의 구제 신청) ① 사용자가 근로자에게 부당해고 등을 하면 근로자는 노동위원회에 구제를 신청할 수 있다.
② 제1항에 따른 구제 신청은 부당해고 등이 있었던 날부터 3개월 이내에 하여야 한다.

67) 「근로기준법」 제30조(구제명령 등) ① 노동위원회는 제29조에 따른 심문을 끝내고 부당해고 등이 성립한다고 판정하면 사용자에게 구제명령을 하여야 하며, 부당해고 등이 성립하지 아니한다고 판정하면 구제신청을 기각하는 결정을 하여야 한다.

68) 「근로기준법」 제30조(구제명령 등) ③ 노동위원회는 제1항에 따른 구제명령(해고에 대한 구제명령만을 말한다)을 할 때에 근로자가 원직복직을 원하지 아니하면 원직복직을 명하는 대신 근로자가 해고기간 동안 근로를 제공하였더라면 받을 수 있었던 임금 상당액 이상의 금품을 근로자에게 지급하도록 명할 수 있다.

69) 신혜림, 앞의 학위논문, p.274.

70) 「근로기준법」 제23조(해고 등의 제한) ① 사용자는 근로자에게 정당한 이유 없이 해고, 휴직, 정직, 전직, 감봉, 그 밖의 징벌을 하지 못한다.

을 포함한 교대작업, 전업 차량 운전 및 정밀기계 조작 작업 등"으로 한정하고 있다는 것이었다.

따라서 시행규칙에 의해 법률의 적용 범위가 지나치게 축소되어 버리는 한계를 보완하기 위해 안전보건규칙 제669조에 신체적 피로와 정신적 스트레스 등이 높은 직무의 종류와 내용을 추가하여 해당 범위를 확대할 필요가 있다. 또는 포괄적 내용을 담기 위해 제669조의 직무 범위를 삭제하여 '신체적 피로와 정신적 스트레스 등이 높은 작업'이라고만 규정하는 것도 생각할 수 있다.[71]

두 번째 한계점은 안전보건규칙 제669조가 규정하고 있는 사업주의 의무내용(제1호에서 제6호)이 추상적이라는 것이었다. 제1호의 규정에 따라 사업주는 직무 스트레스를 줄이기 위해 작업환경 · 작업내용 · 근로시간 등의 요인을 평가하여야 하는데, 이에 대한 평가의 방법 · 기준 · 범위, 그리고 개선을 위한 자원 등이 구체적으로 제시되어 있지 않다. 따라서 이러한 세부적인 기준을 제시하여야 한다.[72] 예를 들어 "심리적 부담을 유발할 수 있는 직장 내 사건과 요인을 정의하고 각 사건의 발생 시 사후 조치에 대한 매뉴얼"을 마련하는 것이다.[73] 심리적 부담의 영역에는 번아웃 증후군, 우울증, 불안장애 등이 포함될 수 있다.[74]

제4호 또한 "근로시간 외의 근로자 활동에 대한 복지 차원의 지원에 최선을 다할 것"이라는 추상적인 노력 규정에서 벗어나 의무 규정으로 바꾸되, 복지 차원의 지원 대상과 지원 방식에 대해 사업주가 스스로 명확한 기준을 세우도록 할 수 있다.[75]

세 번째 한계점은 「산업안전보건법」 제39조(보건조치) 제1항에서 사업주가 예방 의무를 부담하는 건강장해의 종류에 정신건강에 관한 것이 빠져 있다는 것이었다. 이에 대해서는 업무 스트레스로 인한 건강장해를 추가할 것을 제안할 수 있는데 "과중한 업무상 부담과 심리적 부담에 의한 건강장해"

---

71) 신혜림, 앞의 학위논문, pp.169~170.
72) 위의 학위논문, p.170.
73) 권혁 · 김인아 · 박수경 · 성대규(2018), 『근로자 정신건강 장해 예방을 위한 제도화 방안 연구』, 고용노동부 학술정책용역보고서, p.32.
74) 신혜림, 앞의 학위논문, p.170.
75) 위의 학위논문, p.170.

를 동 조항 제7호에 신설하는 것이다.[76)]

네 번째 문제점으로 지적한 작업중지권의 행사 요건에 정신건강의 침해 위험이 빠져 있다는 것에 대해서는 기존의 법조문에 내용을 추가할 필요가 있다. 제51조 사업주의 작업중지 의무와 제52조 근로자의 작업중지권에 규정한 '급박한 위험' 요건은 존치하되, 해당 조문에 새로운 조항을 신설하여 직장 내 사용자 또는 근로자의 폭언이나 괴롭힘 및 업무상 압박(stress) 등으로 피해 근로자의 정신건강에 '중대한' 영향을 미칠 우려가 있을 때에는 사업주는 작업을 중지시키거나 근로자는 스스로 작업중지를 '요청'할 수 있다고 규정하는 것을 생각할 수 있다. 다만, 제41조의 고객의 폭언 등으로 인한 건강장해 예방조치 규정은 근로자의 정신건강적 위험 요소가 포함되어 있는데, '현저한 우려'의 해석이 문제가 되는 것이다. 이는 사법부의 해당 사건에서의 판단 외에도 고용노동부의 가이드라인 제시 등을 통하여 구체적으로 사례 등을 예시할 필요가 있다.

다섯 번째 문제점으로 제기한 「산업안전보건법」에서의 위험성평가 대상 중 정신건강에 관한 요소가 없는 것은 먼저 입법부가 적극적으로 「산업안전보건법」을 개정하고 고용노동부가 관련 시행규칙을 마련하여야 한다. 동법 제36조 제1항의 내용 중 '유해 · 위험 요인'을 '물리적 · 생물적 · 화학적 · 정신적 유해 · 위험 요인'으로 바꾸는 것을 생각해 볼 수 있다. 그리고 해당 법률에 따라 고용노동부는 고시인 '사업장 위험성평가에 관한 지침'과 가이드라인 '새로운 위험성평가 안내서'를 개정하여야 한다.

여섯 번째 개선점으로 「산업안전보건법」 제29조(근로자에 대한 안전보건교육) 제1항 역시 개정하여야 한다. 구체적인 교육내용은 동법 시행규칙 제26조와 〈별표 5〉에 맡긴다고 하더라도 교육의 주요 내용으로 정신건강이 포함된다는 것은 법률 단위에서 사업주에게 주지시킬 필요가 있다. 그리고 시행규칙 제26조와 〈별표 5〉에서 규정하고 있는 '직무 스트레스'의 원인으로 구체적인 예시, 예를 들어 직장 내 괴롭힘이나 적정선을 넘어선 과중한 업무량과 강도 등을 명시할 수 있어야 한다.

일곱 번째 개선점으로 「산업안전보건법」의 시행규칙 제198조에서 규정

---

76) 권혁 외, 앞의 용역보고서, p.29.

하고 있는 일반건강진단의 검사항목에 정신건강에 관한 진단을 넣어야 한다. 또한 관련 내용으로 '정신질환'으로까지 가지 않더라도 주의해야 할 정도의 정신건강 침해 상태인지를 점검하여야 한다. 다만, 그 결과는 근로자에게만 알려주어야 하고, 사업주에게 전달하는 건강진단 결과표에는 관련 항목을 삭제하는 것이 타당하다. 또한 '감정노동 근로자'의 경우 「산업안전보건법」 제130조(특수건강진단 등)가 규정하는 '특수건강진단'의 대상자로 삼아야 한다는 의견도 검토할 수 있다.[77] 일반건강진단의 대상 근로자가 아닌 특수건강진단의 대상 근로자가 되면 건강진단의 주기가 좀 더 빨라지고 건강진단의 항목 역시 좀 더 세분화되어 해당 근로자의 건강진단이 좀 더 정확해진다.

마지막으로 관련 법제의 한계점으로 지적한 바는 아니지만, 새롭게 제안할 수 있는 것이 노동환경의 정신건강에 대해 근로자대표의 적극적인 관여이다. 프랑스는 근로자대표가 근로자의 정신건강 침해 시 사업주에 대한 경고권을 부여하였고, 독일은 종업원평의회에 산업안전보건에 관한 공동결정권을 주었다.

우리의 경우 근로자참여법에 따라 노사협의회에서 안전・보건, 그 밖의 작업환경 개선과 근로자의 건강증진에 대해 협의할 수 있고, 「산업안전보건법」의 산업안전보건위원회에서 산업재해 예방계획 수립과 안전보건관리 규정 작성과 변경 등을 심의・의결할 수 있다. 그러나 해당 사항인 산업재해 예방계획 수립이나 안전보건관리 규정 등은 노사가 자율적으로 관련 내용을 형성하는 것으로 정신건강에 관한 내용이 포함될 수도, 되지 않을 수도 있다. 동법 제24조 산업안전보건위원회의 규정이 위원회의 개략적인 심의・의결 사항을 추상적으로 규정한 것이어서 정신건강에 관한 요소를 직접 포함하는 것이 맞지 않는다면, 고용노동부가 고시를 제정하여 심의・의결 사항의 내용을 예시하면서 근로자의 정신건강에 관한 내용을 포함하는 방법을 생각해 보아야 한다.

---

77) 손미정(2018), 「근로자 건강진단시 정신건강항목의 도입 여부에 관한 법적 연구 - 이른바 '감정노동 근로자'의 건강검진을 중심으로」, 『동아법학』 81, 동아대학교 법학연구소, p.193.

제 7 장
결 론

제1절 연구 요약

정신건강은 일과 밀접하게 연관되어 있으며, 정신건강이 악화하면 근로능력 저하로 인해 생산성이 감소한다. 이뿐만 아니라 정신건강 악화는 동료들에게도 상당한 외부 효과를 유발한다. 즉, 스트레스, 우울, 불안 등의 정신건강 악화는 질병 및 사고의 위험을 증가시키는 등 근로자 개인의 신체적 건강에 치명적인 위해 요소로 작용할 뿐만 아니라 생산성 하락, 산업재해 등을 유발함으로써 사업주 및 국가적 차원에서도 큰 손실을 발생시킨다.

근로자의 정신건강을 보호하고 손상되지 않도록 예방하는 것은 우리 사회의 매우 시급한 과제이며, 실질적이고 구체적인 방안 모색이 필요한 시점이다. 이에 본 연구에서는 근로자들의 정신건강 증진을 통한 산업안전 개선방안을 모색하고자 하였다.

본 연구는 직업환경의학 · 경제학 · 법학 · 정책학 등 다학제적인 접근을 통해 근로자의 정신건강과 근로환경, 산업재해 간의 관계를 체계적으로 분석하였을 뿐만 아니라 기존 정책 및 법제의 한계를 파악하고, 이를 바탕으로 근로자의 정신건강 증진을 통한 산업안전 개선방안을 도출하였다. 주요 연구 결과를 요약하면 다음과 같다.

〈제2장〉

제2장에서는 직무 스트레스, 정신건강, 산업안전 간의 관계에 대한 의학적 배경을 정리하였다.

정신질환의 원인은 흔히 다요인적인 것으로 설명하는데, 신경생물학적 요인, 유전적 요인, 사회심리학적 요인 모두 관계가 있으며, 이들이 복잡하게 작용하는 것으로 설명되고 있다. 업무와 연관된 정신질환에 대해서도 마찬가지로 대개 직업 관련 요인과 개인적인 요인이 상호작용하여 발생한다(윤진하 외, 2016).

직무 스트레스는 직장인 정신질환의 주요 원인이며, 신경생물학적, 유전적, 사회심리학적 요인이 복합적으로 작용하여 발생한다. 이러한 직무 스트레스는 근로자의 신체적, 정신적 건강에 광범위한 영향을 미치며, 심혈관계 질환, 근골격계 질환, 소화기계 문제 등 다양한 질병을 유발할 수 있다. 또한 직무 스트레스는 업무 능률 저하 및 업무상 사고 발생의 중요한 요인으로 작용한다. 특히 직무 스트레스는 근로자의 정신건강 문제의 주요한 원인으로 작용하여 근로자의 삶의 질과 직무 수행 능력에 심각한 영향을 미친다. 우울증, 불안장애, 수면장애, 외상 후 스트레스 장애, 번아웃 증후군, 적응장애 등은 직무 스트레스와 밀접한 관련이 있는 것으로 알려져 있다. 더욱이 직무 스트레스와 그로 인한 정신건강 문제는 근로자의 작업 능력과 안전성에 직·간접적으로 영향을 미치며, 이는 업무상 사고의 발생 가능성을 높이는 중요한 요인으로 작용할 수 있다.

〈제3장〉

제3장에서는 근로자들의 정신건강 추이를 살펴보고, 제2장에서 논의된 의학적 배경을 바탕으로 근로환경 측면에서 근로자들의 정신건강을 악화하는 요인들을 확인하며, 근로자들의 정신건강과 산업재해 간의 관계를 분석하였다.

우선, 질병관리청의 「지역사회건강조사」 자료를 사용하여 주관적 정신건강 지표, 객관적 정신건강 지표를 통해 성별, 연령에 따라 근로자들의 정신건강 상태가 상이한지, 그리고 시간이 흐름에 따라 정신건강이 악화하는지 그 추이를 확인한 결과, 정신건강의 주관적 지표(우울감 경험 여부)와 객관적 지표(PHQ-9 점수, PHQ-9 점수 기준 우울증 유병 여부) 모두에서 전반적으로 시간이 흐를수록 정신건강이 악화하고 있음을 보여준다. 또한 인구학적 특성별로 볼 때에는 남성보다는 여성 근로자 그룹에서, 20 · 30대 젊은 연령층에서 정신건강이 상대적으로 좋지 못한 것으로 도출되었다. 경제적 요인, 직업 특성 등 정신건강에 영향을 미칠 수 있는 기타의 요인들을 통제한 이후에도 인구학적 특성에 따른 정신건강 격차가 확인되며, 전반적으로 근로자들의 정신건강은 시간이 흐를수록 악화하는 것으로 나타났다.

근로환경을 통제한 후 인구학적 특성별 정신건강 상태를 우울 · 불안 장애 여부 및 업무 관련 우울 · 불안 장애 여부 지표로 분석한 결과, 남성이 여성에 비해 정신건강이 다소 양호하였으나 두드러진 차이를 보이진 않았고, 연령별로는 20 · 30대 젊은 연령층보다는 오히려 50대 이상 장년층에서 상대적으로 정신건강이 좋지 못한 것으로 확인되었다. 즉, 근로환경을 통제하지 않은 분석에서는 20 · 30대 연령층에서 우울감을 겪을 확률이 높았으나, 근로환경을 통제한 분석에서는 반대로 50대 이상 장년층에서 상대적으로 정신건강이 좋지 않았다. 이는 20 · 30대 젊은 연령층이 상대적으로 열악한 근로환경과 근로조건에서 일하는 경향이 있는데, 열악한 근로환경이 정신건강 악화에 미치는 영향은 젊은 근로자들에게 더욱 컸을 가능성을 시사한다.

아울러 산업안전보건연구원의 「근로환경조사」 자료를 활용하여 근로환경과 근로자의 정신건강 간의 관계를 살펴본 결과, 감정노동, 작업장 위험요인, 장시간 노동, 반사회적 행동 등 근로환경의 특성을 보여주는 대부분의 변수들이 정신건강과 유의한 상관관계가 있었다. 우선 감정노동 강도가 약할수록 우울 · 불안 장애를 겪을 확률이 낮았고, 작업장이 안전할수록 우울 · 불안 장애를 겪을 확률이 낮았다. 또한 차별과 폭력 등 반사회적 행동을 경험했을 때 근로자들의 우울 · 불안 장애를 겪을 확률이 증가하였고, 장시간 노동 역시 근로자들의 정신건강을 악화하는 요인으로 작용하였다.

특히, 근로환경을 나타내는 변수 중에서도 노동의 양적 강도와 작업장 위험요인보다는 감정노동의 강도 및 반사회적 행동 경험 등의 사회 · 심리적인 요인들이 근로자들의 정신건강을 악화하는 주요 요인인 것으로 확인된다. 단, 작업장의 물리적 · 화학적 위험과 노동의 양적 강도 역시 근로자들의 신체적 건강뿐만이 아닌 정신건강과도 유의한 상관관계가 있는 것으로 나타났다.

다음으로 산업안전보건연구원의 「제10차 산업안전보건 실태조사」 자료를 사용하여 근로자의 정신건강과 산업재해 간의 관계를 분석한 결과, 산업재해율과 감정노동의 강도 간에 통계적으로 유의한 상관관계가 있음을 보여준다. 즉, 감정노동 스트레스가 '전혀 심각하지 않음'으로 응답한 기업에 비해 감정노동의 강도가 강한 기업일수록 산업재해율이 증가하는 것으로 나타났다. 또한 감정노동 근로자들이 종사하는 비중이 높은 서비스업종에서 감정노동 스트레스가 강할수록 산업재해율이 더욱 가파르게 증가하는 것으로 확인된다. 이 결과는 정책적 개입이 없다면 근로자의 정신건강 악화 추이를 고려할 때 정신 질환으로 인한 산업재해율이 더욱 빠르게 증가할 가능성을 시사한다.

본 연구의 결과는 사업장 내의 물리적 · 화학적 위험과 노동의 양적 강도, 사회 · 심리적인 요인 등 다양한 측면에서 근로환경을 개선하는 것이 근로자의 정신건강을 증진하는 데 유용한 메커니즘이 될 수 있다는 객관적 증거를 보여주며, 더 나아가 근로자의 정신건강 증진은 산업재해를 줄일 수 있는 효과적인 방안임을 시사한다.

〈제4장〉

근로자가 가정 다음으로 가장 많은 시간을 보내는 곳은 직장으로, 근로자의 건강 보호를 위해서는 직장 내 다양한 건강 위험요인에 대한 노출과 해당 요인의 부정적 영향을 최소화하기 위한 노력이 필요하다. 최근 국제적으로 안전사고 및 유해물질 노출 등의 전통적인 위험요인 외에도 근로자의 정신건강 문제를 야기할 수 있는 다양한 심리 · 사회적 요인에 대한 개입 필요성과 개입의 이점에 대한 논의가 활발해지고 있으며, 국내에서도 사회적으로 정신건강 문제 해결의 시급성과 중요도가 높아지고 있어 근로자의 정신건강 증진을 위한 정책 또한 강화되는 추세이다.

이에 제4장에서는 국내외 정책 사례를 고찰함으로써 근로자 정신건강 문제에 대응하기 위한 통합적인 방안을 도출하였다.

해외의 지침과 정책 사례 고찰의 주요 결과는 다음과 같다. 첫째, 일반 근로자, 관리자 직급의 근로자, 그리고 고용주의 정신건강 리터러시 제고 방안이 필요하다. 둘째, 근로자 정신건강 증진을 위한 제도와 정책을 개발하고, 시행하는 의사결정과정에서 근로자의 참여가 촉진되어야 한다. 셋째, 근로자의 정신건강 상태에 대한 정기적인 검사와 함께 검사 결과를 기반으로 한 서비스가 제공되어야 한다. 넷째, 정신건강 문제에 대한 부정적 인식, 낙인을 최소화할 수 있는 조치가 필요하다. 다섯째, 근로자 정신건강 증진 개입에 대한 평가와 환류 체계가 필요하며, 데이터를 기반으로 한 과학적 연구를 통해 근거를 축적해야 한다.

국내에서는 2023년 말 관계부처 합동으로 발표된 「정신건강정책 혁신방안」을 통해 기존에 시행되던 근로자 대상의 정신건강 증진 정책이 강화되었다. 구체적으로는 정신건강 검사의 주기 단축과 이후의 상담 · 치료 연계 활성화, 직장 내 괴롭힘을 포함한 직장 내 정신건강 위험요인에 대한 예방 활동, 특수직군 공무원에 대한 심리검사 도구 개발 및 보급, 앱을 통한 서비스 제공 확대, 콘텐츠 개발 등이 추진되었다. 정책의 상당 부분은 진일보했다고 평가할 수 있으나, 아직도 사업장 조직 수준 · 사전예방적 조치보다 근로자 개인 수준 · 사후적 조치가 우선시되고 있다는 점, 근로자 정신건강 증진에 있어 가장 중요한 역할을 할 수 있는 고용주에 대한 개입(인식 제고 등)은 부족하다는 점 등은 한계로 지적할 수 있다.

근로자의 정신건강 증진은 개인과 사업장, 국가 모두에게 중요한 과제로 다각적인 접근을 통해 효과적인 방안을 도출할 수 있다. 이를 위해 정신건강 예방 대책은 1차, 2차, 3차 예방으로 나뉘며, 직장 내 위험요인을 줄이고, 조기 발견 및 치료, 그리고 직장 복귀를 지원하는 방식으로 통합적 접근이 권장된다(윤진하 외, 2016). 이러한 노력이 결합되었을 때 근로자의 정신건강을 효과적으로 보호하고 증진할 수 있다.

〈제5장〉

직장 내 정신건강 보호 및 증진을 위한 다양한 사례들이 존재한다. 미국, 유럽, 일본 등의 직업보건 선진국에서는 법령 및 지침을 통해 근로자 정신건강 관리의 중요성과 원칙을 천명하고 있으며, 이를 적용하고 직장 내 스트레스 요인을 체계적으로 관리하고 근로자의 정신건강을 증진하려는 시도가 계속되고 있다. 이에 제5장에서는 미국의 구글 및 마이크로소프트, 핀란드의 노키아, 독일의 폭스바겐, 영국의 포드 및 Ernst & Young Global Limited, 프랑스의 듀폰, 네덜란드의 아지스, 일본의 도요타, 싱가포르의 싱가포르 항공, 중국의 화웨이, 인도의 인포시스 등 해외 기업의 우수사례와 국내 기업의 우수 정신건강 프로그램을 소개하였다. 이 기업들은 체계적인 정책과 프로그램을 통해 근로자의 정신건강을 증진할 수 있음을 보여준다.

〈제6장〉

제6장에서는 「근로기준법」과 「산업안전보건법」을 중심으로 근로자의 정신건강을 보호하는 규범의 내용과 한계를 지적하고, 대안을 제시하고자 하였다. 결과를 요약하면 다음과 같다.

과거 「근로기준법」과 「산업안전보건법」이 규정하고 있던 근로자의 건강과 안전은 신체적 건재함이었다. 그러나 사회의 발전에 따라 인간의 삶에서 차지하는 정신건강의 중요성이 부각되며 「근로기준법」에는 '직장 내 괴롭힘'을 예방하고 구제하는 내용이 규정되었다(제76조의2와 제76조의3). 그리고 「산업안전보건법」에는 사업주의 의무에 정신적 스트레스 등을 줄일 수 있는 쾌적한 작업환경의 조성 및 근로조건 개선이 포함되었고(제5조), 고객응대 근로자에 대한 건강장해 예방조치와 업무 중단 또는 전환 의무가 도입되었다(제41조). 2021년 8월에는 정신적 스트레스를 해소할 수 있는 휴게시설의 설치 의무가 규정되었고(제128조의2), 조현병과 마비성 치매환자의 경우 근로가 금지 또는 제한된다(제138조 및 시행규칙 제220조).

그러나 정신건강 보호의 중요성이 갈수록 강조되고 있는 현실과 달리 이는 매우 빈약한 법 내용이 아닐 수 없다. 「근로기준법」의 경우 총칙에 인격권에 기반한 근로자의 정신건강을 포함한 가혹행위 금지 규정이 없다. 그리고 직장 내 괴롭힘에 관한 내용에서도 행위 주체가 「근로기준법」상의 임금근로자에 한정되어 있다는 점, 노무제공자에 대한 괴롭힘 방지 및 구제조치가 없다는 점, 사업주가 가해자인 경우 실질적인 구제조치가 어렵다는 점, 5인 미만의 사업장에는 해당 규정이 적용되지 않는다는 점이 한계이다.

「산업안전보건법」은 정신적 스트레스를 예방하기 위한 사업주의 조치 의무의 내용이 한정적이거나 규정되어 있는 것도 구체적이지 않다는 점(안전보건규칙 제669조), 사업주의 보건 조치로 규정하고 있는 6가지 영역(제39조)에 정신건강에 관한 내용이 없다는 점을 꼽을 수 있다. 그리고 사업주의 작업중지 의무와 근로자의 작업중지권의 요건으로 정신적인 침해가 빠져 있고(제51조와 제52조), 사업주가 의무적으로 실시해야 하는 위험성평가의 항목에 정신건강에 대한 위해 요소가 명시되어 있지 않은 점(제36조)과 안전보건교육의 내용에 정신건강이 '직무 스트레스'에 한정하여 시행규칙에 규정되어 있지만(시행규칙 제26조), 법률에는 규정되어 있지 않은 점(제29조)이 지적될 수 있다. 마지막으로 근로자를 대상으로 하는 일반건강진단의 항목에 '정신건강'이 존재하지 않는단 점(제129조 및 시행규칙 제198조)을 들 수 있다.

비교하여 국제기구의 규범과 주요 국가의 관련 법령의 내용을 살펴보면, 프랑스는 근로자대표에게 근로자의 정신건강 침해가 있을 때에는 사업주에게 해당 사항을 '경고'할 수 있는 권리를 부여하며, 독일은 위험성평가 항목에 '정신적 부담'을 규정하였고, 종업원평의회에 사업장의 산업안전보건 정책 형성에 공동결정권을 인정한다. 호주의 경우 건강의 정의에 신체 및 정신적 건강을 포함하며, 영국, 벨기에와 덴마크도 위험성평가에 정신적 위험요소를 명시한다. 네덜란드는 사업주의 산업안전보건정책에 '심리-사회적 압박'의 예방을 규정하였고, 일본은 상시적인 정신건강 관리 시스템으로 근로자의 '스트레스 체크 검사'를 의무화하였다.

최종적으로 「근로기준법」과 「산업안전보건법」의 개선 방향으로는 위에서 적시한 한계점을 극복하기 위해 다음을 제안한다. 「근로기준법」은 총칙에 신체적 · 정신적 가혹행위를 금지하는 인격권 보호 규정을 신설한다. 그리고 직장 내 괴롭힘의 가해 근로자가 원-하청 관계에서는 적용되지 않는 것을 극복하기 위해 「산업안전보건법」 제63조 도급인의 의무 내용에 「근로기준법」의 관련 내용을 준용할 것, 노무제공자가 피해자인 경우를 생각해서 '플랫폼 종사자 보호법'에 관한 별도의 보호 법률을 제정할 것, 사업주가 가해자인 경우 노동위원회에 구제 신청을 할 수 있도록 할 것과 5인 미만의 사업장에도 관련 내용을 적용할 것, 직장 내 괴롭힘으로 사실상 비자발적으로 사직한 경우에는 해고 구제 절차를 밟을 수 있도록 할 것을 제시한다.

「산업안전보건법」에서는 시행규칙인 안전보건규칙 제669조의 직무 스트레스의 범위를 확장하고, 사업주의 의무 내용을 구체적으로 예시할 것을 권고한다. 사업주의 보건조치에 정신상의 건강장해 예방 내용을 신설할 것(제39조)과 사업주의 작업중지 의무와 근로자의 작업중지권 규정에 정신건강의 침해 예방을 위한 별도의 규정을 신설하여 '급박한'이라는 요건을 삭제하되 근로자의 요청 사항으로 할 것을 제안하였다(제51조와 제52조). 사업주의 위험성평가 항목에 '정신적 유해 · 위험 요인'을 추가할 것(제29조)과 근로자의 일반건강진단 내용에 정신건강을 포함할 것(시행규칙 제198조) 및 감정노동 근로자에게는 특수건강진단을 실시할 것도 생각해 볼 수 있다. 마지막으로 사업장 내 근로자대표가 참여하는 산업안전보건위원회의 심의 · 의결 사항에 정신건강이 포함될 수 있도록 세부적인 내용에 관해 고용노동부가 고시를 제정할 것을 제시한다.

참고로 제21대와 제22대 국회에서 발의된 '산업안전보건법 일부개정법률안'을 보면 제21대에서는 위험성평가의 항목에 고객과의 응대를 규정한 것, 근로자의 건강 개념과 일반건강진단 항목에 정신건강을 포함하는 것, 사업주는 근로자가 중대재해로 인해 심리적 타격을 입은 경우 심리상담을 권고할 것이 제안되었다. 그리고 제22대에서는 고객응대 근로자에게 상습적으로 폭언 등을 하는 고객에게는 사업주가 서비스를 제한하고 고발 조치를 할 수 있을 것과 고객응대 근로자를 위한 상설적인 고충처리기구를 설치할 것을 규정하는 법안이 제출되었다.

제2절 근로자들의 정신건강 증진 방안 제언

본 연구는 직업환경의학 · 경제학 · 법학 · 정책학 등 다학제적인 접근을 통해 근로자의 정신건강과 근로환경, 산업재해 간의 관계를 체계적으로 분석하여 사업장 내의 물리적 · 화학적 위험과 노동의 양적 강도, 사회 · 심리적인 요인 등 다양한 측면에서 근로환경을 개선하는 것이 근로자의 정신건강을 증진하는 데 유용한 메커니즘이 될 수 있다는 객관적 증거를 확인하였고, 더 나아가 근로자의 정신건강 증진이 산업재해를 줄일 수 있는 효과적인 방안임을 보여주었다. 아울러 기존 정책 및 법제의 한계를 파악하고, 국내외 우수사례를 검토함으로써 근로자의 정신건강 증진을 통한 산업안전 개선방안을 모색하였다. 연구 결과를 바탕으로 한 근로자의 정신건강 증진 방안을 직업의학적 · 보건학적 측면, 보건정책적 측면, 법제적 측면으로 나누어 다음과 같이 제언한다.

1. 정신건강 증진 방안 : 직업의학적 · 보건학적 접근

근로자들의 정신건강 증진은 개인과 사업장 모두에게 중요한 문제로, 다각적인 접근을 통해 효과적인 방안을 도출할 수 있다. 근로자는 개인의 건강관리를 통해 정신적 안정을 유지하고, 사업장은 체계적인 지원을 통해 건강한 작업환경을 조성함으로써 근로자의 정신건강을 보호하고 증진할 수 있다. 근로자들의 정신건강을 증진하기 위해서는 근로자의 개인적 건강관리와 사업장의 시스템적 지원이 함께 어우러져야 한다.

정신건강 증진을 위한 예방적 대책은 1차 · 2차 · 3차 예방으로 나눌 수 있다. 1차 예방은 '정신장애가 발생하기 전 단계의 예방'으로 직장 내 사회 · 심리적 요인의 위험성을 사전에 감소시키는 것이며, 업무 재구성, 업무량 감소, 의사소통 향상 등이 이에 해당한다. 2차 예방은 '정신질환에 이환될 가능성이 높은 직장인을 대상으로 조기 발견하고 관리하는 것'으로 선별검사 및 사후관리, 인지행동치료, 스트레스 대응 연습, 명상, 근육이완법 등이 있다. 3차 예방은 '정신질환이 발생한 상태에서 치료하고 직장으로 복귀시키는 것'을 말한다. 많은 경우에 각 단계의 대책이 통합적으로 작용할 때 상승효과를 나타낸다. 2차, 3차 예방을 통하여 인지된 문제점을 바탕으로 스트레스 인자를 관리하는 1차 예방으로 피드백하여 통합적으로 접근하는 것이 가장 이상적이다(서춘희 · 이경진, 2017).

의학적 · 보건학적 측면에서 근로자와 사업장이 각각 취할 수 있는 정신건강 증진 방안에 대해 다음과 같이 제언한다.

가. 근로자 개인 측면

근로자 개인 차원에서는 정신건강 증진을 위해 건강한 생활 습관 유지, 스트레스 관리 기법 실천, 사회적 지지 네트워크 구축, 전문가의 도움받기 등이 필요하다. 이를 통해 직무 스트레스로 인한 회복탄력성(Resilience)을 강화하여, 정신질환 이환을 예방할 수 있다. 이러한 노력은 근로자가 직장과 일상생활에서 발생하는 다양한 스트레스 요인에 효과적으로 대응할 뿐만 아니라 전반적인 삶의 질을 향상하는 데 기여한다. 하지만 이러한 측면에서만 머무르고 사업장 차원에서의 개선이 결여될 경우, 효과는 제한적이고 일부 취약한 근로자들에서부터 정신건강 문제가 생길 수 있다는 점을 유념해야 한다.

1) 정기적인 정신건강 검진

근로자는 정기적인 정신건강 검진을 통해 자신의 정신건강 상태를 파악하고 조기에 문제를 발견하여 적절한 치료를 받을 수 있다. 정신건강 검진은 심리상담, 스트레스 검사, 우울증 및 불안장애 평가 등을 포함할 수 있다. 하지만 여러 연구를 통해 밝혀진 바로는 정신건강 선별 프로그램(screening) 단독으로는 효과가 낮았고, 적절한 치료적 개입이 동반되어야만 긍정적인 개선이 이루어진다(Strudwick et al., 2023). 따라서 정기적인 검진을 통해 근로자는 자신의 정신적 스트레스를 이해하고 필요한 경우 전문가의 도움을 받을 수 있는 사후관리 체계가 구축되어 있어야 한다.

현재 우리나라의 정신건강(우울증) 검사는 일반 건강검진 중 성·연령별 검사 항목에 포함되어 있다. 검사 대상은 만 20·30·40·50·60·70세로 10년마다 대상자가 된다. 2018년까지만 해도 정신건강 검사는 만 40·50·60·70세에서 시행했으나, 최근 청년 세대의 우울증이 사회문제로 부각되면서 2019년 1월 1일부터 만 20·30세도 정신건강 검사를 받을 수 있도록 확대했다. 다만, 정신건강 관련 사항은 고용 등에 있어 민감한 부분이 될 수 있기 때문에 수검자 본인이 원하지 않는다면 우울증 검사를 받지 않아도 된다. 참고로 국가건강검진 시 진행하는 정신건강 검사는 한글판 PHQ-9 (Patient Health Questionnaire-9) 검사를 평가 도구로 사용한다. 9개 문항을 읽고 수검자 본인이 직접 해당하는 부분에 표시하는 자기 기입식 설문 조사이다. 단, 결과 상담은 반드시 의사가 실시해야 한다.

2) 스트레스 관리 기법 습득

근로자는 다양한 스트레스 관리 기법을 습득하여 일상생활과 직무에서 발생하는 스트레스를 효과적으로 관리할 수 있다. 이는 명상, 점진적 근육이 완법, 자기주장 훈련, 인지행동기법, 심호흡 운동 등의 신체 활동을 포함할 수 있다. 이러한 활동들은 신체적 건강을 증진시키는 동시에 정신적 안정감을 제공하여 스트레스를 줄이는 데 도움을 준다.

3) 건강한 생활 습관 유지

근로자는 건강한 식습관, 규칙적인 운동, 충분한 수면을 통해 전반적인 건강을 유지해야 한다. 이러한 생활 습관은 신체적 건강뿐만 아니라 정신적 건강에도 긍정적인 영향을 미친다. 건강한 생활 습관은 스트레스와 불안감을 줄이고, 심리적 회복력을 높이는 데 도움을 준다.

4) 사회적 지지 네트워크 구축

근로자는 가족, 친구, 동료 등과의 건강한 사회적 관계를 유지하여 심리적 지원을 받을 수 있도록 해야 한다. 사회적 지지 네트워크는 스트레스를 줄이고 정서적 안정을 제공하며 정신건강을 증진하는 데 중요한 역할을 한다. 근로자는 어려움을 겪을 때 주변 사람들에게 도움을 요청하고 긍정적인 상호작용을 통해 정신적 지지를 받을 수 있다.

5) 전문가의 도움 받기

근로자는 정신건강 문제를 겪을 때 주저하지 말고 전문가의 도움을 받아야 한다. 정신과 의사, 심리학자, 상담사 등 전문가를 통해 근로자는 적절한 치료와 상담을 받을 수 있으며, 이를 통해 정신적 문제를 효과적으로 관리할 수 있다. 앞서 언급한 전국 45개소의 근로자건강센터나 14개소의 직업트라우마센터, 근로복지공단 EAP를 통해서 도움을 받을 수 있다. 그 외에도 보건복지부는 정신건강 문제로 어려움을 겪는 사람들에게 서비스를 제공하고자 정신건강복지센터 및 정신건강 위기상담전화(1577-0199)를 운영하고 있다.[78] 정신건강복지센터는 2023년 12월 기준으로 광역형 17개소, 기초형 252개소가 설치되어 있다. 또한 서울시에서는 4개의 서울심리지원센터를 운영하고 있다.

정신건강 복지센터는 지역사회 내에서 정신건강 증진을 위한 다양한 프로그램을 운영한다. 주요 기능으로는 개인, 가족, 그룹을 대상으로 하는 정신건강 상담 서비스, 정신건강 교육 및 예방 프로그램, 정신질환 조기 발견 및 치료 연계, 재활 및 사회복귀 지원 등이 있다. 이를 통해 정신질환의 예방, 조기 발견, 치료, 재활 및 정신건강 증진을 목표로 한다.

정신건강 상담전화는 정신건강 문제로 어려움을 겪는 사람들이 언제든지 도움을 받을 수 있도록 하는 중요한 서비스이다. 24시간 운영되며, 익명성과 비밀이 보장되어 필요로 하는 사람들이 편안하게 상담받을 수 있다. 상담내용은 우울증, 불안, 스트레스, 자살 충동, 중독 등 다양한 정신건강 문제를 다루며, 긴급 상황에서의 즉각적인 지원, 정서적 지지, 정보 제공 등의 기능을 한다. 상담원은 정신건강 전문가로 구성되어 있으며, 전화 상담을 통해 상담자의 상태를 평가하고 필요한 경우 긴급 조치를 취하거나 추가적인 도움을 받을 수 있는 기관으로 연계한다.

서울심리지원센터는 서울시에서 운영하는 기관으로, 시민들의 정신건강을 증진하고 심리적 안정을 돕기 위해 다양한 서비스를 제공한다.[79] 주요 기능으로는 심리상담 서비스, 심리 검진 및 평가, 정신건강 교육 및 워크숍, 위기 지원, 온라인 상담 및 자원 제공이 있다. 개인, 가족, 집단 상담을 통해 시민들이 겪는 다양한 정신건강 문제를 지원하며, 전문상담사들이 우울증, 불안, 스트레스 등 심리적 문제를 해결할 수 있도록 돕는다. 또한 심리검사를 통해 개인의 심리적 상태를 평가하고, 이에 따른 맞춤형 상담 및 치료 계획을 수립한다. 정신건강 관련 교육 프로그램과 워크숍을 제공하여 시민들의 정신건강에 대한 이해를 높이고 예방 및 관리 방법을 교육한다. 자살 예방 및 심리적 위기 상황에서 즉각적인 지원과 개입을 제공하며, 필요한 경우 의료기관과 연계하여 적절한 치료를 받을 수 있도록 돕는다. 온라인 플랫

---

78) https://www.mohw.go.kr/menu.es?mid=a10706040100(접속일 : 2024. 8. 30.)
79) https://blutouch.net/facility/psycho-support(접속일 : 2024. 8. 30.)

[그림 7-1] 정신건강상담전화 체계도

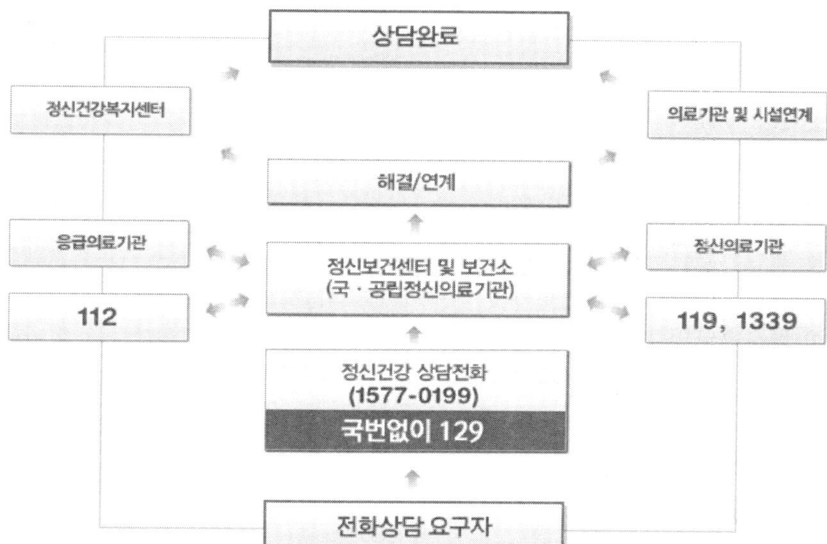

자료 : 보건복지부, https://www.mohw.go.kr/menu.es?mid=a10706040100(접속일 : 2024. 8. 29.).

폼을 통해 접근성을 높이고, 다양한 정신건강 자료와 자원을 제공하여 시민들이 쉽게 정보를 얻고 도움을 받을 수 있도록 지원하고 있다.

나. 사업장의 조직적 측면

국제노동기구(ILO)에서는 사업장 정신보건관리 기능 강화를 위해 ① 사회 · 심리적 요인에 대한 위험성평가 및 관리, ② 차별 금지, ③ 개인정보보호의 3가지 원칙을 제시하였다(ILO, 2012). 이때 주의할 점은 현재 정신질환에 대한 낙인효과가 크기 때문에 사업장을 통해 제공되는 정신보건 서비스는 사용자의 반발을 사거나 이용률이 낮을 수도 있다는 것이다(윤진하 외, 2016). 따라서 우선적으로 정신건강 예방 측면에서의 접근이 권장된다.

1) 정신건강 인식 개선

사업장은 정신건강의 중요성을 알리고, 정신건강 문제에 대한 인식을 높이기 위해 다양한 캠페인을 실시할 수 있다. 이는 정신건강 관련 세미나, 워크숍, 교육 세션 등을 통해 이루어질 수 있으며, 근로자가 정신건강 문제를 쉽게 논의하고 지원을 받을 수 있는 문화를 조성하는 데 기여한다. 또한 정신건강 관련 문제 해결의 핵심적인 방해 요인으로 작용하는 낙인효과의 감소에 주력할 필요가 있다. 낙인효과는 일반 근로자의 경우 정신질환자를 부정적으로 인식함으로써 발생하므로, 모든 근로자에게 정신질환의 낙인효과를 줄이기 위한 노력이 필요하다. 이를 위해서는 심리상담, 정신건강의학과 진료 및 치료에 대한 인식 개선 캠페인 · 홍보 등의 방법을 사용할 수 있다. 이때 사업장의 목표 중 하나는 사업장이 정신건강 문제 해결에 협조적이며 정신질환이 있는 근로자에게 인사상의 불이익을 주지 않을 것이라는 신뢰를 지속적으로 주는 것이다. 이러한 신뢰는 심리상담, 혹은 정신건강의학과 진료로 인한 근로자의 부담을 줄여, 이후 정신건강에 대한 지속적인 관리가 가능하도록 한다(윤진하 외, 2016).

2) 관리자의 역할 강화

사업장은 관리자들이 근로자의 정신건강을 지원할 수 있도록 교육하고 훈련해야 한다. 관리자는 근로자의 스트레스와 정신건강 상태를 파악하고, 필요한 경우 적절한 지원을 제공해야 한다. 또한 관리자는 근로자와의 열린 소통을 통해 정신건강 문제를 조기에 발견하고 해결할 수 있는 환경을 조성해야 한다. 이를 위한 다양한 교육 및 워크숍 프로그램이 개발되어 있으나 (Chapman-Clarke, 2015; Newberg, 2012. 6. 14.), 아직 국내에서는 활성화되지 않았다. 관리자는 우선 직장 내 괴롭힘과 같은 상황에서 대처할 수 있는 직원보호 체계를 구축해야 하는데, 여기에는 사내규범 마련, 폭력방지 위원회 운영안 및 직장 내 괴롭힘 예방 매뉴얼 제작 등이 포함된다.

3) 위험성평가에 기반한 사업장 정신보건관리 기능 강화(서춘희 · 이경진, 2017)

사업장 정신보건관리를 위한 중재(intervention)의 가장 첫 단계는 사회 · 심리적 요인에 대한 위험성평가를 시행하는 것이다. 이후 감지한 위험에 대한 우선순위를 결정하고, 실행 · 평가 · 피드백 과정을 정착해야 한다. 이를 위해서는 우선 노측과 사측의 사전 합의가 필요하다. 중재 진행 시에 개인 정보 보호와 위험성평가로 인한 개인의 불이익 방지 등의 합의가 필요하다. 사전 합의 후 사회 · 심리적 위험성평가를 위해 직무 스트레스와 스트레스 반응을 평가하고, 이러한 자료를 분석하여 파악된 문제에 대해 노사가 함께 해결책을 논의한다. 실행 계획의 우선순위를 선정하고, 실행, 평가, 피드백을 하도록 한다. 위험성평가에 기반한 정신보건관리 활동은 일회성에 그치지 않고, 지속가능한 형태로 사업장 내에서 제도화시키는 것이 중요하다(서춘희 · 이경진, 2017).

4) 직무 스트레스 요인 줄이기

사업장은 위험성평가 등을 통해 파악된 물리적, 심리적 환경을 개선해야 한다. 이는 작업 공간의 청결 유지, 적절한 조명과 환기, 편안한 작업조건, 충분한 휴식 공간(휴게실, 카페, 명상실, 수면실, 안마의자 등) 마련, 고충 처리를 위한 건의제도 운영 등을 포함한다. 또한 업무량 조절, 역할 명확화, 직무 자율성 증대 등을 통해 근로자의 직무 스트레스를 줄이는 것도 중요하다. 사업장은 근로자가 일과 생활의 균형을 유지할 수 있도록 유연한 근무제도 도입을 고려할 수 있다. 이는 재택근무, 유연근무제, 자율 출퇴근제 등을 포함하며, 근로자가 개인적인 필요와 업무 요구를 균형 있게 조절할 수 있도록 지원한다. 유연한 근무제도는 근로자의 스트레스를 줄이고 정신건강을 증진하는 데 효과적이다.

5) 정신건강 증진 프로그램 도입

사업장은 근로자의 정신건강을 증진하기 위한 다양한 프로그램을 도입해야 한다. 여기에는 스트레스 관리 교육 및 워크숍, 긍정심리 프로그램(미술심리상담, 열린 음악회, 사진전, 원예치료 프로그램, 봉사활동 등), 직장 내 괴롭힘 예방교육, 자살예방교육[80] 등이 포함된다. 사업장은 근로자가 이러

---

80) 2024년 7월 12일부터 자살예방법(「자살예방 및 생명존중문화 조성을 위한 법률」) 시행령안에 따라 연 1회 자살 예방 교육을 해야 하며, 결과를 보건복지부 장관 또는 주무 부처의 장에게 제출해야 한다. 다만 민간기업은 자살 예방 교육이 의무가 아니라 노력 대상으로 최종 분류된 상태이다.

한 프로그램을 쉽게 이용할 수 있도록 지원해야 하며, 특히 현장관리자의 적극적인 자세가 필요하다.

6) 고위험 근로자 관리(서춘희 · 이경진, 2017)

정신질환에 대한 고위험 근로자를 인지하고 관리하는 것은 이들의 건강과 안전을 보호하기 위해 매우 중요하다. '관리감독자의 관찰' 또는 '업무 환경의 변화'로 고위험 근로자로 판단되면, 일련의 조치를 취해야 한다(서춘희 · 이경진, 2017).

〈표 7-1〉을 바탕으로 고위험 근로자를 의심해 볼 수 있다. 고위험 근로자로 의심이 되는 경우 관리감독자 혹은 보건관리자는 상담, 내외부 자원 활용,

〈표 7-1〉 고위험 근로자 선별 지침

1) 관리감독자의 관찰(KOSHA GUIDE H-37-2011, H-38-2011)

가) 지각, 조퇴, 결근이 자주 있음
나) 적극성이 낮아지고, 사람들과 대화나 교류가 감소함
다) 평범한 실수 · 사고가 많아짐 : 주의력 저하
라) 사고력 · 판단력 · 결단력 저하로 업무기능 저하
마) 복장이 흐트러지거나 의복이 불결함
바) 이전과 달리, 직장에서 말이 없어지거나 너무 많아짐
사) 이전과 달리, 표정에 활기가 없고 힘이 없거나, 혹은 그 반대
아) 여러 가지 신체증상의 호소 : 두통, 현기증, 권태감, 근육통, 관절통 등

2) 업무 환경의 변화(일본 정신장애 산재 인정 기준)

가) 사고나 재해 경험 : 사업장 내에서 사망사고를 포함한 중대재해가 발생하거나 동료 근로자의 자살사건 발생
나) 업무 부담이나 책임의 증가 : 회사 경영에 영향을 미치는 실수, 재해, 손해 발생, 위법 행위 강요, 무리한 업무 지시, 고객의 무리한 주문이나 클레임으로 어려운 조정을 함
다) 업무량의 현저한 증가 또는 질의 변화 : 업무 변경, 장시간 근로, 교대근무, 심야근무
라) 업무의 역할이나 지위 변화 : 퇴직 강요, 전근, 인사이동, 부서원 감원, 차별
마) 대인 관계 : 언어폭력, 신체폭력, 직장 내 괴롭힘, 성희롱, 대인관계 갈등

자료 : 서춘희 · 이경진(2017).

정신건강 전문가와의 연계(예 : 심리상담 서비스, EAP 등)와 같은 조치를 취한다. 상담 후, 전문가의 판단에 따라 병가나 휴직이 권장될 수 있다. 업무 복귀 단계에서는 3개월, 6개월, 12개월 주기로 추적 관찰을 하며 복귀를 돕는다. 이 과정에서 관리감독자와 보건관리자는 고위험 근로자와의 면담을 통해 증상과 업무 관련성 파악, 원인 제거 및 업무 조정 등의 조치를 취한다. 이때 전 과정을 거쳐 개인 정보 보호와 기밀 유지에 각별히 주의하여야 한다.

2. 정신건강 증진 방안 : 보건정책적 접근

가. 근로자들의 정신건강 증진 방안

앞선 연구 결과를 종합하여 도출한 근로자 대상의 정신건강 증진 방안을 도식화하여 나타내면 [그림 7-2]와 같다.

[그림 7-2] 근로자 대상의 정신건강 증진 방안

평가 결과를 통한 개선
사업주 설득 근거
일반 근로자 대상 개입
주기적 정신건강검사 시행
적기의 정신건강서비스 제공
근로 환경 진단 및 개선
정신건강 리터러시 제고 활동
EAP 및 직무역량 강화 프로그램 제공
사업주 및 관리자 직급 대상 개입
사업주, 관리자 직급의 정신건강 리터러시 제고를 위한 활동
근거 생성
정책·개입에 대한 효과성 평가 및 근거 생성
기반: 근로자 참여 & 기관 간 협력 및 네트워크 구축

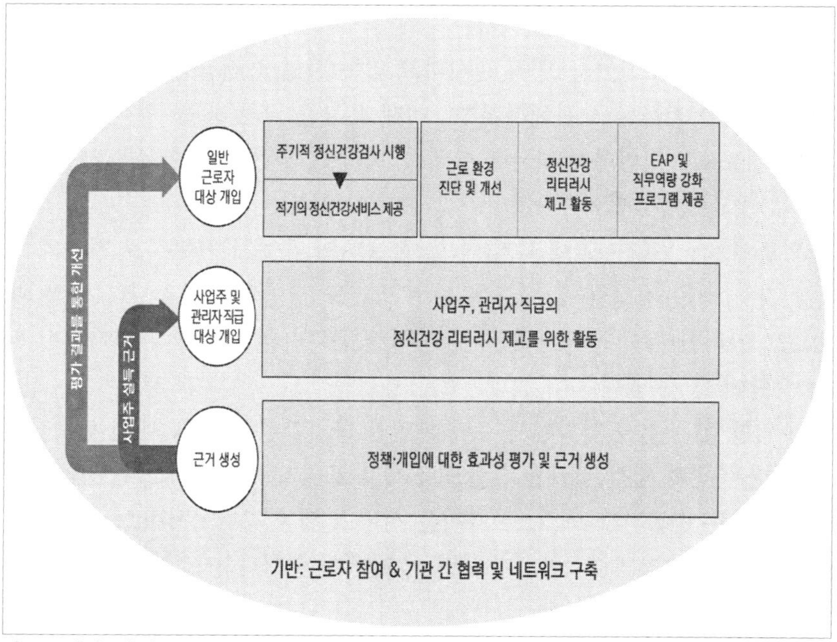

자료 : 저자 작성.

방안은 7가지 활동들로 구성된다. 모든 활동에 있어서는 근로자 참여가 중요한데, 국가 및 지역 수준의 정책 단위라면 정책 평가 과정에서 근로자 대상의 심층 조사를 실시하는 것이 적용 방안일 수도 있고, 각 사업장 단위라면 수시로 근로자의 정신건강 요구도를 수렴할 수 있는 장을 마련하는 것(예 : 익명 건의함 · 게시판 마련, 소통을 담당하는 소통 담당자 지정)이 될 수도 있다. 이같이 근로자의 참여를 유도한다면 서로 다른 직무를 고려한 맞춤형 접근이 가능할 것으로 판단한다.

이뿐만 아니라 다음에서 제시할 활동들이 서로 유기적으로 연결되어 '근로자의 정신건강 증진'이라는 목표를 달성하고, 근로자의 다양한 정신건강 요구도를 충족하도록 하기 위해서는 정부, 서비스를 제공하는 공공기관, 서로 다른 사업장, 전문가 및 학계 등 다양한 부문의 각 주체 간의 협력 체계를 구축하는 것이 중요하다. 이에 기반을 '근로자 참여와 기관 간 협력 및 네트워크 구축'이라고 설정하였다. 총 7가지 각 활동에 대해 상술한 결과는 다음과 같다.

1) 주기적인 정신건강검사 시행

현재 2년 또는 1년에 1회씩 실시하고 있는 사업장 건강검진 내에서 정신건강에 대한 검사를 실시해야 하며, 이때 우울증, 조현병 등 정신질환 이외에도 근로자가 빈번하게 겪는 스트레스, 번아웃, 불안 등의 항목을 세분화하여 검사하는 것이 필요하다.

덧붙여, 건강검진 시 링크, 앱 등을 활용하여 근로자가 수시로 자신의 정신건강 상태를 체크할 수 있도록 하는 방안도 병행되어야 한다(김수경 외, 2022). 이러한 검사를 시행하는 것 자체가 근로자의 정신건강 리터러시 향상 수단이 될 수 있다.

유의할 점은 검사 결과는 근로자 본인만 확인할 수 있도록 비밀을 보장해야 한다는 점과 검사 결과를 기반으로 사후 조치가 필요하다고 판단되는 근로자에게는 정신건강 서비스 · 가까운 서비스 제공 기관 · 서비스 신청 방법을 적극 안내하는 등의 연계가 반드시 이어져야 한다는 것이다(김수경 외, 2022).

2) 적기의 정신건강 서비스 제공

근로자의 정신건강 문제가 중증으로 진행되기 전에 서비스를 미리미리 제공하는 것이 중요하다. 위에서 언급한 정신건강검사 결과에 따라 근로자가 적기에 서비스를 제공받을 수 있도록 하기 위해서는 사업장과 정신건강 서비스 제공기관(예 : 근로자건강센터, 정신건강복지센터) 간의 유기적인 연계 체계가 구축되어야 한다. 정신건강 서비스 제공기관은 상담과 같은 직접 서비스를 제공하는 역할, 혹은 의학적 치료가 필요한 상태라면 병의원 진료를 받을 수 있도록 안내하는 역할을 담당할 수 있어야 한다.

근로자가 직접 서비스 제공기관을 찾아가서 서비스를 받게 하는 방식보다는 서비스 제공기관에서 사업장을 방문하여 서비스를 제공하는 방식을 보다 확대할 필요가 있다(예 : 사업장 인근에 이동식 심리상담소를 설치하여 서비스 제공).

3) 근로환경 진단 및 개선

앞서 언급하였듯 WHO and ILO의 지침에서는 근로자 정신건강 증진에 있어 근로자 개인 수준보다 사업장 조직 수준의 조치를 우선시해야 함을 강조하였으며, OECD의 지침에서는 사업장 내 다양한 심리 · 사회적 위험요인에 대한 위험성평가를 시행할 것을 권고한 바 있다. 또한 영국 등의 국가에서도 상담, 치료와 같은 사후적 조치도 중요하나 이에 앞서 근로자의 정신건강 문제가 발생하지 않도록 선제적으로 노력하는 것이 우선되어야 함을 강조한 바 있다. 이러한 측면에서 사업장 내 근로환경에 대한 개선 조치는 근로자의 직무만족도 향상과 정신건강 증진을 위한 적기의 조치이자 필수적인 조치에 해당한다. 근로환경 개선의 대상에는 직장의 물리적 환경뿐 아니라 문화 · 제도적 환경이 모두 포함된다. 물리적 환경 개선의 예로는 작업 데스크 변경, 사업장 내 휴게공간 확충 등이 포함될 수 있으며, 문화 · 제도적 환경 개선의 예로는 직장 내 성희롱/괴롭힘 방지를 위한 사규 제정과 시행, 근로 시간과 장소에 대한 유연성 제공(예 : 가능한 경우에 한하여 원격근무 활성화, 유연근무제 시행 등), 휴가 제도 개선이 포함될 수 있다(김수경 외, 2022; Holman et el., 2018).

현재 모든 사업장에 대한 위험성평가를 실시하도록 하고 있지만[81], 이를 실시하지 않는 사업장도 많고, 실시하더라도 요식행위에 그치는 경우가 상당수이며(이상국, 2022. 5. 16.), 이마저도 직장 내 심리 · 사회적 요인에 대한 평가/진단은 거의 시행되지 않고 있다. 정신건강의 중요성에 대한 사회적 인식이 커지고 있는바, 향후 단계적으로 사업장 내 심리 · 사회적 위험요인에 대한 평가/진단을 의무화하고, 사업장의 개선 조치 시행 여부에 대한 모니터링을 강화할 필요가 있다. 아울러 영세사업장에 대해서는 근로환경 진단 및 개선에 필요한 지원과 자원을 제공(예 : 환경 진단에 필요한 도구 제공, 전문가 파견, 진단 결과에 따른 환경 개선 컨설팅 제공, 개선 조치 이행에 필요한 자원 · 비용 지원 등)하는 등의 정책적 뒷받침이 요구된다.

4) 정신건강 리터러시 제고 활동

근로자 대상 교육과 캠페인을 통해 정신건강 리터러시를 제고하는 활동이 필요하다. 교육 · 캠페인 내용은 ① 정신건강 증진의 중요성, ② 정신건강 문제의 징후나 증상, ③ 정신건강 문제에 대한 부정적 인식 타파, ④ 정신건강 서비스를 받을 수 있는 기관과 이용 시간에 대한 안내 등으로 구성할 수 있도록 한다. 이러한 활동은 자기 자신과 동료의 정신건강 문제 조기 발견 및 적기 조치를 가능케 한다는 차원과 정신건강 문제를 경험하는 다른 근로자에 대한 낙인 예방 차원에서 모두 중요하다.

소규모 사업장 대상으로는 공공 서비스 제공기관이 직접 찾아가 교육을 제공하거나 각종 교육 자료 및 콘텐츠를 개발하여 제공토록 한다.

5) EAP 및 직무역량 강화 프로그램 제공

직원 복지 차원에서 EAP의 일환으로 근로자에게 다양한 프로그램을 제공하는 것도 정신건강 증진에 기여할 수 있다. 직무 수행으로 인한 긴장도 완화를 위해 명상 프로그램을 제공하는 것, 요가나 스트레칭 등 신체활동 프로그램을 제공하는 것을 고려할 수 있다(김수경 외, 2022; 강도형 외, 2015 재인용). 또한 가족 문제 등과 같은 근로자가 경험하는 직장 외 문제 해결을 위

---

81) 근거법령 : 「산업안전보건법」 제36조.

한 교육과 상담을 제공하는 것도 도움이 될 수 있다.

이뿐만 아니라 근로자 개개인의 직무 수준에 부합하는 직무역량 강화 교육 · 훈련을 주기적으로 제공하는 것도 중요한 측면이다. 국내외 선행연구에 따르면 근로자의 업무 숙련도 향상을 위한 교육훈련은 근로자의 직무만족도 향상 및 이직 방지에 도움을 주고, 나아가 기업의 생산성 향상에도 기여하는 것으로 알려져 있다(김강호, 2009; Siebern-Thomas, 2005; Glick and Feuer, 1984).

6) 사업주, 관리자 직급의 정신건강 리터러시 제고

앞서 반복적으로 강조하였듯, 근로자 정신건강 증진에 있어서는 사업장의 역할이 일차적으로 중요하다. 사업장의 근로자 정신건강 보호 · 증진 조치를 시행하는 것에 대한 의사결정권자는 사업주(고용주), 또는 관리자 직급 근로자에 해당하므로, 이들에게 정신건강 리터러시를 제고하는 교육을 제공하는 노력이 필요하다. 싱가포르 사례와 같이 정신건강 증진의 중요성, 정신건강 문제에 대한 낙인 예방, 일반직급 근로자의 정신건강 요구에 대응할 수 있는 역량 또는 기술(skill) 등을 주제로 정부가 이들에게 교육을 제공해야 한다. 동일 업종 · 사업장 규모별로 사업주 간 커뮤니티(예 : 자조모임 등)를 조직하여 운영한다면, 이는 근로자 정신건강 증진을 위한 각 사업장의 노력과 사례를 공유하는 장이 되어 사업주의 노력을 증진하는 수단이 될 수도 있으며, 정책 운영의 측면에서는 현장에서 이러한 개입을 시행하는 데 필요한 지원과 자원이 무엇인지를 파악하는 수단도 될 수 있다. 우수 사업장 포상 제도를 시행하는 것도 사업장의 자발적 노력을 촉진하는 데 도움이 될 수 있을 것이다.

7) 정책 · 개입에 대한 효과성 평가 및 근거 생성

앞서 살펴본 WHO와 ILO, 미국 CDC 지침은 정책에 대한 평가, 과학적 연구를 통한 근거 생성의 중요성을 강조한 바 있다. 근로자의 정신건강 증진을 위한 개입이 단지 어떠한 프로그램을 근로자에게 제공했다는 것에서 끝나지 않고, 평가 및 환류 단계를 통해 근로자 개개인에게도, 사업장의 생산성에도, 나아가 사회적으로도 도움이 된다는 근거를 확립할 수 있어야만 사업장도 지속적으로 노력할 수 있고 정책도 지속 시행 또는 확산될 수 있다. 또한 이전에 시행되었던 개입(정책)이 향후 어떤 부분을 개선해 나가야 더욱 효과적일지 파악하기 위한 차원에서도 이는 중요하다.

정신건강 수준의 향상이라는 효과뿐만 아니라 개입의 비용 대비 효과를 화폐 단위로 도출하는 경제성 분석(예 : 근로자 이직률 감소로 인한 채용 비용 감소, 근로자의 프리젠티즘 감소를 통한 생산성 향상)도 필요한데, 호주 사례에서처럼 이를 사업주 설득을 위한 홍보물로도 활용할 수 있을 것이다.

나. 정책적 제언

1) 관련 법률의 실효성 제고 조치

사업장 위험성평가[82] 및 (고객응대) 근로자의 건강보호에 대한 사업주의 의무[83] 등을 규정하고 있는 「산업안전보건법」, 직장 내 괴롭힘 금지[84] 및 발생 시 사업주가 취해야 하는 조치[85] 등을 규정하고 있는 「근로기준법」 등 근로자의 정신건강 증진이 관련된 법률이 제정되었으나, 실효성이 낮다는 지적은 꾸준히 제기되고 있다. 일례로 직장 내 괴롭힘 신고 건수 대비 과태료 처분 및 검찰 송치 등으로 이어진 경우는 100건 중 1건 수준이라는(권신혁, 2024. 7. 15.) 최근의 발표나, 특히 중소규모 사업장에서는 위험성평가를 하지 않는 곳이 3분의 1이라는 조사 결과(나상현, 2023. 12. 8.) 등이 이를 보여준다.

사업장이 지켜야 하는 이 같은 법률의 실효성을 높이기 위한 조치로는 법률상의 조치를 모범적으로 잘 이행한 사업장에 인센티브를 제공해 주고, 제대로 지키지 못한 사업장에 대한 명령 및 통제 조치, 과태료를 부과하는 방안이 제시된 바 있다(송호준 외, 2022; 정진우, 2014; 조돈문 외, 2021). 덧붙여, 이러한 법률의 궁극적 목적은 사업주를 처벌하기 위함이 아니라 사업장이 스스로 근로자의 건강 위험요인을 사전에 발견・관리하고, 환경을 개선

82) 「산업안전보건법」 第36조.
83) 「산업안전보건법」 第41조.
84) 「근로기준법」 第76조의 2.
85) 「근로기준법」 第76조의 3.

하여 문제가 발생하지 않도록 예방하는 데 있으므로(고용노동부, 2023. 12. 7.), 각 사업장의 법률 이행 여부와 정도를 선제적으로 모니터링하는 조치도 수반되어야 할 것이다. 선행연구에서는 모니터링 대상 사업장을 무작위 선정하거나 일제 점검하는 방안을 제시한 바 있다(조돈문 외, 2021).

2) 사업주의 책무성을 강조하는 활동, 정신건강 리터러시 제고 활동

앞서 반복적으로 강조하였듯 사업주의 자발적 참여와 노력을 이끌어내기 위해서는 사업주의 역할과 책임을 강조하고 사업주의 정신건강 리터러시 제고 방안이 다각도로 시행되어야 한다. 이를 위해 구체적으로 다음 사항을 제언하고자 한다.

먼저 사업주 대상의 홍보 강화가 필요하다. 구체적으로 ① 근로자 정신건강 증진을 위한 사업주 역할의 중요성과 사업주의 책임 의식을 강조, ② 근로자 정신건강 문제에 대해 사업주가 취할 수 있는 역할에 대한 구체적인 안내(예 : 정신건강 고위험군 근로자에 대한 이상 징후 발견 방법, 발견 후 기관 연계 등 대처 방안 등), ③ 근로자건강센터를 포함한 공공에서 제공하는 근로자 대상 정신건강 증진 사업에 대한 정보 안내(교육, 각종 상담 프로그램 종류와 신청 방법 등), ④ 근로자의 정신건강 증진을 위한 노력이 사업장에도 경제적 이득이 된다는 점을 위주로 사업주 대상의 교육 프로그램을 제공하거나 온오프라인 홍보물을 배포하는 것이 필요하다. 경제적 이득과 관련해서는 우선은 외국의 자료를 활용해야 하겠으나, 향후에는 국내 상황에 부합하고 보다 설득력 있는 근거를 생산하기 위한 중장기적인 정책 평가 및 연구가 이루어져 국내의 자료를 활용한 홍보물이 제작될 수 있어야 할 것이다(김수경 외, 2022).

다음으로는 사업주 본인의 정신건강 증진을 위한 프로그램을 제공할 필요가 있다. 구체적으로는 비슷한 업종 및 규모의 사업장의 사업주를 그룹별로 한데 모아 정신건강 증진 워크숍 및 힐링 프로그램을 제공하거나(김수경 외, 2022), 자조 모임을 조직하는 방안을 제시한다. 자조 모임을 통해서는 사업주로서의 고충과 근로자 정신건강 증진을 위해 각 사업장에서 어떤 노력을 했는지에 대해 공유할 수 있도록 해야 한다.

3) 정신건강 리터러시 제고를 위한 교육 및 홍보 강화

우선 일반 근로자 및 사업주에 대한 정신건강 리터러시 제고를 목적으로 한 교육 · 홍보 콘텐츠 개발이 필요하다. 다만 일률적 내용이 아닌, 각각의 특성을 고려한 직급 및 직무별 정신건강 증진 교육 · 홍보를 구성하여 시행한다면 더욱 효과적일 것이다. 구체적으로 일반 근로자에 대해서는 ① 정신건강 문제에 대한 부정적 인식(낙인) 개선, ② 본인 또는 동료에게 정신건강 문제 발생 시 대처 방안(예 : 도움을 받을 수 있는 기관과 구체적 서비스 등), ③ 일상에서 마음 건강을 챙기는 것의 중요성, ④ 일상에서 스트레스를 경감하고 정신건강을 관리할 수 있는 노하우와 기술(skill) 등을 주제로 한 교육 · 홍보 콘텐츠를 제작하여 제공/배포해야 한다. 관리자 직급 근로자에 대해서는 ① 직장 내 효과적 의사소통 방법 및 리더십, ② 일반 직급 근로자의 정신건강 문제를 일찍 알아차릴 수 있는 징후 · 증상과 발견 이후의 대처 방안 등을 주제로 교육 · 홍보 콘텐츠를 제작하여 제공/배포해야 할 것이다.

4) 근로자건강센터 확대 설치 및 서비스 제공 방식 다각화

50인 미만 소규모 사업장 근로자의 건강 보호를 목적으로 설립된 근로자건강센터는 직무 스트레스 예방관리 상담, 작업환경 관련 상담, 생활 습관 개선 및 근골격계 질환 예방 상담으로 정신건강 부문의 서비스를 제공하고 있다. 앞서 언급하였듯 최근 들어서 정신건강의 중요성이 대두되며 2018년부터는 일부 근로자건강센터 내에 직업트라우마센터가 설치되어 심리적 외상을 경험한 근로자의 증상 극복 및 일상 회복을 위한 지원을 담당하고 있다. 선행연구에서 그 필요성이 지적된 '제공하는 서비스의 종류 · 형태에 따른 근로자건강센터 운영형태의 다각화'가 일부분 실현된 것이라고 해석할 수도 있다(양선희 외, 2016). 그러나 분소를 합쳐도 총 50개가 안 되는 근로자건강센터나 직업트라우마센터의 자원과 인력만으로는 50인 미만 사업장에서 근무하는 수많은 근로자의 건강요구도를 충족하기에 무리가 있다는 지적이 제기되어 왔다(김대식, 2019; 김미연, 2023). 사전예방적 정신건강 관리의 정책적 중요성이 커진바(관계부처 합동, 2023a), 심리적 외상 외에 스트레스나 번아웃 등 상대적으로 경미한 정신건강 증상을 경험하는 일반적 근로자 대상 서비스 활성화와 '찾아가는' 방식의 서비스를 확대하여 제공할 수 있어야 한다. 이를 위해서는 근로자건강센터 및 직업트라우마센터 수의 확대 및 인력 충원이 필요하다.

이 외에도 근로자건강센터의 서비스 제공 방식 측면에서 접근성을 제고하고, 다소 민감한 문제로 여겨지는 정신건강 문제에 대한 비밀보장에 유리한 '비대면 방식' 서비스를 보다 활성화하는 방안도 제안한다(김수경 외, 2022).

5) 정책 평가, 환류 체계 구축

마지막은 여러 차례 강조되었던 근로자 정신건강 증진 정책에 대한 평가·환류 체계의 필요성이다. 이는 향후 시행될 정책을 개선해 나간다는 측면과 더불어 정책의 지속성을 담보한다는 측면에서 모두 중요하다. 정책 평가 시에는 정책의 수요자인 근로자의 만족도뿐만 아니라 정책 시행 전과 후의 스트레스·우울 등 정신건강 지표, 직무 만족도 등의 지표가 얼마나 개선되었는지 비교하는 과정이 필요하다. 나아가 근로자 개인 측면에서 자살 사망률 감소, 삶의 질 개선이 이루어졌는지, 사업장 측면에서 이직률 감소, 생산성 증가 등이 발생하였는지와 같은 중장기적인 평가도 시행되어야 할 것이다. 이때 체계적이며 과학적인 평가를 위해 적절한 지표를 선정하고 체계적인 자료 분석 틀을 설계하는 모든 평가 과정에서 학계와의 협업이 필수적이다.

3. 정신건강 증진 방안 : 법제적 접근

근로자의 정신건강 증진을 위한 법제의 발전 방안으로 제6장 제4절에서 「근로기준법」의 총칙 규정에 근로자의 정신건강 보호를 포함한 인격권 보장 규정을 제안하였다. 그리고 직장 내 괴롭힘에 관해서는 가해자인 근로자 개념의 범위 확장과 피해자인 노무제공자를 위해서는 개별 법률의 제정을 제시하였다. 사업주가 가해자일 때는 노동위원회의 구제 신청이 가능하여야 하고, 5인 미만 사업장에도 직장 내 괴롭힘 관련 규정이 부분 적용되도록 할 것을 권고하였다. 또한, 직장 내 괴롭힘으로 인한 사실상의 비자발적 사직임이 분명할 때는 이를 사용자의 해고로 간주하여 「근로기준법」상 구제 절차를 준용할 것도 생각해 볼 수 있다.

「산업안전보건법」의 경우 시행규칙인 안전보건규칙 제669조(직무 스트레스에 의한 건강장해 예방조치)에서 직무 스트레스의 범위를 확장하여 근로자의 정신건강 침해 요소를 사전에 막아야 한다고 주장하였고, 동 규칙 제669조가 규정하고 있는 사업주의 의무 규정 역시 추상적이므로 좀 더 구체적으로 명시하여야 한다고 제안하였다. 동법 제39조 사업주의 보건조치에 정신상의 건강장해 예방을 신설할 것과 제51조 사업주의 작업중지 의무 및 제52조 근로자의 작업중지권에 정신적 건강 침해의 우려가 있을 때는 '급박'해야 한다는 요건 없이 규정할 것을 제시하였다. 제36조 사업주의 위험성평가 실시 의무 중 위험성평가의 대상으로 '정신적 유해 · 위험 요인'을 예시할 것을 제의하였고, 제29조의 안전보건교육의 내용으로 '정신건강'을 명시할 것과 시행규칙에서 규정하고 있는 교육 내용으로 '직무 스트레스'에 구체적인 예시를 더할 것을 제안하였다. 그리고 동법 시행규칙 제198조가 규정하는 일반건강진단의 항목에 정신건강을 포함할 것과 감정노동 근로자의 경우 특수건강진단의 대상으로 규정하는 것도 제시하였다. 마지막으로 근로자대표가 참여하는 '산업안전보건위원회'의 추상적인 심의 · 의결 사항에 정신건강이 포함될 수 있도록 고용노동부가 고시 등을 제정하는 방안을 내놓았다.

이러한 내용들이 국회의 입법안으로 반영되었는지를 확인하기 위해 제21대와 제22대 국회의 발의 내용을 추적해 보면 다음과 같다.

제21대 국회에서 김정호 의원의 '산업안전보건법 일부개정법률안'(의안번호 2118887, 2022. 12. 12. 발의)은 제36조 제1항의 위험성평가의 항목으로 '고객과의 응대'를 포함하였다. 위험성평가의 대상으로 정신건강적 요소를 넣었다는 것은 긍정적이지만, 그 대상을 감정근로자에 한정하였다는 한계점이 있다.

강병호 의원의 '산업안전보건법 일부개정법률안'(의안번호 2103915, 2020. 9. 15. 발의)은 제2조 제14호를 신설하여 "'근로자의 건강'이란 신체적 건강과 정신적 건강을 말한다"라고 규정하고, 제129조 제3항의 내용에 "일반건강진단에는 정신건강을 포함하여야 하며"라는 구문을 넣어 발의했다.

민형배 의원의 '산업안전보건법 일부개정법률안'(의안번호 2104044, 2020. 9. 18. 발의)은 제41조의2(정신적 충격으로 인한 건강장해 예방조치)를 신설하여 "사업주는 중대재해를 입은 근로자와 그 가족, 중대재해를 목격한 근로자에게 심리적 안정을 위하여 심리상담을 권고하여야 한다"라고 규정하고(제1항), "사업주는 제1항에 따른 심리상담을 위하여 근로자가 휴가를 신청하는 경우에 고용노동부령으로 정하는 기간의 범위에서 이를 허용하여야 한다. 이 경우 사용한 휴가기간은 유급으로 한다"라고 규정했다(제2항). 업무로 인해 받은 정신적 충격(스트레스)을 치료하기 위해 심리상담을 권고하고 유급휴가를 보장하는 것은 근로자의 정신건강 보호를 위해 진일보한 정책이나 역시 정신적 충격의 원인을 '업무'에 따른 것이 아닌 '중대재해'에 한정한 것이 아쉽다.

제22대 국회에서는 김정호 의원의 '산업안전보건법 일부개정법률안'(의안번호 2200427, 2024. 6. 13. 발의)에서 제41조(고객의 폭언 등으로 인한 건강장해 예방조치 등)의 규정을 대폭 강화했다. 동법 시행규칙 제41조에 규정되어 있던 사업주의 고객응대 근로자의 '건강장해 예방조치'의 내용을 그대로 인용하여 법률 단계에서 규정했다(제1항). 또한 동법 시행령 제41조에 규정되어 있는 사업주의 조치로 업무의 '일시적 중단 또는 필요한 조치'의 내용을 역시 그대로 법률의 조문으로 격상했다(제2항). 그리고 제41조에 제8항을 신설하여 "고객 등 제3자의 폭언 등으로 인한 근로자의 건강장해 예방ㆍ치료 회복 등을 위해 필요한 사업주의 조치"에 필요한 사항은 대통령령으로 정할 것을 규정했다. 그 외 위 개정안은 상습적으로 폭언 등을 하는 고객의 경우 일정 기간 고객응대 서비스 이용을 제한하거나(제41조 제4항), 고발할 수 있고(동 조문 제5항), 고객응대 근로자의 고충을 청취하고 처리하기 위한 고충처리기구를 상설적으로 설치할 것(제6항)을 발의했다.

본 발의안이 시행규칙 및 시행령에 규정된 내용을 법률로 격상하는 것은 해당 내용의 규범력을 높여 사업주에게 강한 의무감을 부여한다는 점에서 타당하다고 생각하며, 고객응대 근로자를 보호하기 위해 폭언 등을 하는 고객에 대한 서비스 이용 제한과 고발 조치를 하고, 상설적인 고충처리기구를 두는 것도 입법적으로 진일보하였다고 생각한다. 그러나 이러한 내용들이 고객응대 근로자에 한정되어 일반 근로자에까지 확장되지 못한 점은 한계이다. 즉, 일반 근로자에게도 사업주의 정신건강 장해 예방조치 의무나 작업중지 의무, 그리고 제3자에 의한 정신건강 침해에 대한 적극적인 조치와 고충처리기구 신설이 적용되어야 한다.

참고문헌

강도형 · 하태민 · 오창영 · 장준환 · 정예하(2015), 『감정노동 근로자를 위한 심신 힐링 프로그램 개발』, 한국산업안전보건공단 산업안전보건연구원.

고용노동부(2020), 「제5차 산재예방 5개년 계획(안)」.

______(2022a), 「근로자 건강증진활동 지침」(고용노동부고시 제2022- 33호).

______(2022b), 『산업재해 현황 분석』.

______(2023), 『직장 내 괴롭힘 예방 · 대응 매뉴얼』.

______(2024), 『직장 내 성희롱 예방 · 대응 매뉴얼』.

고용노동부 보도자료(2021. 3. 16), 「일터에서 생긴 트라우마, 전문심리상담 무료로 받으세요」.

______(2023. 12. 7), 「중소규모 사업장, 안전일터 조성 우리도 할 수 있다」.

______(2024. 2. 1), 「직장 내 괴롭힘은 무료교육으로 예방하세요」.

______(2024. 2. 5), 「직장의 모든 노동문제, 초기상담부터 권리구제까지 원스톱으로 촘촘하게」.

관계부처 합동(2021), 「제2차 정신건강복지 기본계획(2021~2025)」.

______(2023), 「정신건강정책 혁신방안」.

국민건강보험공단(2020), 「SPECIAL THEME : 마음 건강 특집. 10년마다 '마음'도 검사받아요」, 『국민건강보험공단 웹진』 2020년 1월호 255호.

______(2024), 『2024년 사업장(직장가입자) 건강검진 실시안내』.

권신혁(2024. 7. 15), 「직장 내 괴롭힘 신고→과태료 부과 1.3% … 한국노총 "솜방망이 처벌에 실효성↓"」, 뉴시스.

권혁 · 김인아 · 박수경 · 성대규(2018), 『근로자 정신건강 장해 예방을 위한 제도화 방안 연구』, 고용노동부 학술정책용역보고서.

근로복지공단 · 휴노컨설팅(2023), 『2023년 근로복지넷 EAP(근로자지원프로그램)위탁사업 최종결과보고서』.

김강호(2009), 「기업 종사자의 교육훈련 참여와 직무만족도 변화의 관계」,

『제10회 한국노동패널 학술대회 논문집』, 한국노동연구원, pp.211~230.

김대식(2019), 「직업환경의학의 공공성 확대가 필요하다」, 『대한공공의학회지』 3 (1), pp.171~175.

김명중(2015), 「일본 스트레스검사제도의 개요」, 『국제노동브리프』 2015년 3월호, 한국노동연구원, pp.90~105.

김미연(2023), 「직업트라우마, 어떻게 관리하여야 하나?」, 『월간산업보건』 420, 대한산업보건협회, pp.6~9.

김수경 · 이미선 · 이나경 · 윤강재(2022), 『감정노동 근로자에 대한 정신건강증진 방안 연구』, 한국보건사회연구원.

김양원(2021. 6. 14), 「감정노동자 보호법 있어도 코로나에 폭언 욕설은 더 늘어[안전산울림」, YTN.

나민오(2010), 「산업안전보건법의 체계와 입법방향에 관한 연구」, 『노동연구』 제19권, 고려대학교 노동문제연구소.

나상현(2023. 12. 8), 「중대재해 막는 위험성 평가 … '의무화' 개정은 내년으로」.

노동법실무연구회(2020), 『근로기준법 주해』(제2판), 박영사.

박수경(2021), 「A Study on the Protection and Prevention of Worker's Mental Health-The Occupational Safety and Health Act in South Korea」, 『노동법논총』 제51집, 한국비교노동법학회.

박승진 · 최혜라 · 최지혜 · 김건우 · 홍진표(2010), 「한글판 우울증 선별도구(Patient Health Questionnaire-9, PHQ-9)의 신뢰도와 타당도」, 『대한불안의학회지』 6 (2), pp.119~124.

박우진(2024. 2. 16), 「'업무 스트레스 · 트라우마 해소' 경찰, 마음동행센터 시설 · 인력 확충」, 뉴스핌.

박지혜 · 이선혜(2020), 「청년의 정신건강 리터러시와 도움요청 행동 - 도움요청에 관한 낙인, 태도, 의도의 매개효과 분석」, 『한국사회복지학』 72 (4), pp.63~92.

보건복지부(2021), 『2021년 정신건강실태조사 보고서』.

보건복지부 · 한국건강증진개발원(2024), 『2024 건강친화기업 인증제도 운영 안내』.
서춘희 · 이경진(2017), 『근로환경변화에 따른 직장인 정신건강 증진 연구』, 한국산업안전보건공단 산업안전보건연구원.
성낙인(2023), 『헌법학』(제23판), 법문사.
손미아 · 박종익 · 오은혜 · 이원영 · 윤재원 · 김경일 · 강유평(2016), 『근로자 정신보건관리체계 조사』, 한국산업안전보건공단 산업안전보건연구원.
손미정(2018), 「근로자 건강진단시 정신건강항목의 도입 여부에 관한 법적 연구 – 이른바 '감정노동 근로자'의 건강검진을 중심으로」, 『동아법학』 81, 동아대학교 법학연구소, pp.117~205.
송안미 · 권혁 · 신동윤 · 박수경(2023), 『근로자 정신건강 보호방안 연구』, 한국산업안전보건공단 산업안전보건연구원.
송호준 · 김범수 · 신종규 · 김상호(2022), 「산업재해 감소율 제고를 위한 위험성평가 제도의 개선 방안 도출 : 중소규모 사업장을 중심으로」, 『대한안전경영과학회지』 24 (2), pp.25~32.
신혜림(2020), 「근로자의 정신건강 보호를 위한 노동법적 규율방안 연구」, 서울대학교 법학전문대학원 전문박사 학위논문.
양선희 · 강동묵 · 강모열 · 김원 · 김정일 · 류현철 · 송한수 · 오장균 · 이미영 · 이성숙 · 이철갑 · 이철호 · 임종한 · 정인성 · 정혜선 · 조기홍 · 주영수 · 최명선 · 홍윤철(2016), 『근로자건강센터의 역할 · 기능 등 개선방안에 관한 연구』, 한국산업안전보건공단 산업안전보건연구원.
양승엽(2017), 「직장 괴롭힘 방지 입법에 대한 프랑스 법제의 시사점」, 『성균관법학』 제29권 제3호, 성균관대학교 법학연구소.
오승연 · 안소영(2018), 「직장인 건강증진정책 현황과 향후 과제」, 『KRI 고령화리뷰』 제21호, 보험연구원, pp.1~9.
윤진하 · 장세진 · 원종욱 · 강모열 · 이승엽 · 김진선(2016), 『직장인 정신 건강 증진 방안 연구』, 한국산업안전보건공단 산업안전보건연구원.
이상국(2022. 5. 16), 「위험성평가의 이행주체와 불이행시 법적 책임」, 세이프티퍼스트 닷뉴스.
인천 직업트라우마센터(2024), 「외국인노동자지원센터 불안관련 심리교육」.
전형배(2011), 「영국의 위험성평가와 시사점」, 『노동법논총』 제21집, 한국비교노동법학회.

정진우(2014), 「우리나라의 사업장 위험성평가 제도 실시에 관한 연구」, 『한국안전학회지』 29 (3), pp.121~128.

조기홍(2020), 「제언 : 변화와 노력이 필요할 때!」, 『산업보건』 4호, 대한산업보건협회, pp.5~8.

조문돈 외(2021), 「콜센터 노동자 인권상황 실태조사」, 한국비정규노동센터.

최은희 · 정혜선 · 백은미 · 이미선 · 손숙경(2023), 『직무스트레스로 인한 건강장해 예방조치의 현장 중심 이행방안』, 한국산업안전보건공단 산업안전보건연구원.

하영미 · 한상미(2020), 「근로자의 정신건강관리를 위한 정신건강 관련 삶의 질에 대한 통합적 고찰」, 『한국직업건강간호학회지』 29 (4), pp.254~261.

한국비정규노동센터(2021), 「장시간 근로자 보건관리 지침」.

______(2024), 「2024 산업안전 보건의 달, 산업안전보건 강조주간 세미나 및 발표 자료」.

______(n.d.), 「근로자건강센터 사업소개」.

홍정림 · 김영아(2023), 『산재근로자의 노동시장 이행과 삶에 관한 연구』, 한국노동연구원.

홍정림(2024), 『직업과 생애주기별 건강 격차』, 한국노동연구원.

Adovich S. Rivera, M. Akanbi, L. C. O'Dwyer and M. McHugh(2020), "Shift work and long work hours and their association with chronic health conditions : A systematic review of systematic reviews with meta-analyses", *PLOS ONE* 15 (4), pp.1~19.

Australian Government National Mental Health Commission(n.d.a.), https://www.mentalhealthcommission.gov.au/about(접속일 : 2024. 7. 30).

Australian Government National Mental Health Commission(n.d.b.), https://www.mentalhealthcommission.gov.au/projects/mentally-healthy-work/national-workplace-initiative(접속일 : 2024. 7. 30).

______(2022), "Blueprint for Mentally Healthy Workplaces". https://haveyoursay.mentalhealthcommission.gov.au/blueprint-for-mentally-healthy-w

orkplaces(접속일 : 2024. 8. 14).

Bannai, A. and A. Tamakoshi(2014), "The association between long working hours and health : A systematic review of epidemiological evidence", *Scandinavian Journal of Work, Environment & Health* 40 (1), pp.5~18.

Belloni, M., L. Carrino and E. Meschi(2022), "The impact of working conditions on mental health : Novel evidence from the UK", *Labour Economics* 76, 102176.

Benach, J. and C. Muntaner(2007), "Precarious employment and health : developing a research agenda", *Journal of Epidemiology & Community Health* 61 (4), pp.276~277.

Burgard, S. A. and K. Y. Lin(2013), "Bad jobs, bad health? How work and working conditions contribute to health disparities", *American Behavioral Scientist* 57 (8), pp.1105~1127.

Burton, J.(2010), *WHO Healthy workplace framework and model : Background and supporting literature and practices,* World Health Organization.

Cancelliere, C., J. D. Cassidy, C. Ammendolia and P. Côté(2011), "Are Workplace Health Promotion Programs Effective at Improving Presenteeism in Workers? A Systematic Review and Best Evidence Synthesis of the Literature", *BMC Public Health* 11, pp.1~11.

CDC(2016), "Workplace Health Model". https://www.cdc.gov/workplacehealthpromotion/model/index.html(접속일 : 2024. 6. 23).

Chapman-Clarke M.(2015), *Coaching for compassionate resilience through creative methods : The case for a turn towards autoethnography, In Coaching in Times of Crisis and Transformation*, ed. L. Hall, London : Kogan Page.

Cheng, H. L., C. Wang, R. C. McDermott, M. Kridel and J. L. Rislin(2018), "Self-Stigma, Mental Health Literacy, and Attitudes Toward Seeking Psychological Help", *Journal of Counseling & Development* 96 (1), pp.64~74.

Cottini, E. and C. Lucifora(2013), "Mental health and working conditions in Europe", *ILR Review* 66 (4), pp.958~988.

Demerouti, E.(2014), "Design Your Own Job Through Job Crafting", *European Psychologist* 19 (4), pp.237~247.

Department for Work and Pensions & Department of Health and Social Care, UK(2017a), "Improving Lives : The Future of Work, Health and Disability", Policy paper.

______(2017b), "Thriving at Work : The Stevenson/Farmer Review of Mental Health and Employers", Research and Analysis.

Ding, H. and J. Liu(2023), "Perceived Strengths-Based Human Resource System and Thriving at Work : The Roles of General Self-Esteem and Emotional Exhaustion", *The Journal of Psychology* 157 (2), pp.71~94.

EU(European Union)(2008), "Mental health in workplace settings", Congress Paper.

Fletcher, J. M., J. L. Sindelar and S. Yamaguchi(2011), "Cumulative effects of job characteristics on health", *Health Economics* 20 (5), pp. 553~570.

Glick, H. A. and M. J. Feuer(1984), "Employer-Sponsored Training and the Governance of Specific Human-Capital Investments", *Quarterly Review of Economics and Business* 24 (2), pp.91~103.

Holman, D., S. Johnson and E. O'Connor(2018), *Stress Management Interventions : Improving Subjective Psychological Well-Being in the Workplace, in Handbook of Well-Being*, eds. E. Diener, S. Oishi, and L. Tay, Salt Lake City, UT : DEF Publishers.

ILO(International Labor Organization)(2012), *Stress Prevention at Work Checkpoints.*

International Labour Organization(2024), "Labor force participation rate, total(% of total population ages 15+)(modeled ILO estimate)". https://data.worldbank.org/indicator/SL.TLF.CACT.ZS?end=2023&start=19

91&view=chart(접속일 : 2024. 8. 9).

Jung, H., von K. Sternberg and K. Davis(2017), "The Impact of Mental Health Literacy, Stigma, and Social Support on Attitudes Toward Mental Health Help-Seeking", *International Journal of Mental Health Promotion* 19 (5), pp.252~267.

Kapo Wong, A. H. S., A. H. S. Chan and S. C. Ngan(2019), "The effect of long working hours and overtime on occupational health : A meta-analysis of evidence from 1998 to 2018", *International Journal of Environmental Research and Public Health* 16 (12), 2102.

Kawakami, N. and A. Tsutsumi(2016), "The Stress Check Program : A New National Policy for Monitoring and Screening Psychosocial Stress in the Workplace in Japan", *Journal of Occupational Health* 58 (1), pp.1~6.

Khai, T., T. Kawakami and K. Kogi(2001), *Participatory Action Oriented Training-Trainers' Manual*, Can Tho, Vietnam : Center for Occupational Health & Environmental, pp.5~50.

Khalid, A. and J. Syed(2024), "Mental health and well-being at work : A systematic review of literature and directions for future research", *Human Resource Management Review* 34 (1), 100998.

Kim, E. J., J. H. Yu and E. Y. Kim(2020), "Pathways Linking Mental Health Literacy to Professional Help-Seeking Intentions in Korean College Students", *Journal of Psychiatric and Mental Health Nursing* 27 (4), pp.393~405.

Kivimäki M. and I. Kawachi(2015), "Work stress as a risk factor for cardiovascular disease", *Current Cardiology Reports* 17, pp.1~9.

Kuoppala, J., A. Lamminpää and P. Husman(2008), "Work Health Promotion, Job Well-Being, and Sickness Absences-A Systematic Review and Meta-Analysis", *Journal of Occupational and Environmental Medicine* 50 (11), pp.1216~1227.

Lee, D. W., J. Lee, H. R. Kim and M. Y. Kang(2021), "Health-related productivity loss according to health conditions among workers in South Korea", *International Journal of Environmental Research and Public Health* 18 (14), 7589.

Marmot, M., S. Friel, R. Bell, T. A. Houweling and S. Taylor(2008), "Closing the gap in a generation : health equity through action on the social determinants of health", *Lancet* 372 (9650), pp.1661~1669.

Ministry of Health Singapore(2023. 8. 5), "NATIONAL MENTAL HEALTH A ND WELL-BEING STRATEGY(2023)".

Monitor Deloitte(2017), *Mental health and employers : The case for investment : Supporting study for the independent review.*

Newberg, A.(2012. 6. 14), "6 Exercises to Strengthen Compassionate Leade rship".

OECD(Organisation for Economic Co-operation and Development)(2021), *Fitter minds, fitter jobs : From awareness to change in integrated mental health, skills and work policies.*

Siebern-Thomas, F.(2005), *Job Quality in European Labour Markets, in Job Quality and Employer Behaviour*, London : Palgrave Macmillan, pp.31~66.

Siegrist J.(2002), *Effort-reward imbalance at work and health, in Historical and Current Perspectives on Stress and Health*, Emerald Group Publishing Limited, pp.261~291.

Strudwick, J., A. Gayed, M. Deady, S. Haffar, S. Mobbs, A. Malik, A. Akhtar, T. Braund, R. A. Bryant and S. B. Harvey(2023), "Workplace mental health screening : A systematic review and meta-analysis", *Occupational and Environmental Medicine* 80 (8), pp.469~484.

Wilken, U. J. and G. Breucker(2000), *Mental Health in the Workplace : Situation Analyses : Germany*, International Labour Organization.

Wolf, J., A. Prüss-Ustün, I. Ivanov, S. Mudgal, C. Corvalán, R. Bos, and M. Neira(2018), *Preventing disease through a healthier and safer workplace*, World Health Organization.

WHO(World Health Organization)(2001), *Strengthening mental health promotion.*

______(2005), *Mental health policies and programmes in the workplace.*

______(2015), *Mental health action plan 2013~2020.*

______(2017), *Global Action Plan On the Public Health Response to Dementia 2017~2025.*

______(2021), *Comprehensive mental health action plan 2013~2030.*

______(2022a), *WHO guidelines on mental health at work.*

______(2022b), *World mental health report : Transforming mental health for all.*

WHO(World Health Organization) and ILO(International Labor Organization (2022), *Mental Health at Work : Policy brief.*

◈ 執筆陣

• **홍정림**(한국노동연구원 부연구위원)
• **양승엽**(한국노동연구원 부연구위원)
• **강모열**(가톨릭대학교 교수)
• **김수경**(한국보건사회연구원 부연구위원)

근로자들의 정신건강 증진을 통한 산업안전 개선방안 연구

▪ 발행연월일 | 2024년 12월 26일 인쇄
2024년 12월 30일 발행
▪ 발 행 인 | 허 재 준
▪ 발 행 처 | 한국노동연구원
30147 세종특별자치시 시청대로 370
세종국책연구단지 경제정책동
☎ 대표 (044) 287-6081 Fax (044) 287-6089
▪ 조판 · 인쇄 | 도서출판 창보 (02) 2272-6997
▪ 등 록 일 자 | 1988년 9월 13일
▪ 등 록 번 호 | 제2015-000013호

정가 9,000원

ISBN 979-11-260-0758-5